从艺术资源到产业品牌：
民间艺术的传承创新

秦　璇　著

·南京·

图书在版编目(CIP)数据

从艺术资源到产业品牌：民间艺术的传承创新 / 秦璇著. —南京：东南大学出版社,2019.10
 ISBN 978-7-5641-8706-4

Ⅰ.①从⋯ Ⅱ.①秦⋯ Ⅲ.①民间艺术—品牌战略—研究—中国 Ⅳ.①F279.23

中国版本图书馆 CIP 数据核字(2019)第 282362 号

从艺术资源到产业品牌：民间艺术的传承创新
Cong Yishu Ziyuan Dao Chanye Pinpai: Minjian Yishu De Chuancheng Chuangxin

著　　者：秦　璇
责任编辑：谢淑芳
策　划　人：张仙荣
出　版　人：江建中
出版发行：东南大学出版社
社　　址：南京市四牌楼 2 号　　邮编：210096
网　　址：http://www.seupress.com
电子邮箱：press@seupress.com
经　　销：全国各地新华书店
印　　刷：江苏凤凰数码印务有限公司
开　　本：700 mm×1000 mm　1/16
印　　张：15.5
字　　数：261 千字
版　　次：2019 年 10 月第 1 版
印　　次：2019 年 10 月第 1 次印刷
书　　号：ISBN 978-7-5641-8706-4
定　　价：59.00 元

本社图书若有印装质量问题,请直接与营销部联系。电话(传真):025-83791830

序

秦璇博士的书稿《从艺术资源到产业品牌：民间艺术的传承创新》完成了，嘱我写个序，我很高兴。但因事务繁忙，一直未能找出时间。我近日找出秦璇的书稿，粗略看了一下，很有收获。

人类漫长的历史为人类积累了丰富多样的艺术资源。进入新的时代，这些资源有的躺在博物馆里，有的只是在狭小的时空内发生影响，有的苟延残喘、朝不保夕，只有少数影响力较大的艺术资源还能适应时代需求，滋养着人们的生活。这种现象值得关注。如何让这些被忽略、被遗弃的艺术资源在新的时代"活"起来，成为当代文化建设的有效力量？如何让传统的品牌有效进入现代社会发生影响？秦璇博士找到了一个门径，那就是让这些资源进入产业领域，成为产业品牌。我认为这个门径是有效的，也是值得探讨的理论和实践问题。

秦璇博士的著作是在让艺术资源转化为产业品牌的理念支配下，集中瞄准民间艺术的传承创新问题。关于这个问题，当代学者也有不少探讨，但较为系统深入的探讨并不多见。秦璇博士的著作是当下针对这个问题系统深入探讨的专门研究，值得大家关注。

中国民间艺术是生长在自给自足的农耕社会的艺术形态，但是近代以来城市化进程的强劲态势，使中国民间艺术的生存环境受到了极大的威胁。这种威胁是全面性的，尽管国家曾经在此过程中做了不少努力，但都难以抵挡城市化进程的强势影响。这种影响最大的问题就是让民间艺术的生态环境面临多重挑战。党的十八大以来，党和国家十分重视传统文化的传承发展，一系列国家政策的颁布，让学界开始重新思考民间艺术的生态问题、思考民间艺术的生存道路问题、思考民间艺术对当代社会文化建设的价值问题。尤其是以非物质文化遗产的抢救、保护、传承、创新为代表的在理论和实践领域的探索，为我们思考民间艺术问题提供了丰富的资源。秦璇博士的著作正是在这种背景下针对民间艺术出路的思考。

品牌是现代商业的产物。它以产品为核心，围绕产品创意、生产、传播、消费、维护等环节，让某种产品在社会发生强力影响，以为产品的消费找到出口。中国民间艺术进入近现代社会以来，出现了大量富有影响力的品牌，如朱仙镇木版年画、南通蓝印花布、景德镇陶瓷、宜兴紫砂、天津泥人张、南京云锦，等等。但这些品牌针对中国大量的艺术资源以及强大的社会需求而言仍然是凤毛麟角。如何借助品牌的力量让中国民间艺术赢得活力，仍然需要理论的探讨和实践的探索。我曾带领部分教师和研究生前往江苏省非遗创意基地考察，该基地的创意设计总监马聪先生接待了我们，并为我们讲解了他的探索，让我们深受启发。他的创意设计产品以非物质文化遗产为资源，通过现代设计理念的渗透，以全球化视野让这些产品在国际重要展事、赛事发生影响，并与国际知名品牌合作，不仅使产品本身品牌化，而且取得了良好的经济效益。他认为，非物质文化遗产的传承与创新是手心与手背的关系，今天的创新就可能是未来的经典，针对非物质文化遗产，不能仅仅停留于"临终关怀"，而要利用现代理念让这些艺术资源获得"自我造血"能力。所以他认为"迈出去才能卖出去"，要让产品借助特定的机制"迈出去"赢得品牌效应才能把产品"卖出去"，要让产业链形成闭环。他所创意设计的一款富有中国特色的屏风在伦敦拍出两百万元的价格，他所创意设计的一款茶具已行销国内外，销售额已近五百万元。马聪先生的实践探索回答了长期困扰我们的许多理论问题。实践领域的诸多探索，都会让我们更加有效地思考理论问题。所以，秦璇博士以品牌为指向的理论探索对中国民间艺术的传承和创新、对艺术资源步入产业领域都是富有启示的。

愿秦璇博士的研究能不断深入，为国家的文化建设贡献更多的智慧。

王廷信

2019 年 9 月 19 日

前　言

随着人类社会进入20世纪以来,民间艺术品的生产随之被带入工业化时代。然而,一系列工业化时代所出现的产业问题也接踵而来。理论家和民间艺人从维护民间艺术传承价值的角度出发,纷纷对文化产业的出现提出了批判。由此,关于文化产业的相关理论便随着工业化时代的推进应运而生。从20世纪20年代中期到90年代后期,文化产业理论逐步从衍生到发展,再从发展到逐步成熟,历经了三个重要阶段,为今后文化产业的发展奠定了理论基础。其中法兰克福学派、英国文化学派和美国文化产业学派的理论家们,分别在文化产业发展的三个重要阶段中发挥了至关重要的作用,他们助推了文化产业理论的形成、发展和成熟。早在20世纪40年代,以阿多诺和霍克海默为代表的法兰克福学派,首先在《启蒙辩证法》中提出了"文化工业"的概念,学派中的另一位代表人物本雅明,则最先提出了"文化产业"的概念。本雅明指出:"文化产业的诞生适应了现代工业的发展,传统经典艺术的消失,却产生了新的大众文化,文化产业的兴起是艺术史上的一次革命。"对于刚刚兴起的中国文化产业来说,继承与发扬传统文化,必须要回归社会去寻根,要回到原点汲取成长的养分,才能发扬蕴藏在传统文化中的思想精髓。要深刻认知积淀深厚、丰富多彩的民间艺术对弘扬中华优秀传统文化的重要价值,认识到开发民间艺术必须以有效弘扬为立足的土壤和思想的根基。民间艺术资源的开发与利用,要通过弘扬传统文化作为发展文化产业的根本出发点和开发前提。只有在民间艺术资源的保护与开发过程中达到弘扬优秀传统文化的目的,才能真正实现民间艺术保护传承与文化产业开发利用的良好衔接和互动双赢。

中华民族有着五千年辉煌历史,中国传统文化源远流长,传承至今渗透于国家的各个文化领域。民间艺术是我国传统文化不可或缺的重要组成部分,资源丰富、内涵厚重,成为我国传统文化一道亮丽的风景线。在中国的传统文化中,民间艺术作为无形的精神财富,不仅是人际间情感交流的媒介,还是中国民间艺术人文内涵的体现。然而,随着工业文明的发展,工业化将人们的生活环境从田间带到了城镇,使得人们的生活水平得到提升。现代人已经不再拘泥于物质生活的满足,而是要追求精神生活,寻求民间艺术的绚烂多彩正成为充实人们精神生活的途径。民间艺术与现代随处可见的工业制成品有所不同,它源自自然,发展于民间,具有原生态性。为了能够使民间艺术得以有效保护,国家已经将这些宝贵的人类精神财富列入非物质文化遗产名录中,将民间艺术产品珍藏到了博物馆内。但是,民间艺术与其他的艺术产品有所不同,民间艺术是活态的艺术,即它具有活态性。今天,能够在博物馆内展出的仅仅是运用传统技艺创作出来的艺术品。然而,创作民间艺术品的传统技艺则无法在博物馆中展出,需要以传承的方式对这些民间技艺予以保护。民间艺术是民众在生活中所创造出来的财富,随着国家对民间艺术重视程度的提升,这些活在民间的、由中国劳动人民用智慧所创造出来的精神财富,要想在现代生活中得以发展,就要扩展民间艺术产业化的发展道路。但是,工业文明的发展犹如一把双刃剑,一方面给人们的生活水平带来了更多的提升空间,另一方面却给人们的生活环境造成许多破坏。例如,人们对民间艺术资源的过度开发、滥开发、乱开发等,使得民间艺术失去了赖以生存和发展的土壤,人们丧失了艺术的创作源泉,最终导致民间艺术无法生根,这些都需要引起大家高度的重视和警觉。在此背景下,如何有效保护和利用民间艺术显得尤为重要。民间艺术是由广大劳动人民所共同创作和欣赏的艺术,是人们民间文化生活的重要组成部分。民间艺术已成为中华传统文化的标志性符号,蕴含着中国劳动人民的智慧,彰显着中华传统文化的魅力。

习近平总书记在十九大报告中指出:"深入挖掘中华优秀传统文化蕴含的思想观念、人文精神、道德规范,结合时代要求继承创新,让中华文化展现出永久魅力和时代风采。"习近平总书记做出的关于中华优秀传统文化的一系列重要论述,为中国民间艺术的传承、发展和创新指引了方向。中国的民间艺术中弥漫着浓浓的乡土气息,然而这种"本土文化"却不失艺术的本真与风雅,往往乡土味四溢,虽土乡土色却别具风韵,是人类历史上难能可贵的精神财富。随着经济全球化的迅猛发展,民间艺术在传承与发展过程中形成了产业化的发展模式。这种产业化的发展趋势正成为一种文化传承的途径,也是一种历史发展必然。民间艺术是中国传统文化中的重要组成部分,已经伴随着中国经济的崛起被世界瞩目。民间艺术是"本土文化",在世界文化充分融合的今天,民间艺术焕发着独特的光彩。关于民间艺术生存的问题,也正成为目前学术界一项重要的研究课题。中国的民间艺术之所以能够传承至今,是由于民间艺术的创作技艺在现实生活中依然被使用。也就是说,从中国传统文化传承与发展的角度而言,民间艺术所发挥的是文化价值;对于当地民众而言,这些具有"本土文化"色彩的民间艺术还具有生活价值。因为实用,才能够传承;只有具有可利用价值,才能够发展。要在现代社会中传承和发展民间艺术,就要能够将民间艺术的经济潜力充分地发挥出来,以获得经济价值。国外保护各类民间艺术所获得的经验,反复证明民间艺术产业化是使民间艺术在现代社会中得到保护和传承的有效途径。树立民间艺术品牌,使民间艺术产品能够具有鲜明的民族品牌形象,使民间艺术产业更能够适应目前的市场经济发展形势。特别是在信息技术快速发展的今天,采用数字化技术对民间艺术实施保护,成为较为理想的途径。此外,以网络为载体来实现民间艺术资源共享,扩大了认识群体范围,吸引了越来越多的人参与到民间艺术的保护工作中,并对民间艺术资源的开发、保护和传承起到了支持性保障作用,为民间艺术的发展扩宽了道路。

当今国际间的竞争,文化的竞争优势凸显出来。中国实施文化软实力发展战略,就是要通过增强中华民族文化的竞争力,从而在外交中获得话语权。中国民间艺术作为中华民族传统文化的代表,已经逐渐被世界所接受和认同。但是,文化软实力的竞争同时也是文化创意的竞争,中国的民间艺术走产业化发展道路,就要基于有形资源而创立统一的、代表国家形象的文化品牌,使民间艺术产业成为文化创意产业。这些都将依赖于具有中国民间艺术特色的文化品牌形象的树立,来维护中华民族文化的尊严;致力于民间艺术资源的开发,来增强中国传统文化在国际政治舞台上的作用;通过对文化产业发展力的提升,来提高中国在国际社会中的影响力。从而使中国能够在国际社会中获得更高的国际地位,借此在国际上获得较多的话语权,扩大中国在世界环境中的参与度和影响力。所以,对民间艺术的有效传承,是当前弘扬中华民族优秀传统文化、增强国家文化软实力的重要内驱力,也是我国当前实施文化强国战略背景下,中国传统文化走出去的原动力。做好对民间艺术的保护和利用工作,有利于促进中华民族传统文化的传承,有利于提升国家文化软实力,有利于加强我国的国际话语权,有利于提高中国在国际上的地位。

本书以对朱仙镇木版年画民间艺术资源的保护、开发、利用为研究案例,来分析民间艺术所具有的艺术价值、经济价值和当代传承价值,阐释加强民间艺术资源的保护,对民间艺术品牌建构所具有的意义。本书努力从跨学科的视角,研究从民间艺术资源到品牌形象塑造的发展路径,探索出构建民间艺术传承创新的商业模式。并以朱仙镇木版年画的传承为有力例证,结合新媒体信息化在数字化时代的运用,为我国各类不同民间艺术资源的开发,开辟一条传承创新之路。本书的研究内容主要分为七个章节:

第一章,绪论。重点介绍此书内容的选题背景与研究意义,研究现状,研究主要内容、重点、难点和创新点、基本思路和研究方法。第二章,分析背景。主要就民间艺术资源的特性与价值进行分析,全面解析民间艺术资源的特征、民间艺术资源的价值等问题。第三章,关系研究。详细梳理民间艺术资源的传承与利用关系,主要从民间艺术资源保护与利用现状、民间艺术资源保护与开发利用的关系、民间艺术资源的传承、民间艺术资源利用的途径等方面进行阐述。第四章,路径探索。着重探索民间艺术产业品牌建构,主要涉及民间艺术品牌形象塑造的可行性分析、民间艺术品牌形象定位的基本思路和方法、民间艺术品牌形象民族化的原则、民间艺术品牌形象确立的论证说明。第五章,案例分析。详尽分析民间艺术品牌建构的案例,分别从朱仙镇木版年画的起源与发展、朱仙镇木版年画资源的保护与利用现状、朱仙镇木版年画资源传承与核心价值观的建构、朱仙镇木版年画资源与艺术产业品牌的建构等几个方面展开。第六章,趋势展望。殷切展望民间艺术产业的发展前景,具体体现在对国外民间艺术产业发展经验的借鉴、由"中国制造"向"中国品牌"的转型、打造民间艺术产业增强国家文化软实力等方面予以分析。第七章,结语。深刻认知国家文化战略中发展民间艺术产业的意义,分别从挖掘民间艺术品资源发展中国民间艺术产业、利用现代科技发展中国民间艺术产业、借鉴国外经验发展中国民间艺术产业等方面阐述。

目前,国内外专家学者对于此类领域的研究情况:国外研究时间较长,成果较为丰富;而国内研究时间则相对较短,研究成果较为分散。国外研究主要侧重于民间艺术、文化软实力、民族品牌形象等三个方面;而国内专家学者的研究范畴,主要是从国内对民间艺术资源开发及民族品牌形象的发展道路问题研究、民间艺术所发挥的价值的研究、民间工艺传承与保护现状的研究、话语权与文化软实力的研究等四个方面进行探讨。国外对民间艺术的开发和利用有了较早的保护性规划,并给予相关技术支撑和学术建议。在文化软实力建设问题上,国外也早于中国。国外民间艺术资源的保护与利用,形成了较为完善的体系,并运用于艺术产业领域。

在民族品牌形象塑造上，国外注重把传统民间艺术元素，融入日常生活和经济产业中，提升国民的民族认同感，开发艺术品牌的多样性和多元化模式；相对而言，我国在各个领域的起步均较晚，目前我国专家学者就民间艺术资源与民族品牌形象建设问题的研究尚且不足，学术成果也亟待丰富完善。本书试图为当前学术界在此领域的研究，进一步充实材料，完善探索路径。

最后，本书得以顺利成书并且出版，殷切感谢在此书成稿的过程中指导我的两位恩师，一位是我攻读博士学位期间的指导老师黄永林先生，另一位是我博士后在站期间的合作导师王廷信先生。两位先生学识渊博、才华横溢，对本书的成稿与出版倾注了大量的心血，对此表示由衷的感谢！本书一共七个章节，是在我的博士学位论文基础上修改并完成的。在攻读博士学位期间，我跟随黄永林教授学习，主要研究方向是文化资源与文化产业。我的博士学位论文题目、目录章节的拟定，以及在写作的过程中都得到了黄老师多次的指导和修改建议，最终我顺利通过博士学位论文答辩，获得博士学位。在博士后在站期间，我跟随王廷信教授学习，主要从事艺术学理论方向的研究，王老师从艺术学的角度给了我很多研究的思路和启发，对本书的修改和成稿给予了很多指导和帮助。在此，一并感谢黄永林教授和王廷信教授两位恩师的指导和教诲；感谢东南大学艺术学院和东南大学出版社的各位领导、老师和同仁们，谢谢大家对我出版此书的殷切关怀与大力支持！

秦　璇

2018年5月6日于东南大学梅庵

目录

第一章　绪论 / 1

　第一节　选题背景与研究意义 / 2

　　一、选题的背景 / 2

　　二、研究的意义 / 9

　第二节　研究现状 / 12

　　一、国外研究现状 / 12

　　二、国内研究现状 / 21

　　三、研究现状评述 / 35

　第三节　研究主要内容、目标、重点、难点和创新点 / 37

　　一、主要内容 / 37

　　二、目标 / 39

　　三、重点 / 42

　　四、难点 / 43

　　五、创新点 / 44

　第四节　基本思路和研究方法 / 46

　　一、基本思路 / 46

　　二、研究方法 / 47

第二章　民间艺术资源的特征与价值 / 50

　第一节　民间艺术资源的特征 / 51

　　一、民间艺术资源的内涵 / 51

　　二、民间艺术资源的特点 / 51

三、民间艺术资源的分类 / 54

　第二节　民间艺术资源的价值 / 57

　　一、民间艺术资源的价值内涵 / 58

　　二、民间艺术资源的艺术价值 / 58

　　三、民间艺术资源的产业价值 / 62

第三章　民间艺术资源的传承与利用关系 / 69

　第一节　民间艺术资源保护与利用现状 / 70

　　一、民间艺术资源开发的现实条件 / 70

　　二、民间艺术资源开发面临的困境 / 74

　第二节　民间艺术资源保护与开发利用 / 77

　　一、我国民间艺术资源保护的现实状况 / 77

　　二、民间艺术资源保护面临的困境 / 80

　第三节　挖掘民间艺术传播的渠道 / 83

　　一、加大民间艺术民族形象保护的宣传教育力度 / 83

　　二、增强民间艺术传承人及团体的人才队伍建设 / 84

　　三、强化民间艺术对民族形象的投入及传播力度 / 87

　第四节　民间艺术资源利用的途径 / 90

　　一、民间艺术资源与动漫产业 / 90

　　二、民间艺术资源与影视产业 / 93

　　三、民间艺术资源与工艺美术品产业 / 97

　　四、民间艺术资源与戏剧产业 / 99

第四章　民间艺术产业品牌的建构 / 101

　第一节　民间艺术品牌形象塑造的可行性分析 / 102

　　一、挖掘民间艺术品牌的潜在价值 / 102

　　二、民间艺术品牌形象塑造在市场竞争中的作用 / 104

　　三、民间艺术发展的SWOT可行性分析 / 105

　第二节　民间艺术品牌形象定位的基本思路和方法 / 113

一、民间艺术品牌形象定位的基本思路 / 113

二、民间艺术品牌形象定位的基本原则 / 115

三、民间艺术品牌形象定位的类型分析 / 116

第三节　民间艺术品牌形象民族化的原则 / 118

一、传播性和继承性 / 118

二、相互融合性 / 120

三、重新建构性 / 120

第四节　民间艺术品牌形象确立的论证说明 / 121

一、湘西民间艺术与文化旅游品牌 / 122

二、潍坊风筝艺术与文化旅游品牌建设 / 123

第五章　民间艺术品牌构建案例分析：朱仙镇木版年画 / 125

第一节　朱仙镇木版年画的起源与发展 / 126

一、朱仙镇木版年画的起源 / 126

二、朱仙镇木版年画的发展 / 130

第二节　朱仙镇木版年画艺术资源的保护与利用现状 / 132

一、朱仙镇木版年画的保护模式 / 132

二、朱仙镇木版年画艺术资源的利用方式 / 139

第三节　朱仙镇木版年画艺术资源传承与核心价值观的构建 / 145

一、朱仙镇木版年画艺术资源传承 / 145

二、朱仙镇木版年画艺术资源与核心价值观的构建 / 148

第四节　朱仙镇木版年画资源与文化产业品牌的构建 / 155

一、朱仙镇木版年画品牌的开发 / 155

二、朱仙镇木版年画文化产业品牌的构建 / 157

第六章　民间艺术产业发展前景展望 / 162

第一节　国外民间艺术产业发展模式的借鉴 / 163

一、国外民间艺术产业发展的模式 / 163

二、国外民间艺术产业发展的经验 / 164

　　　　三、国外民间艺术产业发展的启示 /166
　　第二节　由"中国制造"向"中国品牌"的转型 /167
　　　　一、中国民间艺术产业品牌的建立 /168
　　　　二、中国民间艺术产业品牌的创新 /170
　　第三节　打造民间艺术产业增强国家文化软实力 /172
　　　　一、提高我国国际地位及话语权 /172
　　　　二、推动我国民间艺术在国际上的发展 /174
　　　　三、提升我国文化软实力及国际影响力 /175
　　　　四、树立民族品牌形象并加大民族品牌影响力 /179

第七章　结语 /183
　　深刻认知国家文化战略中发展民间艺术产业的意义 /184
　　　　一、挖掘民间艺术资源发展中国民间艺术产业 /185
　　　　二、利用现代科技发展中国民间艺术产业 /193
　　　　三、借鉴国外经验发展中国民间艺术产业 /197

参考文献 /201

附录 /227

第一章 绪 论

第一节 选题背景与研究意义

一、选题的背景

(一) 中国民间艺术所面对的保护和传承问题

1. 民间艺术面临失传

民间艺术是广大劳动人民丰富生活的真实写照,是以劳动和生活为背景而创作的活态艺术。民间艺术涵盖人们生活的方方面面,涉及民间美术、民间曲艺、民间音乐、民间文学、民间戏曲以及民间舞蹈等诸多领域。它作为人民群众重要的精神文化生活,谱写着人类艺术的创作史,彰显着民俗的不朽魅力,挥洒着中华民族五千年壮丽的诗篇,以其独特浓郁的地方特色,渲染着一代又一代中华儿女的民族灵魂。民间艺术以其民族性界定着自身的艺术范畴,是当地人民劳动智慧的结晶。这种艺术范畴的界定性即归属性,可以理解为民间艺术自身的限制,某件民间艺术品只有具有其自身的个性,才能清晰甄别于其他艺术品类,因此这种个性限制就是艺术品的独特性,民间艺术珍贵的传承魅力亦在于此。

如今,民间艺术各个艺术门类的众多活态艺术技艺,都已被列入国家级非物质文化遗产名录当中,作为中国传统文化的重点保护对象加以保护传承。以朱仙镇木版年画民间艺术技艺的保护和传承为例,从民间艺术的创作构思来看,朱仙镇木版年画的艺术特点在于:它的色彩、造型、构图、设计等艺术元素,大多取自大自然的原生态实物艺术原型。色彩以中国古代哲学中的五色为主色调,分别与金、木、水、火、土相对应。[1] 人物造型多来源于历史人物形象,可谓是一部浓缩的历史典籍。构图采用天地人、左右、上下等规范的对称式构图技法,使得画面整齐、严谨且不失活泼。例如,天官赐福(图1-1),构图对称严谨,色彩左右协调度赋予了年画静中有动的神采。朱仙镇木版年画艺术作品擅长运用原色搭配,造型夸张却能够将实物的特点体现出来。比如,人物造型突出头部,人物面部的特写更是精雕细琢。

---

[1] 秦璇.朱仙镇木版年画的造型及色彩艺术传承[J].中国艺术,2016(2):128-129.

这种夸张的造型和原色的使用,让朱仙镇木版年画艺术作品的人物形象栩栩如生、憨态可掬,给人以喜庆之感。朱仙镇木版年画浑然天成的民族风情,是具有地方特色和民族特色的民间艺术典范①!

然而纵观当前民间艺术的保护现状却不容乐观,传承过程中的一些薄弱环节亟待完善与革新,民间艺术正面临着失传的窘境。人们保护民间艺术的意识仍然很薄弱,

图1-1　朱仙镇木版年画:天官赐福
(笔者拍摄于朱仙镇曹家老店)

很多民间艺人基于传统思维所限,只愿意把独门绝技传给自己的子孙或徒弟,于是"父传子""师传徒"的现象屡见不鲜,甚至"不传外人"的封建思想也依然存在,从而导致了民间艺术传承的诸多不利因素的产生。比如民间传承人的断代问题尤为突出,很多传承人年岁已高,无法继续进行民间艺术的创作活动,却又无法找到合适的继承者,致使民间艺术陷于失传的窘境。因此,一些非常优秀的民间艺术无法得到有效传承,使得民族宝贵的传统文化濒临失传的危险境地。为了避免民间艺术的失传,我们应当采取各种积极有效的措施,对民间艺术加以保护,从而能够更好地将这些活态的民间艺术传承下去。

2. 民间艺术被排挤到社会的边缘

民间艺术是千百年来存在于民间的活态艺术,然而随着社会的发展与进步,一部分乡土气息浓重的民间艺术被排挤到了社会的边缘。人们感到民间艺术形态在城市化的进程中略显老套、古板与生硬。一些老艺术家与专家学者,同时也担忧民间艺术与当前社会发展的现状,在某种程度上格格不入,无法融入现代社会,从而必将为民间艺术的传承与发展带来一系列问题。与此同时,民间艺术资源大多散落在农村地区,农村山高路远,物质资源匮乏,基础设施相对落后,这些客观因素严重制约了民间艺术资源获得开发和保护的外部机遇,进而导致一些具备开发和保护条件的民间艺术资源,因当地不便的交通状况和落后的基础设施而丧失了良机②。

---

① 秦璇.朱仙镇木版年画与当代艺术设计[J].设计艺术研究,2016(4):113-117.
② 王方语.谈朱仙镇木版年画的传承与发展[J].河南社会科学,2007(6):22-23.

除此之外,有些民间艺术还存有一定的封建残存思想,使得民间艺术受梏于自身,无法引起人们的关注,造成民间艺术自身的发展裹足不前。尤其是处于信息社会的今天,现代艺术创作已经不再采用传统的创作技艺,而是运用相应的计算机软件系统进行设计、制作。高效的工艺制作效率,也符合目前的快节奏生活。然而,以工艺美术类的民间艺术制作为例,其工序完全是手工制作,而且制作材料统统取自大自然纯天然的环境,包括艺术创作所使用的材料、颜料,都是以独特的方法加工制作而成。因此,现代化的艺术创作环境和艺术创作理念,使得传统而古朴的民间艺术被排挤到社会的边缘,岌岌可危。所以,内外部因素造成了传承上百年的民间艺术在当前环境下,无法获得发展契机与足够重视,慢慢地被边缘化。

3. 民间艺术是国家文化软实力

美国哈佛大学著名政治学教授约瑟夫·奈(Joseph Nye),最早于1989年提出了"软实力"(Soft Power)的概念,随后他分别在《政治学季刊》《外交政策》等杂志上,先后发表了《变化中的世界力量的本质》《软实力》等一系列论著。此后,其又出版了《注定领导世界:美国权力性质的变迁》等著作,详细阐述了"软实力"的概念,分析了美国当前的国际地位以及国家的政策性导向等问题。文化软实力与军事、政治力量等硬实力范畴的界定,划分出了明显的界限。文化软实力是依赖于文化价值观念的影响力波及而参与到国际事务中的。约瑟夫·奈提出此项理论之后,在国际社会中引起了巨大的反响。国际社会通常在处理与政治、经济以及文化相关的问题时,领域内的专家学者和政治媒体官员,纷纷使用这个名词概念来处理相关的国际事务。

文化软实力通常指的是,一个国家在对本国历史文化资源的挖掘和保护利用的过程中,对于维护本国经济利益、政治安全以及文化传承的重要保障,进而实现国家文化发展战略目标的综合能力。这是国家民族形象在国际舞台上的整体体现,常常表现为一个国家文化对外传播的吸引力、影响力、感召力和同化力等[1]。文化软实力的相关要素包括社会制度以及人们的生活方式、文化思想、意识形态和价值观念,等等。文化软实力构成的这一系列要素的整合,会对其他国家的文化认同产生吸引力,进而起到影响意识形态和思维导向的作用,引导他者学习效仿,这就

---

[1] 霍桂恒. 文化软实力的哲学反思[J]. 学术研究,2011(3):13-18.

是文化软实力所辐射出的巨大同化式(Co-optive)力量。

中华民族传统文化是提升我国国家文化软实力的重要资源之一,这是目前学术界达成的基本共识,已无太多争议。民间艺术是中华民族传统文化的重要组成部分,具有民族性和传承性,其中还融入了传统民间风俗,具有浓重的地域风情,是中华民族宝贵的精神财富。在中国传统文化中,民间艺术的审美领域是特色化的,它的创作并不是由某个固有的艺术审美规则确定,而是人们发自内心的创作,反映了当时人们的生活状态和对美好生活的向往。所以,民间艺术大多会表达人民的心愿。而民间艺术所采用的造型则是一种无形的心意表象,艺术信息传播的载体,则是口头流传等传承形式。人们将无形的技艺物化为有形的艺术形态,以传承的方式实现了代际之间的沟通,经过不同的历史发展阶段延续至今,已经成为一种文化符号。

民间艺术传承的可贵之处在于:民间艺术在代代相传的过程中,保持了技艺的同一性和连续性,推动了人类文化的有序发展。因此,我们应对民间艺术进行深层次的挖掘,以其特有的形式体现出深厚的文化内涵。从历史的角度审视民间艺术,它既是劳动人民思维观念的体现,也是生产和生活方式的体现。随着民间艺术从人们的生产生活中被提炼出来而成为一种精神文化,民间艺术所发挥的功能有所演变,其作为一种文化形态,更是国家文化软实力的重要体现。因此,对民间艺术的挖掘保护与有效传承,是提升我国国家文化软实力的重要手段。我国的民间艺术,大多以非物质文化遗产的形式被保护和传承,这种无形的资产是提升我国文化软实力不可或缺的一部分。那么,只有加强对民间艺术资源的挖掘和保护,才能逐步实施文化强国战略,增强国家文化软实力,进而提升我国的国际话语权,并在国际社会中提高中国的国际形象。所以,中国民间艺术的有效保护和传承,对我国文化软实力的提升具有重要的意义。

(二)民间艺术发展面临的生存、保护问题

1. 民间艺术缺乏生存的土壤

民间艺术的传承地多为乡间和村落,近些年来,在国家为改变山区的贫穷面貌,以及实现脱贫致富的政策带动下,许多地方政府开始因地制宜搞活经济发展,下大力气实施文旅兴国战略,纷纷设计开发文化旅游路线,为打造品牌亮点,努力挖掘当地具有地方特色的民间艺术,作为自身发展经济的突破口。然而,民间艺术

正在走向市场经济的大潮中,正从家庭作坊式的传承,走向产业批量的生产之路,这致使民间艺术脱离了赖以生存的乡土语境,以一种失去土壤的全新姿态转身走向市场化。这虽然给当地带来了财富,促进了农民增收,但也改变了传统艺术的文化品格和原初色彩。由此带来的弊端,已成为当前民间艺术资源保护与利用亟待解决的棘手问题。

第一,当地经济落后,急需旅游文化产业的带动扶持。政府拿出更多资金用在文化旅游路线的设计开发上,并非用于民间艺术的保护工作上,致使传承人不得不抛弃旧有的传承方式,从事与文化旅游相关联的民间艺术类传承活动,改变了民间艺术的原生态发展环境①。所以,要想对民间艺术进行有效传承,只有从大局出发,以真正提升经济和保护民间艺术为原则的双向式发展为目标,在政策资金有所保障的前提下,民间艺术才能得以有效传承发展。这就需要当地政府认清民间艺术传承的艰巨历史使命,对辖区内的民间艺术资源采取投入更多人力物力等行之有效的具体措施和办法进行开发,并且在保护中加大扶持力度,才能拓展民间艺术的生存发展空间,使其尽快脱离贫瘠的土壤。

第二,传统的民间艺术以"师传徒"或者"父传子"的方式流传下来,保留了原生态的传承技艺。然而,在文化旅游产业的发展等诸多外部因素的影响下,现代人的生活方式逐渐渗透其中。人们正处于快节奏的生活空间里,这种快节奏打破了民间艺术原生态自然发展的空间。众所周知,民间艺术的创作,需要花费大量的时间和精力,于是造成了民间艺术的传承发展与时代前进的步伐严重脱节的现象。在此时代背景下,传承人的后代或是徒弟受到外部环境的影响,不愿从事旧有的民间艺术传承工作,而是更乐于融入快节奏的现代生活中,致使千百年来民间艺术"口口相传"的传承方式,失去了往日生存的土壤②。随着乡村旅游产业等文化多元化发展趋势的影响,人们更愿意接受速食的异质类文化,体验不同的艺术形式,使得民间艺术的传承发展与速食文化发生了代际摩擦,最终致使民间艺术的发展在某种程度上陷于举步维艰的困境之中。

2. 对民间艺术要采取科学合理的保护措施

民间艺术是人们生活状态的一种艺术表达,更是一种社会历史文明的象征,其

---

① 易存国. 中国艺术论:从非物质文化遗产的视角[M]. 南京:江苏人民出版社,2012.
② 胡晓瑛. 滑县与朱仙镇木版年画比较研究及生产性保护[J]. 艺术百家,2012(3):221-223.

所承载的文化内涵是极其丰富的。要保持民间艺术质朴的艺术特性,保护民间艺术原生态的技艺模式,就需要对民间艺术加以保护,否则会逐渐失去这些丰富多彩的艺术形态。然而,近年来随着我国在社会各项事务中的快速转型与变革,人们的生活方式也随之发生了巨大的变化,延续了千百年的传统习俗也受到传承发展的挑战,根植于民间的中国传统艺术也在濒临灭绝中面临新的发展抉择。当前许多民间传统工艺正陷于如何科学合理地保护的困境中,其现状亟待改善。要将民间艺术的文化内涵和时代特征有效表达出来,就要在保留民间艺术的原生态环境基础上,使其承载历史文明而继续传承下去。

第一,国家和各个地方政府急需投入大量的人、财、物,积极开展民间艺术传承的保护工作。民间艺术创作的操作流程复杂,要对其实施有效管理,就需要加大政府部门的监管力度。所以,对民间艺术的保护是一项复杂的工程,需要国家和各个地方政府构建系统化的管理体系,履行监管职能,从而得以实施规范化管理。

第二,现代人对民间艺术疏于关注,民间也缺乏有效的保护措施,从而导致一部分民间艺术创作技艺大量失传。人们应认真分析民间艺术传承保护所需的内部及外部因素,找到有效保护的措施和合理挖掘的途径,挽救民间艺术的艺术生命与艺术空间,改变民间艺术自生自灭的无助状态,改善传统工艺的传承手段,扭转其无法有效传承的尴尬局面。

(三)民间艺术树立民族品牌形象提升中国的国际影响力

民间艺术要发挥提升中国的国际影响力,进而提升国家文化软实力的作用,就要推进民间艺术产业的发展。由此,不仅可以提高民间艺术在国际文化领域中的地位,还可以通过树立民族品牌形象,使中国获得更多的国际话语权。民间艺术产业发展是时代发展的需要,中国经济的崛起,使得人们在物质生活得到充分满足的同时,开始追求更多的精神文化生活与艺术审美享受。

中国民间艺术富有丰富的传统文化内涵,它将传统的民族符号以艺术的表现形式加以传承,具有深刻的历史意义。然而,民间艺术获得传承发展的最好途径,就是通过建立民间艺术产业,使民间艺术产品融入经营性服务领域中。通过民间艺术树立民族品牌形象,是当前有效利用民间艺术资源,使民间艺术得以传承的重要方式。树立良好的民族品牌形象,是对民间艺术资源进行开发的有效途径。民族品牌形象,代表的是一个国家的文化品格和人文特征。以民间艺术元素为基础,逐步确立起来的民族品牌形象,能全面把握传统文化中不同历史时期具有节点意义的文化要素,体现一个国家的集体智慧和文化价值,并形成独特的历史记忆和民族精神。以此打造的具有延续性的民族品牌形象,能吸引世界的目光,把拥有悠久历史的中华艺术,展现在世界观众面前,形成良好的民族品牌形象①。

从资源到品牌的创新不是一蹴而就的,而是依赖于对民间艺术资源的深入挖掘与充分利用,从中总结出各个民间艺术类别所具有的独特性,依据其独特性对民间艺术进行有针对性的开发与利用。比如,以朱仙镇木版年画民间艺术资源的开发为例,来论证朱仙镇木版年画如何走产业发展道路,进而建构艺术品牌。要想开发和利用好朱仙镇木版年画的民间艺术资源,势必需要通过如下步骤:首先,对民间艺术资源进行归类。这就应当对朱仙镇木版年画进行民间艺术的分类,朱仙镇木版年画属于艺术类别中的美术类。其次,对产品进行归类。朱仙镇木版年画产品属于工艺美术品,那么就要从工艺美术品的品牌构建着手,对其进行品牌塑造。最后,为产业品牌构建创造条件。要想成功塑造朱仙镇木版年画的工艺美术品品牌,就要进一步探寻产业发展之路,让朱仙镇木版年画的传承发展走产业的市场化道路,才能逐步树立品牌形象,以品牌的力量逐步提升我国的国际影响力。

(四) 结论

众所周知,国家文化软实力是一种民族性的力量,国家文化软实力与传统文化密切相关,因此在中华民族传统文化的传承中,国家文化软实力的国际政治力量是不容忽视的。一个国家文化软实力,会对其他国家产生一定的吸引力,从而发挥价值观引导的作用,并在各种国际作为上发挥出榜样的力量。因此,这些都关乎民间艺术的有效传承与国家文化软实力的提升。国家文化软实力所具有的优势,可以发挥出主导权,让其他国家对本国的观点产生认同感,有助于发挥话语权效应。中国民间艺术是中国传统文化的重要组成部分,要想使民间艺术以中国传统文化的音律谱写出民族的赞歌,树立民族品牌形象,争取国际话语权,形成有力的国家文化软实力,增强国际认同感,那么,就要使民间艺术在保留传统艺术技艺的同时,融入时代的节拍,这样才能使其逐步走出国门,走向世界。

---

① 胡萍萍.从宁波柴桥"狮象窜"谈民间艺术传承与品牌形象塑造[J].浙江工商职业技术学院学报,2015(2):48-51.

二、研究的意义

(一) 理论意义

民间艺术是中华民族传统文化中不可或缺的重要组成部分。随着时代的发展,民间艺术逐渐退出了历史舞台而遭到忽视。我国为将民间艺术传承下去,实施了一系列的保护措施。虽然民间艺术一直在寻求产业发展的途径,但是民间艺术没有树立统一的品牌形象,加之依然保留传统的民间技艺手法,比如刺绣做工不够精细化、戏曲唱段老旧无更新、剪纸图案缺乏创新、陶瓷烧制工序繁复等,从而使民间艺术的许多门类都发展缓慢,且与时代步伐脱节。以上民间艺术传承中所出现的诸多问题,究其缘由,还在于民间艺术企业缺乏建立艺术品牌的意识,没有对民间艺术产品进行形象化的包装设计,从而导致民间艺术企业市场竞争优势不够[①]。民间艺术要走艺术产业的发展道路,就要从市场的角度出发设计产业品牌,特别要注重品牌形象的塑造,以提高民间艺术品在市场中的识别力,利于民间艺术产品在市场上推广。

本研究基于以上现状,在紧密联系艺术产业市场热点问题进行研究的同时,重点关注民间艺术资源的传承与利用转化的关系、民间艺术产业品牌的理论建构等问题。以朱仙镇木版年画的民间艺术品牌构建作为成功案例加以分析,希望为民间艺术其他门类艺术资源的传承发展,探索出一条产业发展之路。本研究在结合现有研究成果的基础上,进行了系统的理论深化,通过以下步骤进行论证实施:首先,紧紧围绕民间艺术资源特征与价值主题展开,从剖析民间艺术资源的特征入手。其次,就民间艺术资源的传承与利用进行分析,将民间艺术资源走艺术产业发展道路分成四大部分,分别是动漫产业、影视产业、工艺美术产业和戏曲戏剧产业。再次,对民间艺术产业品牌的建构进行可行性分析。最后,以民间艺术品牌建构案例分析——朱仙镇木版年画为例展开铺垫,从而对民间艺术文化产业的发展前景予以展望。

(二) 实践意义

中华民族有着五千年灿烂悠久的历史,中华民族传统文化源远流长,民间艺术

---

① 秦璇.朱仙镇木版年画与当代艺术设计[J].设计艺术研究,2016(4):113-117.

作为中华民族传统文化的一项重要的分支,在我国艺术史上描绘了一幅幅绚丽的画卷。随着我国改革开放,中国的民间艺术也逐渐地走出了国门,被世界所瞩目。中华民族传统文化是促进民族团结发展的不竭动力,对民族发展的共同繁荣起到了推动作用。要使中华民族的民间艺术得以传承发展,就要使其与时代性相契合,将民间艺术的传承融入文化产业的发展中,形成艺术产业的新兴业态,促进其产业发展,才能更好地开辟民间艺术的发展路径。以民间艺术为基础,促进民间艺术与文化产业充分融合,在体现时代性的同时,还要保持民间艺术的独特性。本研究将民间艺术朱仙镇木版年画的传承与核心价值观的构建相结合,科学合理地利用朱仙镇木版年画艺术资源传承与产业结合的优势,力图打造民间艺术产业品牌,对新时期民间艺术的全方位发展和品牌形象塑造具有积极的实践意义。

我国将"弘扬中华文化,推进社会主义文化强国建设"作为立国、强国的根本动力,这也是中华民族伟大复兴的不竭动力。中共十八大报告中明确指出了对中华民族文化传承与发展的新要求。随着中国共产党对文化建设重视程度的不断深化,文化自觉已逐步向文化自信升级。"扎实推进社会主义文化强国建设"的提出,更加明确了文化软实力在建设我国文化强国战略中的引领作用。将民间艺术作为中华民族振兴发展的强大精神支柱,推动我国的文化建设与经济、政治和社会建设的协调发展,以将高度的文化自觉性充分地体现出来[①]。中共十八大报告特别强调,弘扬优秀传统文化,建设中华民族共有精神家园。这充分体现了当代中国共产党人对繁荣发展民族文化的强烈历史责任感。我们要按照党的十八大的部署,坚持以民族传统文化为根基,以中国特色社会主义文化为主体,以外来健康有益文化为补充,弘扬具有中国风格、中国气派的优秀文化,大力发展文化产业,推动文化事业全面繁荣、文化产业快速发展,不断增强中华文化的民族性、包容性和时代性,努力把全国各族人民紧紧团结和凝聚在中华文化的旗帜下。因此,要发展好实践好这一伟大理论,就要在党的执政能力建设上,对保护和传承民间艺术加以更为深刻的认识。中国要实现中华民族的文化强国梦,就要审视文化时代性,尊重民间艺术的历史性,建立起社会主义文化强国建设的战略决策。

本研究以保护和传承民间艺术资源为出发点,通过民间艺术资源走艺术产业

---

① 沈壮海.软文化 真实力——为什么要提高国家文化软实力[M].北京:人民出版社,2008.

发展道路,得以形成艺术品牌为契机,结合国家文化发展战略为行文思路,通过田野调查、案例分析等,就当前民间艺术资源的开发利用与品牌形象的塑造等核心问题进行实践探讨。通过分析朱仙镇木版年画品牌建构的成功案例,就朱仙镇木版年画民间艺术资源走产业发展道路的若干个现实问题进行深入探究,以实践的形式得出科学的研究结论,创造性地提出了民间艺术产业发展前景与国家文化软实力的提升等的本质联系,充实了学界目前研究领域的某些不足之处,并为学界提供了更为翔实的资料,为当前学界研究总体还较为薄弱的实证环节,进一步提升研究空间,论证了理论实践的可行性。

(三)创新意义

民间艺术作为中国传统文化中不可或缺的一部分,已经越来越受到世界的瞩目,并伴随着中国与世界各国的经济往来,发挥着文化信息交流的作用,正逐步地影响着世界对我国民间艺术的接受程度。民间艺术的传承与发展,是中国传统文化得以传承的重要保障之一。本研究将民间艺术传承与国家文化软实力相结合,重点在于论证从民间艺术资源到民间艺术品牌的树立这一过程促进民间艺术资源的开发和产业的发展,打开民间艺术的传承创新思路,以良好的民间艺术品牌形象,提升中国国际地位及国家形象,增强国家文化软实力,扩大中国在国际社会中的话语权。本研究以我国当前对民间艺术的保护和利用为导向,立足于国家文化发展的战略高度,为中国民间艺术资源的有效利用、民间艺术品牌的建立,以及民间艺术品牌的打造,进而增强国家文化软实力,提高我国国际地位及话语权,提出了战略定位的探索性分析,具有一定的理论创新意义。文中的创新之处主要体现在以下几点:

第一,理论创新。在前人研究成果的基础上,实现更进一步、更深层次、更精准定位的理论提升和升华。通过民间艺术资源到民间艺术品牌的创新、民间艺术传承创新、民间艺术产业的发展创新等方面,分别完善和充实前人的研究理论成果。对民间艺术资源、民间艺术产业、民间艺术品牌等基本理论知识的挖掘和提炼,进一步为提升学界理论的前瞻性、针对性和聚焦性做出努力。将民间艺术资源的传承价值与国家文化软实力的提升相结合,论证从民间艺术资源到民间艺术品牌建构的可行性,以及民间艺术资源对创建民间艺术产品品牌,进而提升国际影响力,增强国家文化软实力的可行性,进行论证分析。

第二,论证创新。本研究所有论点集中体现了从民间艺术资源到民间艺术品牌建构的问题，突出体现了民间艺术资源转化的途径和方式。以朱仙镇木版年画的品牌建构为案例进行解构和分析，取其所长，进行成功经验的总结。同时强调民间艺术资源的传承与核心价值观建构的重要性，只有坚持正确的价值观，才能够将弘扬中华民族传统文化真正落到实处，才能够建构具有民族形象的艺术产业品牌。研究中对工艺品制作、动漫、影视、戏剧等各个门类艺术产业的建构都提出了具体建议。

第二节 研究现状

一、国外研究现状

（一）主要内容

在对民间艺术的保护工作中，国外的民间组织发挥了极其重要的文化保护和传承的功能。这些民间艺术保护组织是公民社会组织，属于非政府、非营利性的组织。例如，美英法德日韩等国家，均有此类组织。在不同的国家，这些组织称谓有所不同，有关研究学者对这种组织进行了研究，以作为民间艺术保护与传承研究的基础。美国的约翰·霍普金斯大学教授莱斯特·萨拉蒙对民间组织进行了系统化的研究，他认为这些民间组织是民间自发组织起来并自愿组建的，并不属于政府机构或者政府附属机构。由于是民间团体，所以并没有统一的称谓。这些民间组织承担着对民间艺术保护的职责，在不同的历史时期，称谓也会有所不同。但是，民间组织所发挥的功能却介于政府与企业之间，发挥着社会服务性的功能，属于专门性的公共服务领域。国外多个国家对历史文化遗产均采取了相关的保护措施。

1. 国外出台相关法律对历史文化遗产加以保护

国外在历史文化保护方面较早诉诸法律层面。在国外制定历史文化遗产保护的各项法律法规的过程中，国外的民间组织就已经呼吁要对民间艺术资源予以必要的保护。由于民间组织属于非政府组织，所以主要采取呼吁、请愿的方式对民间艺术加以保护。他们针对民间艺术资源保护的各项措施提出了自己的见解，甚至获得政府的允许而直接参与到法律法规的制定工作中。英国于1882年颁布了《古迹保护法》，意大利的"我们的意大利"以及美国的一些民间组织，都对本国历史文化遗产保护的法律化进程起到了一定的推动作用。美国的《历史遗址与古迹法》《国家古迹保护法》，等等，都是民间组织推动立法的结果。

早在1935年，在市民组织的推动下，与文化保护相关的法律——《历史遗址与古迹法》就已经在美出台，这是美国历史上第一部与文物古迹保护相关的法律。这一法律的颁布和实施，是在美国的历史建筑调查组织推动下通过的，平民保护组织发挥了重要的作用。《历史遗址与古迹法》明确了对文化遗产、名胜古迹以及保护范围内的人文景观予以保护的规定。美国的塞拉俱乐部是民间环境保护组织，组织成员约翰·缪尔向美国政府相关部门提出制定国家公园保护的法律。1961年，美国《国家公园系统组织法》颁布实施，民间组织所发挥的作用是显著的。《国家公园系统组织法》所涉及的文化保护内容很多，除了国家公园之外，还包括历史遗迹、国家自然景观、战场遗址，国家文化保护区内的各种民间艺术资源也受到了保护，为美国历史文化遗产的保护奠定了良好的基础，对美国文化遗产保护社会性发展起到了积极的作用。

值得学习和借鉴的是，美国的历史文化遗产得到的保护，并不局限于保护范围内的保护，这些历史文化遗产周边的自然景观以及民间艺术资源，也都获得了整体性的保护。第二次世界大战后美国经济快速发展，使得美国全国范围内的历史文化遗产都面临巨大的危机，亟待保护。为了将美国的文化遗产保护下来，美国政府与当时的文化遗产保护团体联合颁布了《美国古迹保护之准则与纲要》。这个文化遗产保护团体是"全国史迹理事会"，即后来的"全国史迹信托组织"。《美国古迹保护之准则与纲要》要求美国联邦政府尽快建立负责历史文化保护的专门性政府机构，以对美国的历史遗迹进行统计、登记，启动文物保护等业务①。其中特别提出了，政府要对民间组织进行合理利用，通过发起民间力量，采用减免税的方式，鼓励民间组织参与到名胜古迹的保护中来。基于此，1966年，美国国会通过了《国家历史保护法》。

除了美国之外，其他国家发挥保护作用的民间组织，在历史文化遗产保护方面也发挥了重要的推动作用。法国的民间组织采用自办刊物的方式，与有关行政管

---

① 约翰·R.霍尔，玛丽·乔·尼兹.文化：社会学的视野[M].周晓虹，徐彬，译.北京：商务印书馆，2004.

理部门联合制定法律。他们提出合理化的建议以供政府部门参考,并与国家有关部门共同讨论历史文化遗产保护的相关政策,并发表自己的看法。法国的民间组织在政权机构中占有一席之地,他们积极地加入法国遗产保护法律的制定工作中,对法国历史文化的保护起到了推动作用。

英国颁布了《古迹保护法》。英国老牌的民间组织"古建筑保护协会",要求国家对英国范围内的古建筑立法,以对这些古建筑实行更好的保护。要有效保护历史文化遗产,仅仅依赖于民众的自觉性是不够的,还需要诉诸法律层面,使历史文化遗产的保护更为规范化,做到有法可依、有例可循。英国的民间组织不仅积极响应历史文化遗产的保护工作,还大力推进国家文化遗产的立法速度。

2. 国外相关专业机构对历史文化遗产加以保护

在国外,大多数当地的民间组织会积极履行对历史文化遗产保护的相关政策。为了鼓励民间组织配合政府共同开展历史文化的相关保护工作,政府会将民间组织作为专业咨询机构,建立政府与民众之间关于历史文化遗产保护方面的沟通,以确保保护工作更为完善。

美国在历史文化遗产保护的相关宣传和教育工作上,已经建立了较为成熟的体系,并创建了诸多与历史文化遗产保护相关的专业咨询机构。只有把对历史文化遗产保护的思想注入民众的观念意识当中,才能够深化民众对历史文化遗产保护的理解。历史文化遗产是每一个民族的文化积淀,特别是民间艺术资源,其民众色彩极为鲜明,并且随着社会历史的发展而产生时代性的变化。因此,只有一方面继承好民间艺术所具有的传承性,另一方面把握好不同历史时期民间艺术所呈现出的时代特征,才能够将其很好地保护和传承下来。

德国在这些方面做得也比较成功,他们通过提高民众的保护意识,充分发起民间力量等,让历史文化的保护性工作成为一种民族的习惯性文化传承方式,并且将历史文化遗产保护工作做在了许多国家的前面。德国通过改善、保护环境,让民众接受耳濡目染的教育等诸多途径,使民众自发形成保护力量或者乐于参与其中。他们采取的一系列文化遗产保护措施,采用改善文化遗产保护环境的方式,提升对文化遗产的保护力度,从而更容易受到当地民众对保护工作的配合。特别是当地的民间艺人,出于对民间艺术保护的考虑,都以积极的行动支持这样的保护政策。

意大利关于历史文化的保护工作,民间组织在其中发挥着重要的作用。比如,历史建筑遗产需要重新翻修、建设和维护，就需要得到民间组织的同意。凡涉及此类情况的相关事宜，就要提请民间组织允许。民间组织通常会通过举行联席会议的方式，对管理范围内相关文物保护的各种问题进行探讨，然后将意见书上报到地方政府或者相关的文化遗产部门，作为参考资料。

法国关于民间文化遗产的保护内容则更为细化。当地的民间文化遗产，例如古井、磨坊、挂钟，等等，都需要民间组织直接参与到对文物的鉴定与保护工作中。因为民间组织对当地的情况非常了解，对民间文物的使用技法也极为熟悉，所以民间组织可以对民间文物起到很好的保护作用。法国民间组织"遗产发现者"所履行的工作职责，就是为民间的文物申请遗产保护，并将鉴定资料同时提交。目前，法国民间组织除了越来越多地承担着对历史文化遗产保护工作的责任，还可以为与遗产保护相关的问题提供咨询服务，宣传有关遗产保护方面的知识和先进的经验。

英国的民间组织成员则多为专业人士。他们致力于对民间文物的鉴定工作，包括民间的各种具有保护性价值的生活器具、民间的艺术品，等等。文物一旦有残缺情况，这些会员就会对这些历史文化遗产进行鉴定、登记并提供遗产维护方面的技术咨询工作，起到了监督和指导的作用。

3. 国外相关组织通过保护宣传活动对历史文化遗产加以保护

国外的民间组织还会组织一些与历史文化遗产保护相关的宣传活动，以利于文化遗产保护知识的对外传播。在这个方面英国做得比较好，英国民间组织不仅具有地方性的特征，还具有全国性的保护功能。英国各个不同类型的民间组织，目前在全国范围内已经形成了较为完善的历史文化遗产保护网络，并且采取了多种宣传方式，吸引民众参与其中。宣传活动和宣传方式有很多，包括以文化遗产保护为主要内容的书籍、宣传手册，等等。英国还设立了各种纪念日，开展对民间文物的保护活动。这些举措都是为了能够使英国的民众树立起对历史文化遗产的保护意识，并自觉自愿地参与到保护活动中。比如，英国设立了"历史遗产开放日"，这一天不仅会开展以历史文化遗产为主题的活动，还会提供相应的咨询服务；开设专业的培训班，并设立奖学金，奖励在历史文化遗产保护方面做出贡献的民众。英国的民间组织"古建筑保护协会"设立了"威廉·莫里斯手工艺基金"，这个基金对民众具有强大的吸引力。该组织还负责对历史文化遗产保护的宣传和培训工作，将民众参与历史文化遗产保护的热情充分激发了起来。

4. 国外相关组织通过获取资金对历史文化遗产加以保护

民间组织要将各项历史文化遗产的保护工作落实到位，并开展相关的宣传教育活动，就需要有充足的资金，才可以保障组织的顺利运转。根据各个国家民间组织所获得的资金来源进行划分，国外民间组织的资金来源主要分为三个部分：第一部分，政府会在财政中拨付一定数目的款项，但是这并不是民间组织的主要资金来源；第二部分，民众会出于保护意识而捐赠一部分保护资金；第三部分，民间组织的资金主要来源于经营收入。虽然历史文化遗产保护组织属于非营利性组织，但是要维持组织的正常运转，就要在保护中求发展，即以历史文化遗产保护为主要途径创造一定的收入。这就需要以历史文化遗产保护为主业的民间组织积极引入市场机制，实施相关的文化经营活动，通过创收来为历史文化遗产的保护活动积累较多的运转资金。此外，国外的民间组织会得到国家的重视和支持，政府能够拨付一定的资金，作为维持民间组织运营下去的基本周转所用。

随着民间组织的社会声誉度不断提高，民众就会积极响应并参与到对各项民间艺术的保护活动中，民间组织就可以获得社会捐赠。这些资金使得国外的民间组织逐渐发展、壮大，在各项保护活动中更为规范而有序地发展，保护工作逐渐成熟。从目前国外民间组织自营创收的途径来看，已经做到了文化遗产保护与市场化运营相结合。这些民间组织通常会请专业的设计人员，制作文化遗产保护宣传手册以及相关的书籍，发行与本民间组织保护的文化遗产内容相关的纪念品。国外民间组织会通过吸收会员的形式，收取一定的年费。这些资金都用于文化遗产保护相关的活动中，并获得了成功。

（二）国外专家学者的基本观点

国外专家学者针对传统民间艺术的研究较为系统化。国外与中国一样，很多国家也都面临着传统艺术逐渐消失的问题。要将传统艺术保留下来，就要采取与时代相符合的保护方式，且能够将民间艺术的原生态特性保留下来。国外的一些研究学者对不同国家的传统文化进行了研究，在对如何保护民间艺术进行深入探究时，制定了许多民间艺术抢救方案。这些研究学者大多会通过对各地的民间艺术进行田野考察、深入挖掘的方式，获得第一手的研究资料。例如，美国北得克萨斯州立大学对历史文化遗产保护的专家学者们给予了资助。这些专家学者除了与民间艺术频繁接触之外，还会与民间的手工艺人进行多方接触，针对民间艺术问题进行探讨。除此之外,他们还会从民间艺术产业的角度出发,针对民间艺术问题与商人、政府官员、作家、学者以及环保主义者进行讨论。在对民间艺术产品进行保护时,公共机构所发挥的作用是不容忽视的。比如,博物馆会收藏民间艺术品,历史文化遗产保护的专家学者们会与这些公共服务机构进行充分的沟通,同时还会与经济学家、建筑师、人类学家等专家进行跨领域交流。这些专家学者们通过体验不同的地域文化,与不同领域的人针对民间文化问题进行交流,获得民众对民间文化最直接的感受。

随着世界各国相互间的文化交流日渐频繁,民间艺术文化成为国家发展的推动力量。20世纪80年代,法国文化部部长 Jack Lang 就曾提出过美国对其他国家进行文化渗透的思想。20世纪90年代,法国在"乌拉圭回合"谈判中,也提出了"文化例外"的谈判原则。世界上的一些国家,包括美国、新加坡、日本、澳大利亚等,对区域文化极为重视,为了维护好当地的文化,严厉反对文化渗透。世界上的许多国家,都对民间艺术的保护工作给予了高度的重视,并且制定了一系列相关的法律加以保护。民间艺术是一个国家传统文化的重要表现,是国家文化的宝贵财富。一个国家如果失去了文化,也就失去了"根",失去了"魂",因此对民间艺术加以高度的重视,也就是对国家主权的维护。对于世界上任何一个国家来说,传统文化就是民族的瑰宝,是需要予以高度重视和代代相传的。

1. 美国

赫伯特·马尔库塞是世界著名的社会学理论家,同时又是知名的美学理论学者。他一生著作颇为丰厚,尤其在哲学和艺术美学领域成就卓著,被学界公认为是法兰克福学派左翼主要的代表人物,其代表作品是《理性与革命》(2001)。这是一部站在哲学层面去探讨艺术美学问题的著作,也是一部重要的理论研究成果。他认为,艺术来自民间大众,是现实生活的反映。他强调艺术与现实是相对立和分离的。艺术代表的是一个更加完美的精神世界,艺术是表现生活的一种形式,而表现方式可以是舞蹈、歌剧、文学等形式。探讨艺术需要走进民间,需要进入最为传统的生活中去。同时,他又强调,研究艺术需要全面认证艺术的起源和发展脉络,在全面掌握的基础上,才能准确把握艺术的真正内涵①。马尔库塞表示,艺术是与社

---

① 赫伯特·马尔库塞. 审美之维[M]. 李小兵,译. 桂林:广西师范大学出版社,2001.

会的发展相协调而推进的。他在20世纪中期就已经指出,未来社会将是科学技术与艺术全面融合的阶段,那时候传统的民间艺术将以多样式、多元化的方式呈现出来,并与社会发展相适应。民间艺术的传承与发展必然走向变革,成为商业化模式,参与到构建社会的产业中来。这也是艺术与现实相互独立存在的必然矛盾。不过,马尔库塞这一艺术与现实相互对立的关系理论,即艺术需要脱离现实的思想,在当前受到诸多学者的批判。

约翰·R. 霍尔是美国著名的社会学家,他在理论研究中,重点站在社会学的角度,对民族文化的变迁问题进行深入研究,其代表作有《文化:社会学的视野》(2002)。他认为,社会学是基于人的学科,社会因为人的视野扩大化,从而实现对文化内涵的挖掘。他在作品中重点就文化变迁的需要,以社会文化环境为基础进行探讨。他认为,社会文化环境的营造,需要依托社会功能的搭建,社会是实现人类艺术生成的重要环境因素,离开了人的社会活动,所有人类社会的艺术均不存在,由此也没有了民间艺术的产生[1]。约翰·R. 霍尔用社会学理论来研究传统艺术的观点,具有历史动态性,得到学界很多学者的普遍认同。

2. 加拿大

斯蒂芬·利科克是加拿大著名的文学家、民间艺术研究学者。他的作品,处处展现了加拿大民族文化的特色风情。加拿大是个工艺美术大国,传统民间艺术资源丰富。斯蒂芬通过笔触,完美地体现出了加拿大这个民族的艺术风格特色以及文化创意风格。他的代表作品《小镇艳阳天》(1982),完美地再现了加拿大的民间艺术风情[2]。加拿大的民间文化多元,民族构成多样,这就是加拿大民间艺术资源的独特性。加拿大的美术和文化创意享誉全球,斯蒂芬将加拿大的自由、风度、追求个性的特征写进了民族历史,也是其创意的主体思路。他从文学的角度指出,加拿大艺术精神的形成,是民族特质存在于现实世界中的反映,是生活哲学的反衬,表现出了民族文化的艺术色彩。因此,存在于加拿大自由风情中的民间艺术,必须保持其原有的特性,才能体现它的本真。然而,唯一略显不足的是,斯蒂芬更多谈到的是加拿大艺术创意的表现范畴、对其进行法律保护等方面,并没有进行实质性的

---

[1] 约翰·R. 霍尔,玛丽·乔·尼兹. 文化:社会学的视野[M]. 周晓虹,徐彬,译. 北京:商务印书馆,2004.

[2] 斯蒂芬·利科克. 小镇艳阳天[M]. 南京:江苏人民出版社,1982.

研究。

3. 英国

爱德华·泰勒是英国非常著名的人类学家,他的著作《原始文化》(1871)在世界学术界具有深远的影响,且被学界公认为是进化学派的奠基成果。在其专著中,他就原始文化进行深入的研究,该作品目前已经成为公认的研究早期人类文化和认知民俗起源的重要经典。泰勒以进化论作为作品的重要理论基础,通过大量引证民族学材料,总结出原始人类存在的文化特质。早期人类利用自然和改造自然的能力有限,很多现象都无法解释,因此宗教信仰成了产生宗教传统活动的根源,成为一切精神文化活动产生的根本出发点,从而进一步证实了传统艺术产生的真正本质[1]。学界认为,泰勒的《原始文化》是一项针对人类社会民俗传统文化所产生的开创性理论,它通过社会进化理论,来解释产生于人类社会发展过程中的民俗活动和宗教内涵,并成为研究当前民间艺术的主要理论依据。泰勒的相关理论为中国民俗文化的产生提供了大量的有价值的参考,并为更好地认知和把握我国新时期民间艺术的发展问题提供了更多参考思路。

4. 德国

白瑞斯是德国波恩大学的民族学和古美洲学研究所教授。他在玛雅古文化等方面具有深入的研究,他通过对玛雅文字的破译,来全面了解古文明存在的历史环境和文化定位,为当前民间艺术资源保护提供了良好的文化素材支撑。他在分析德国文化遗产保护的政策、理念与法规等具体问题时,主要是对德国目前文化遗产的保护工作所涉及的相关法律法规进行了探讨。从中可见,在严密的法规结构管理体系背后,法律对德国文化遗产的保护所起到的积极作用。德国采用的这些法律法规涉及多个体系,主要包括:联合国教科文组织颁布的《保护世界文化和自然遗产公约》(1972)、《关于禁止和防止非法进出口文化财产和非法转让其所有权的方法的公约》(1970)等,欧盟组织颁布的《欧洲文物古迹保护宪章》(1975)、《有关与文化遗产相关的违法行为的欧洲协定》(1985)等,德国本土颁布的《保护文化遗产以防流失法》(1955)、《关于联邦法规中应顾及文物古迹保护的法规》(1980)等。仅德国国内有关政府、社会组织、各州的民间团体出台的法律法规累计就达10多项。

---

[1] 爱德华·泰勒. 原始文化[M]. 连树声,译. 上海:上海文艺出版社,1992.

由此可见,德国对文化遗产重视的程度、保护的力度以及严谨的态度。白瑞斯认为,德国之所以在文化遗产保护方面的工作做得如此周密,是因为他们对民族传统文化的有效传承和对德国的自信。在非物质文化遗产方面,德国从非物质文化遗产所独有的教育功能、审美价值、文化品格、历史特质、民族精神认同等方面,让德国人感受到了保护非物质文化遗产的重要性和积极意义①。

5. 澳大利亚

曼宁·克拉克是澳大利亚著名的作家和社会学研究学者。他不仅对澳大利亚的历史进行过广泛的研究,还通过撰写《澳大利亚简史》,对澳大利亚土著文化进行过深入的探讨②。他认为,土著文化是澳大利亚民族文化特色的主要组成部分。他更加关注的是土著人和文化之间所涉及的由文化所带来的土著人的生存问题。在当前的澳大利亚,土著人与政府的矛盾依然存在,土著人赖以生存的土地正在被吞并。然而,由于澳大利亚政府对土著人存在传统意识上的看法,其国家的旅游文化产业和传统文化资源无法有效结合,许多的文化资源无法得到全面开发。从中也反映出了澳大利亚在传统文化继承与发展方面的现状。曼宁表示,在"多元文化政策"之下,澳大利亚应该强化对民族文化的保护利用与开发工作,重点就传统土著文化进行深度挖掘,如土著的成人礼、图腾艺术等,将有利于澳洲民族传统文化的繁荣与发展。因此,当前必须对土著文化进行弘扬和发展,使之成为当前澳大利亚旅游文化产业开发的重要特色。

6. 韩国

金镐杰是民俗学博士、韩国国立民俗博物馆学艺研究员,在民俗文化的传承与保护方面卓有建树。针对韩国当前对文化遗产的保护经验,他指出韩国早在1962年就颁布并通过了《文化财保护法》,开始以立法的形式,全面启动了无形文化遗产的开发和保护工作。韩国在传统艺术的保护方面,除了通过系统性登记注册加以保护以外,还把各类传统艺术体系予以分类,对各个名录进行全面的定义和考证,并列入国家"技艺传修教育"体系当中,这一做法得到了很多国家的效仿和赞誉③。

---

① 白瑞斯,王霄冰. 德国文化遗产保护的政策、理念与法规[J]. 文化遗产,2013(3):15-22,57,157.
② 曼宁·克拉克. 澳大利亚简史[M]. 中山大学《澳大利亚简史》翻译组,译. 广州:广东人民出版社,1973.
③ 金镐杰. 韩国无形文化遗产保护经验及亟待解决的课题[J]. 文化遗产,2014(1):9-23,157.

同时,韩国在传统文化的保护和开发方面仍存在不少问题。首先,第一部针对传统文化保护的法律,主要参考了日本文化财法的具体做法。金镐杰认为,韩国采取的法律保护是借鉴了日本的做法,并没有很好地结合韩国自身的发展情况予以考虑,对特有文化问题无法进行可行性的立法保护,因此该法律存在局限性和片面性。其次,韩国给予了民间艺术技艺的传承者们一定的文化权利,他们可以有更多的选择权限,对自己传承的传统文化有分享和保留的自由,因此容易造成很多出色的传统艺术被私人所有,导致国家在收集和整理传统文化的过程中产生一定的困难,也不利于一个民族优秀文化的传承和发展。

7. 日本

濑木慎一是日本著名的浮世绘民间艺术评论家。浮世绘出现于日本江户时代,目前已经成为日本传统文化的象征①。不过在日本,有关浮世绘的身价和身世之争,从来就没有停止过。濑木慎一认为,应该把浮世绘称作日本传统文化中的"庸俗艺术"。但这种庸俗是相对的,不是低下和浅薄。浮世绘体现了日本民族的传统美学,是日本传统文化特有的表现形式。日本的浮世绘与其他国家的传统民间艺术一样,体现的是古老的民族文化,是远古人们在群体生活中产生的一种民间艺术。它的存在,具有深远意义和时代价值。当前的浮世绘,已经成为日本民众精神文化的重要组成部分,在当代生活中完全代表了日本的国粹文化,被赋予了新的形式。如今,诸多的商品中体现了日本对传统文化开发的重视和对传统文化价值的运用。例如,人们把这些传统文化元素用在了T恤衫、纪念品、笔记本、电话卡和客厅屏风等日常生活用品中,并且在很多大型的文化舞台上也能看到日本浮世绘的艺术元素。日本对民间传统文化的重视程度被世界所公认,浮世绘传递出了日本人的身份特征,为全体日本人民所接受。

二、国内研究现状

(一) 主要内容

当前,我国对文化事业的发展极为重视,并推进了文化产业相关部门和行业的发展。历史文化资源是国家的宝贵财富,也是中华民族的精髓。我国对历史文化

---

① Segi Shinichi. Ukiyoe Edo:Bigaku no Saikento[M]. Tokyo:Ushio Shuppan,1972.

资源的保护和开发工作,正在华夏大地上如火如荼地展开。要想进一步推动中华民族对传统文化的保护与传承,就需要建立起支撑历史文化发展的文化产业。近年来,中国的民间艺术保护与传承工作主要采取了走文化产业发展道路的方式,利用信息技术对民间艺术资源实施保护,并将其应用于对民间艺术资源的开发和利用中,且已获得了显著的成绩。无论是文化产业的发展,还是信息产业的推进,都是国家文化软实力增强的重要标志。特别是民间艺术产业在发展的过程中,对信息技术的充分利用,为民间艺术产业的快速发展赢得了新的发展机遇。

(二)专家的基本观点

近些年来,我国民间艺术的研究成果越来越丰富,促使国家文化发展战略的实施得以快速推进。如此一来,大大地促进了学界研究成果的积累。目前,国内专家学者对民间艺术的研究范畴总体可归纳为四个领域:第一,关于国内对民间艺术资源开发及民族品牌形象建构问题的研究。第二,关于民间艺术所发挥的价值问题的研究。第三,关于民间工艺传承与保护现状问题的研究。第四,关于话语权与文化软实力的研究。这类课题主要研究民间艺术产业发展与国家文化软实力提升之间的内在联系。

1. 国内对民间艺术资源开发及民族品牌形象建构问题的研究

改革开放以来,随着我国经济的快速发展,人们的消费观念也在一定程度上发生了转变。符号化、标志化的品牌消费越来越受到消费者的青睐,并逐渐成为一种消费趋势和时尚潮流。虽然经济的飞速发展和物质文化的日益丰富改善了人们的生活环境,提高了人们的生活质量,但是随着消费功能化现象的出现,人们的品牌消费呈现出多元化的发展趋势。不得不承认,具有时尚性的文化符号消费,正在渗透到人们生活中的每一个角落。"品牌"在一定程度上会潜移默化地影响着消费者的选择,人们在选购民间艺术产品时,会考虑品牌的知名度,进而会首选那些具有较高知名度和较好口碑的品牌,舍弃那些不具有品牌知名度的产品。因此,一个品牌所表达的不仅仅是产品自身,更是市场经济环境下公司或者企业所具有的经营理念。如今,品牌消费观念已渗入人们消费的诸多领域,消费者在使用某项产品时,意识里会得到知名品牌所带来的暗示,进而从心理上获得品牌声誉所带来的文化附加值,得到巨大的消费满足感。那么,面对消费市场如此瞬息万变的发展态势,商家对民间艺术产业的品牌开发,就要充分注重品牌塑造的环节,从品牌的形象设计上做文章。通过提高对民间艺术产品的审美设计和功能开发,以满足消费者对艺术品牌的追逐与向往。因此,建立民族品牌形象,实施品牌优化设计战略,不失为塑造民族品牌形象的重要创举。

以我国目前对民间艺术木版年画的研究为例,当前学术界对木版年画的研究已经趋于系统化。从木版年画的理论研究来看,木版年画的发展贯穿于各个历史阶段,并已经形成了一个较为完善的体系。如今,木版年画在自身的传承与发展过程中,已经形成了自己的品牌优势,正通过产业发展路径开拓着市场发展的空间。从人们对木版年画的应用研究来看,主要包括木版年画的技艺传承、木版年画的教育教学,等等。但是,中国对木版年画的研究,往往以古版木版年画的历史研究为主,大多会局限于对传世的木版年画的研究。例如,人们对传统木版年画和相关历史资料的研究,是通过对研究资料进行整理、编撰,形成具有完整历史年代的史料,多为历史性的服务研究。目前对古版木版年画的研究,具有代表性的研究成果包括被称作是中国木版年画研究第一人的王树村编著出版的《中国年画发展史》(2005),以及中央美术学院薄松年教授编著出版的《中国年画史》(2013)。关于中国木版年画的传承,王树村和薄松年都提出要振兴木版年画,首先要抢救木板年画的创作技艺,即从人才培养的角度出发,发展民间艺术教育事业。培养出一批批专业的民间艺术创作人员,使民间艺术在保护中求发展,在创作中求创新。现代的民间艺人,大多数情况是虽然掌握了民间艺术的创作技艺,但是却缺乏对民间艺术的创作能力,从而出现作品内容单一,且与现代社会环境脱节等诸多问题,导致民众很难发现民间艺术的价值。为了能够将民间艺术的创作技艺传承下去,就要培养出一批专业的手工艺人,使他们在继承传统创作技艺的同时,创作出内容更具有时尚特点的作品,这样才能够使民间技艺更好地融入人们的现代生活中。只有民众的充分接受,才能够使民间艺术得以发展并传承下去,使得民间艺术的传承途径不再是传统的传承方式,或者是通过强制性的教育形式来完成,而是应当以民众自发地维护民间艺术传承的方式,并自觉自愿地学习民间艺术,来将民间艺术传承工作发扬光大。然而,所有的这些都需要科学的规划,才能使民间艺术的传承工作在每一个环节中都能够落实,并趋近合理和完善。

关于民间艺术的研究,大多数的专家、学者们都是从民间艺术的基本概念进行概述和分析,进而展开探寻民间艺术资源开发及民族品牌形象建构问题的

研究:

聂爱文教授,就民间艺术的传承问题进行了系统的阐述。她认为,传统民间艺术的传承途径单一。然而对民间艺术的传承,则要求传承人具备较高的技艺。由于传承的途径与现代社会环境缺乏适应性,民间艺术在工艺上依然以经验性为主。加之不同的艺术门类相互间存在着差异性,致使民间艺术的制作带有一定的随意性。中国的民间工艺具有较大的地域性特点,这体现在创作材料的就地取材上,工艺技术更为注重实用性和装饰性。

唐家路,山东工艺美术学院艺术学资深教授,在民间艺术学方面的研究成果较为丰硕。在其2006年出版的《民间艺术的文化生态论》中,他依托文化学、民俗学、艺术学等学科,对民间艺术资源的开发和利用进行了科学的定位,以此实现了对民间艺术文化生态圈全方位的把控,有利于对民间艺术进行合理的开发和利用,并应用于系统性的研究中[1]。他认为,对民间艺术资源的开发,要充分认识到民间艺术是立身于民俗世风、艺术形态、民众生活中的活生生的艺术。他还就民间艺术存在的延续性、民间艺术所蕴含的信仰观念,以及民间艺术存在于人类心灵的情感寄托进行了阐述。他进一步说明了民间艺术形态具有广泛性和包容性等特征,并通过全面认知民间艺术存在于民间的生态基础,为民间艺术资源的品牌形象塑造提供了支撑。

郭云仲教授,在其2001年出版的著作《谈中国民间工艺》中,他就提到了民间工艺传承的问题,即民间工艺创作者多为农民和少数接受传承的艺人,他们的民间艺术创作是以地域环境为基础的。其中包括材料、思想和设计等,都突出了地方性的特点,且重于形式的表现。所以,大多民间艺术品的造型夸张、色彩艳丽,在工艺技术上也以粗放为主。

王平教授,中国著名的民间美术研究学者,对中国民间美术现状及发展问题,有着深厚的研究基础。在其著作《中国民间美术通论》中,他主要阐述了我国民间美术的品类和区域分布等特点。我国民间美术的底蕴深厚,包含着丰富的民俗文化品格[2]。每个地区均有区别于其他地区且自身独有的民间美术表现形式,各自代表了一方地域特色和审美价值。基于民间美术的发展问题,他认为,当前民间美术

---

① 唐家路.民间艺术的文化生态论[M].北京:清华大学出版社,2006.
② 王平.中国民间美术通论[M].北京:中国科学技术大学出版社,2007.

必须要适应新时期大众生活的需求,而不应被新生美术淹没。中国民间美术的现实发展要注重对品牌形象的培育,应以现代人的视角,去重新审视古老的民间美术,才能在新时代中进行风格创新和发展变革。

2. 关于民间艺术所发挥的价值问题的研究

民间艺术工艺品是中华民族的文化瑰宝,是劳动人民在生产生活中的经验总结。民间工艺的发展依托中国古代的科学技术,传承至今依然发挥着重要的价值功能:民间工艺的历史价值、民间工艺的艺术价值、民间工艺的科学价值、民间工艺的经济价值和社会调节功能等,在当今的民间艺术传承中具有不朽的价值意义。

吴洁华,博士、副研究员,在其著作《从民间工艺看社会文明》中,她就民间工艺的历史价值研究问题,从社会历史文化的角度研究了中国民间工艺美术。她认为,从这些民间工艺产品中,就可以折射出社会文明的程度。民间工艺具有时代性的特点,只有分析其装饰纹样、艺术风格以及工艺制作的方法和制作历程,才可以对民间工艺所经历的时代加以诠释。中华民族的艺术大多来自民间,具有民族特点的各种传统艺术造型,对当今的民间工艺制作富有时代性的指导意义。民间工艺最初的雏形都是源于民间,甚至艺术思想以及艺术创作灵感,都是从民间工艺中获得。她认为,在对民间工艺科学价值的研究中,民间工艺制作对具有现代科技成分的工艺品鉴赏,具有较高的参照价值。

陈亚峰,安徽蚌埠学院艺术设计系教授。他认为民间工艺作为手工业,是以传统形态存在的。民间工艺作为民间艺术中的重要组成部分,对其经济价值的研究,具有不断地为文化旅游提供建设性服务的功能。现代的旅游业不仅重视旅游地的自然景观,更为注重人文景观。对当地的民间工艺文化资源加以充分地利用,并根据需要不断地开发,有助于提升旅游文化品质,使得旅游者在休闲之余,还可以提升文化鉴赏品位。当然,陈教授承认这也是提高旅游经济效益的有效途径。对民间工艺社会调节功能的研究表明,民间工艺是源于民间的工艺创作,是人类最朴素的思想表达。透过民间艺术,可以解读人类社会的发展历史,使得人们在回溯历史的过程中获得警醒,使人们在快节奏的生活环境中适度放松自己,让自己的精神压力得到缓解。因此,民间工艺可以改善人居环境,使人的心情更愉悦,身体更健康。

崔黎菲,河北省民俗研究学者,对农村民间艺术价值的发挥和文艺团体建设等,有一定的研究。她针对新时期农村民间文艺团体建设和可持续发展问题进行了探讨,认为,农村文艺团体是传承当地民间文艺的重要组织,但民间文艺团体具有人员管理涣散、文艺表演随意等现象,同时还受到经济效益和参与人员自发性等因素的影响,造成民间文艺团体无法正常开展活动,这已经是现实存在的具体问题①。并且强调农村文艺团体的发展,要以民间艺术所能发挥的具体价值为重要抓手,必须通过社会资源的投入方式,来重新挖掘古老的民间艺术所具有的价值,为它们焕发新的亮点创造机遇。通过对有效资源进行整合,提升植根于当地民间的独特艺术形式,这应该是对当前农村文艺工作重要的保护措施,也是实现民间艺术价值、实现文艺团体可持续发展的重要路径。

吕庆华教授,专注于中国民间艺术产业的研究,成果较为丰富,著有《文化资源的产业开发》一书。在书中他强调了文化资源是产业开发所应具备的基础性条件,提出了"文化资源的产业开发"理论,针对民间艺术资源的产业开发价值问题进行了系统的研究。本书成为当前学界以文化资源的产业开发为着眼点的专业性著作②。他于近年来在《商业研究》《生产力研究》《山西财经大学学报》等多家学术刊物发表了大量的精品力作。吕庆华认为,民间艺术资源价值的深度与广度,是实现产业开发的根本,科学的产业开发能全面提升艺术资源价值的有效延伸和较好传承。他以理论的形式,阐述了艺术资源的具体形态和存在要义,以及产业开发的主体思路。

3. 关于民间工艺传承与保护现状问题的研究

长久以来,中国政府就极为重视对民间艺术传承的保护,将民间工艺纳入非物质文化遗产名录当中,是对民间工艺传承的有效保障。但是,一些民间工艺还深藏在民间,有待被发掘出来,这部分民间工艺正面临着生存的危机。很多的研究学者,对民间工艺的传承与保护问题进行研究,并提出了自己的一些看法。

欧宗启,广西民族大学文学院教授,在文艺学、美学等领域具有深厚的学术造诣。针对新形势下的民间艺术发展现状,他认为,当前民间艺术的生存与变革,已

---

① 崔黎菲.浅谈新时期农村文艺团体的可持续发展[C]//文化部艺术发展中心.2011—2013中国民间文化艺术之乡全集.北京:中国戏剧出版社,2013:430-431.
② 吕庆华.文化资源的产业开发[M].北京:经济日报出版社,2006.

经到了必须要进行有效整合的阶段。这是由市场主体经济环境下人们的文化需求与思想观念决定的。新时期文化生态的发展模式,有待于人们去整合与建构①。他认为,当前中国的传统文化,在传承中出现了许多危机状况。主要是民间艺术缺乏生存的土壤,这就注定了民间艺术形态的传承必须要进行转型,在变革中谋求发展才是其唯一的出路。欧宗启同时表示,对传统的民间艺术进行传承,就必须要深刻认识民间艺术成长的环境特质。人们应该清晰地认识到,民间艺术已经逐步走向专业化和职业化模式的发展趋势。当前民间文艺人士群体总量是极其匮乏的,在广大农村地区,"子承父业"的传统继承模式正悄然发生变化。年轻人不愿生活在农村,不愿意跟着父辈学习的现象屡见不鲜。年轻人片面地认为,民间艺术是既古板又老套的古董,并且经济效益差的传统技艺不值得学习。然而,正是这样看似非常矛盾的传承环境,才推动了民间艺术的专业化发展,民间艺术产业才得以形成,民间艺术才能在转型环境下获得新的发展。欧宗启指出,民间艺术走向商业化是必然趋势,是时代发展的主流,是商业化推动市场发展的必然产物。欧宗启还认为,民间艺术可持续发展的生态特质,必须要融入商业化的时代主流,在市场中发挥经济价值,通过民间艺术回归社会的形式,来达到保护和可持续发展的目的。

曹庆芝、崔胜军两位学者,就工业生产与民间传统工艺的相关问题,提出了自己的观点。他们认为,随着时代的发展以及文化的变迁,一些不适应现代社会的生活方式逐渐退出了历史舞台,而与这些生活方式相关联的对传统工艺的传承,往往受到极大的影响。民间传统工艺是人类民间艺术的宝贵遗产,因此需要以适当的载体将其传承下去。然而,随着工业文明的发展,那些传统手工业消耗时间长、工作效率低的生产模式逐渐被淘汰,传统生产模式生产的产品成本也相对较高,很难跟得上市场快速发展的节奏,更不适应市场的竞争。传统工艺方式生产出的产品与工业时代生产出的产品相比,存在着诸多不适宜现代社会发展的问题,存在着明显的滞后现象,使得民间传统工艺的传承与现代的快节奏生活方式不相协调,而不得不逐渐退出人们的日常生活领域。这种状况是值得人们深思的。

王雪梅,河北大学教授。她提出,从事民间工艺品销售的商人们,看准了民间工艺品这个市场,让那些懂得民间工艺品传承技艺的手工艺人来完成民间工艺品

---

① 欧宗启.论文化生态的变迁与民间文艺存在和发展的新趋向[J].贵州民族研究,2011(1):34-39.

的加工、制作，从而从中获利。这种方式虽然有效促进了对工艺品的传承，但是却给原生态的工艺品笼罩上了一层商业色彩，使得工艺品原有的民间艺术情感丧失殆尽。甚至出现了一些民间工艺品并不是纯手工制作的现象，取而代之的是采用机械加工出来的工艺品。她认为，商人们主要的目的是迎合旅游业的需要，进而将这些民间工艺品，以一种失去原生态生存环境后的仿制品形态卖给游客，获得一定的经济利润。民间工艺品商业化后，就逐渐失去了其自身的本真。如今作为旅游纪念品的民间工艺品，往往只有民间之形，没有文化之实。这样的民间工艺品制作粗糙，已经使其原有的文化内涵大打折扣。

刘燕平教授认为，目前在国内掌握民间艺术传统创作技法的传承人正在逐渐减少，使得民间艺术面临着生存与发展的危机。民间艺术传承出现问题的主要原因在于，全球化时代文化趋于多元化，人们有更多机会接触外来文化，使得本土文化遭受到了忽视。受到外来文化的冲击，传统的民间工艺慢慢地脱离了人们的审美视线。在社会的发展进程中，人们的生活方式、生活观念都发生了改变。当人们在越来越追求异质文化、建立新的文化审美意识并且不愿意承担传承民间艺术的责任时，令人担忧的一些传统民间技艺正伴随着老艺人的去世而逐渐消忘。

吴贞英，作为一名工作在基层一线的文化界人士，对农村的文化队伍建设工作提出了许多建议。这些意见引发了人们对民间艺术传承问题的许多思考，具有较强的指导意义。她针对近年来存在于农村的文艺工作者中出现的问题，重点关注当前农村群众文化生活的方方面面，来说明新经济环境下，城乡居民对传统民间艺术的精神需求和民俗价值认同，进而对乡村文艺队伍的发展等一系列问题，提出了卓有成效的改良措施，引起了当前人们对农村地区文艺活动的关注[1]。我国渐渐富裕起来的广大农村地区，虽然解决了人们的温饱问题，但是长期以来受到地理环境、交通、文化信息等客观条件的制约，却无法像城市居民那样，随时可以在家门口就能享受到影视、资讯等带来的一系列文化交流活动。当前广大农村地区的文艺活动还无法满足人们精神生活的需求，民间艺术还亟待与现代传播技术嫁接，从而以更好的形式传承和发展下去。因此，农村文化的发展，需要下大力气才可能彻底改变现状，必须要以居民喜闻乐见的传统艺术活动为突破口，以发掘当地

---

[1] 吴贞英.浅谈新时期乡村文艺骨干队伍建设[J].科技致富向导，2012(24):307-309.

民间艺术资源为着眼点,既达到保护当地民间艺术生态圈的目的,同时又满足农民群众的精神文化生活需求,体现出新形势下民间艺术可持续发展的总基调。

管育鹰,中国社科院研究员,对民间艺术知识产权的保护问题深有研究。他就当前国内外民间艺术的保护与知识产权议题,进行了全面的阐述。他从知识产权的保护角度,对最前沿的研究成果给予了高度的评价①。管育鹰指出,知识产权的保护制度,为强化民间艺术资源的保护提供了法律保障,突显了重要的价值意义。他认为,当前中国针对民间艺术的知识产权制度,应加强保护的力度。并且重点分析了现有制度在有效保护民间艺术所表现出来的不足且亟待提高、完善之处。他在统观国外的经验做法之后,认为知识产权保护措施的有效实施,将为民间艺术的发展提供特殊的权益保护,也为提升全社会对民间艺术的保护认同提供必要的纲领准则。

王立武,山东政法学院教授。他主要对民间艺术等非物质文化遗产的跨国保护所涉及的法律问题具有深入的研究②。他认为,从目前来看,国际社会对非物质文化遗产的保护问题给予了积极的关注,各国间就跨国非物质文化遗产等问题都有了相关的立法,并签署了一系列合作备忘录。但因非物质文化遗产本身所具有的独特属性,同时因各国间存在的文化认知差异和立法准则的不同,目前还无法形成明确的合作机制和工作互动模式。从而导致涉及非物质文化遗产的跨国保护问题,一直都无法在各国间进行正常有效的合作,跨国权益侵犯等现象层出不穷。针对这一问题,他认为首先是要改善当前国内立法与国际通行准则的整合状况,在非物质文化遗产的保护方面完善相关立法;其次是通过积极参与国际规则的制定,来进一步凝聚国际间的共识,提升跨国保护水平。

4. 关于话语权与文化软实力的研究

目前学术界对话语权与文化软实力的关系研究,已经较为成熟,相关理论在实践中的应用也颇见成效。研究领域涉及如何提升国家文化软实力,进而争取在国际社会上的话语权的问题,主要集中在三个层面,即相关理论研究、文化软实力研究和历史溯源研究。

第一个层面:相关理论研究。基础理论研究是对话语与权力之间所存在的关

---

① 管育鹰. 知识产权视野中的民间文艺保护[M]. 北京:法律出版社,2006.
② 王立武. 非物质文化遗产跨国保护的法律对策[J]. 管子学刊,2009(1):114-119.

系进行研究,诸如,要在国际社会上争得"话语权",就要注重话语质量。学界对话语质量进行了研究,包括话语的发出、普及以及质量等方面。北京外国语大学张志洲教授的研究著作《话语质量：提升国际话语权的关键》(2010)就是针对话语质量问题进行的研究。张教授提出,国家实力虽然对话语权具有一定的影响力,但是,要提升国家在国际社会中的话语权,就要注重话语本身。张志洲教授从话语权力形成的角度展开论述,包括话语主体和平台、话语的普世价值等几个方面的内容。

第二个层面：文化软实力研究。从提升国家文化软实力的角度,对争夺国际话语权进行研究。软实力与硬实力是相对应的,因此关于文化软实力与话语权的研究,首先应从硬实力视角的研究谈起。硬实力包括政治实力、经济实力、军事实力和科技实力等几个方面的内容。具有代表性的研究成果有香港科技大学教授、卡内基国际和平基金会高级研究员丁学良的学术著作《中国话语权如何推展》(2009)。北京大学教授、文学史家王瑶的学术著作《关于美国文化霸权的一点思考》(2009),其中通过对中国和美国在硬实力方面的差异比较,阐述其对话语权所造成的影响。这种研究虽然是理性的,但是以此种宏观视域展开的研究,就难免以偏概全。中国自改革开放以来,经济才开始高速发展,而美国处于经济"快车道"上,其发展速度并没有比中国慢。因此,中国的经济实力,以及其他的硬实力要赶超美国,还有很长的路要走。所以,中国要提升国际话语权,仅仅依赖硬实力是不够的,而是要发挥中国的文化优势,从大力弘扬中华民族的传统文化入手,挖掘民间艺术,充分做好保护与传承的工作,使民间艺术走产业发展道路,并逐步适应市场化的竞争模式,形成具有民间艺术品牌的品牌形象,打响国际声誉从而提升国家文化软实力,在国际上争取更多话语权,来进一步提升中国在世界的声誉度。张志洲教授在自己的研究著作《中国国际话语权的困局与出路》(2009)中已经提出了文化研究的重要性。中央政策研究室主任王沪宁教授的《文化扩张与文化主权——对主权观念的挑战》(1994)、中国文化软实力研究中心主任张国祚教授的《中国文化软实力研究论纲》(2015)、《中国文化软实力发展报告2014》(2014)、《关于"话语权"的几点思考》(2009)、《提高我国文化软实力的战略思考》(2011)等论著中,多处都提到了文化与话语权的关系、价值观与话语权的管理,以及文化和价值观对中国在国际上获得话语权的影响等问题。武汉大学骆郁廷教授的《文化软实力：战略结构与路径》(2012)、《我国文化软实力的发展战略》(2009)、《综合国力竞争中的软实力建设》(2010)中提出了中国要提升文化软实力,才能在国际竞争中立于不败之地。他提出通过采用战略结构等战略手段,实现提升文化软实力的实施方略。武汉大学沈壮海教授在《软文化 真实力——为什么要提高国家文化软实力》(2008)、《文化软实力及其价值之轴》(2013)、《文化软实力的中国话语、中国境遇与中国道路》(2009)、《文化如何成为软实力》(2016)中提出了文化强国思路。他认为中国要变得强大,就要获得国际话语权,国际地位的提高、国际竞争力的提升等都依赖于国家文化软实力的增强。

第三个层面:历史溯源研究。这是回溯影响中国话语权的历史原因,包括世界格局的变化、世界话语体系的形成,以及演变等方面的分析研究。李丹娜教授在其著作《美国文化霸权的历史原因和现实基础》(2006)中,提出了美国对其他国家意识形态的渗透问题。李剑林教授在其著作《美国文化霸权建立轨迹考察》(2007)中,研究美国文化霸权是如何形成的,其研究视角依然采用了软实力与硬实力对比的方法。自苏联解体后,美国成为世界上唯一的超级大国,美国的硬实力基础雄厚,同时美国还注重本土文化的发展和扩张,运用文化强大的渗透力向其他国家蔓延,以试图改变其他国家民众的价值观,使这些人的意识形态受美国意识引导,来认同美国文化,从而使得美国获得了更多的话语权。

对于中国依赖文化软实力来提升国际社会影响力、在国际社会中获得话语权的研究,目前学术界的研究方向有四点,即中国传统文化传承发展中有待完善的地方、"全球化"视野下的中国文化发展研究、关于中国文化建设的研究和中国文化传播的研究。

(1) 中国传统文化传承发展中有待完善的地方

当前学术界,从中国的传统文化继承和发展的研究视角来看,人们对本土文化的挖掘还有待于进一步地加深。在历史上,曾经出现过不同程度地对传统文化传承的中断和破坏现象,从而导致中国传统文化没有得到较好的保护,并且对传统文化的继承和发展也有所欠缺。此外,虽然目前中国传统文化的传承与保护体系已经被建立起来,并且成为国家的重点研究课题,但是研究视域单一等问题,仍不利于传统文化的继承与发展。王颖、姜鑫的研究著作《促进中国获取文化话语权探析》(2008),对中国文化和美国文化进行了对比研究,并针对相关问题采用了对比研究的方法。文章针对中国和美国的核心价值观,进行了梳理和比较研究,提出了还需要努力加强对中国文化的继承,只有这样才能够提高中国在世界范围内的文化竞争力。西南财经大学韩源教授的研究著作《中国国家文化安全形势评析》(2004),对中国的文化力进行了深入的研究,分别从文化势能、文化创新力和文化传播力等几个方面进行了剖析,并明确指出了中国传统文化传承与发展中所存在的不足。

(2)"全球化"视野下的中国文化发展研究

从"全球化"视角对中国文化发展趋势进行展望,是以全球化为背景针对中国传统文化的继承和发展所做的路径选择。其中提到了一个重要的问题,那就是关于"文化生存"的问题。萨缪尔·P.亨廷顿(Samuel P. Huntington,1927—2008),美国当代政治学家,因《文明冲突论》(1995)的出版而闻名于世。他的研究著作《文明冲突论》主要从全球化的现状以及未来发展趋势的角度,针对世界不同文化进行研究,注重研究国家间的文化冲突。萨缪尔指出,不同国家的文明会直接产生许多碰撞与冲突,比如中西方国家的文化冲突、西方国家文化与伊斯兰文化之间的冲突等。探讨文化冲突的根源,以及不同文化之间所产生的相互影响,才是正确解决文化冲突的良方。基于国外对"全球化"研究视角与国内学者不尽相同,各国的研究成果就必然会有所差异。国外针对相关问题的研究注重冲突本身,且以冲突为依据对文明的消亡做出预测。而国内研究学者就"全球化"给中国文化发展带来的影响论述较多,其中就包括给中国带来有利的发展机遇,以及不利的发展困境等影响。其中有中共中央党校第十九期中青班文化问题课题组,对《全球化背景下中国文化竞争力研究》(2004)的专业论著,把做好中国文化的传承发展,作为中国参与国际竞争的先决条件。南京大学外国语学院任裕海教授的专著《全球化、身份认同与超文化能力》(2015)从"全球化"视角对解决当前中国文化传承与发展问题,给予了全新的解析。任教授对跨文化交际所产生的文化休克现象,以及全球化时代的文化特征进行了深入的分析。这为全球化与超文化认同,找到了中国文化传承发展的合理路径,并提供了较高的参考价值。山东大学全球化与中国文化发展课题组的教授们,于2009年编撰了一套《全球化与中国文化发展研究丛书》(2009),其中包括孙熙国、刘志国教授的《全球化与中国传统文化的现代转换》,崔婷教授的《全球化与当代中国跨文化交流》,张彩凤、苏红燕教授的《全球化与当代中国文化产业发展》，杨生平教授的《全球化视野下中国文化发展研究》等。研究丛书从"全球化"的双重危机等视角，将中国文化发展带入"全球化"发展环境，进行了理论分析与论证。尤其是张彩凤和苏红燕两位教授的《全球化与当代中国文化产业发展》，为中国文化在全球化背景下的发展，指出了走文化产业发展道路的合理化规划，以及一系列可行性的战略性举措。

(3) 关于中国文化建设的研究

关于中国文化建设的研究，目前学术界的研究方向主要包括两个方面的内容，即国外文化对中国文化的渗透和中国本土文化的继承和发展问题。

在国外文化的渗透方面，中国文化软实力研究中心主任张国祚教授，在其研究著作《关于"话语权"的几点思考》(2009)中，提出了西方文化的强势问题，并提出了抵抗西方文化渗透的主要策略；清华大学李希光教授，在其研究著作《话语权视角下的中国文化软实力建设》(2009)中，提出了中国要避免本土文化受到西方文化的侵袭，就要提高中国文化软实力，注重对本土文化的保护、开发和利用，并将本土文化推向世界文化的平台。

在中国本土文化的继承和发展方面，学者主要从中国在国际社会中话语权缺失的问题展开研究。目前研究此问题的学者认为，中国要实现文化的跨越式发展，就要深入挖掘核心价值观，提高人文社会科学的科研力量，以文化的发展提升中国的话语权。一些研究学者还从国际背景的角度，对中国文化以及美国文化进行了比较研究，分析美国文化渗透的途径，除了政治方面、媒体传播和教育影响之外，美国还利用经济平台扩大文化产业发展的宣传力度。在此基础上，学者提出中国的文化发展存在着诸多的不足。中国要提升在国际社会上的话语权，就要从多元角度建立对传统文化的保护平台，并将中国传统文化渗透到各个领域，形成具有传统意义的当代中国文化，从而提高国民对中国传统文化的接受度，以民众为庞大的支撑，推进中国传统文化的世界影响力。关于中国本土文化的继承和发展方面的研究著作颇多，夏云珍和王云飞教授的研究著作《简析冷战后的美国文化霸权》(2003)、王颖与姜鑫的研究著作《促进中国获取文化话语权探析》(2008)、沈壮海教授的《文化软实力的中国话语、中国境遇与中国道路》(2009)、张志洲教授的研究著作《中国国际话语权的困局与出路》(2009)、王爱英教授的研究著作《美国对华文化霸权与中国对外文化战略》(2011)，以及石坚教授的研究著作《全球传播中的中国话语权建构》(2014),都针对相关问题展开了研究。

(4) 关于中国文化传播的研究

中国文化的传承不仅依靠政府的制度保障和宣传,还依靠华人的共同努力,承担起中华民族文化传播的责任。即在以政府为主体的行政性传播方式的同时,还要结合多元文化的传播渠道,建构国际话语平台,以体现文化传播的自由性和平等性。在此基础上,中国文化的传播,要扩展文化传播的范围,不断发掘新的文化传播途径。对中国文化传播的研究主要包括三个方面,即文化主体的研究、文化方法的研究、文化技术的研究。

胡蓉蓉教授的研究著作《话语权与文化外交》(2008年),对外经济贸易大学梁凯音教授的研究著作《中国拓展国际话语权的思考》(2008)、《论国际话语权与中国拓展国际话语权的新思路》(2009),李希光教授的研究著作《话语权视角下的中国文化软实力建设》(2009),骆郁廷教授的研究著作《文化软实力:战略结构与路径》(2012),黄金辉、丁忠毅教授的研究著作《中国国家软实力建设路径研究的回顾与反思》(2012)等都针对文化传播问题进行了研究。除了强调文化传播之外,北京师范大学王啸教授的研究著作《国际话语权与中国国际形象的塑造》(2010),也提出了中国传统文化传播的途径以及所采用的方法等观点。

中国的传统文化璀璨夺目,为提高国家文化软实力提供了源源不断的支撑力量。民间艺术是中国传统文化的代表,我们要充分发挥其优势,通过提升其在世界文化领域中的影响力来获得一定的文化优势,由此我国才能在国际社会中争夺更多的话语权。关于中国在国际社会上争夺话语权的研究,北京师范大学研究专家王啸在其研究著作《国际话语权与中国国际形象的塑造》(2010)中,提出了中国要树立国际形象,才能够提升国际话语权的研究论断,并对中国所面临的挑战以及展开的有效策略进行了研究。王教授对中国树立国际形象的研究,是比较具有代表性的,在国内学术界产生了较大的影响。关于国家文化软实力的研究,黄金辉与丁忠毅教授的研究著作《中国国家软实力建设路径研究的回顾与反思》从三个方面展开了论证:第一,中国的文化软实力要获得发展,持续而稳定的经济增长是基础;第二,中国的一个重要优势就是在体制方面,可以在短时间内集中所有的力量完成重要任务;第三,中国的发展说明中国所构建的发展模式是正确的,已经被其他发展中国家所效仿,甚至对一些发达国家也产生了一定的影响。

中国是一个历史悠久的国家，传统文化厚重，人文历史丰富，五千多年来积累了丰厚的文化资源。但是，这些文化资源却没有被较好地开发和利用，特别是对民间艺术的开发显得较为滞后。当前，国内大部分的民间艺术依然还处于艺术的创作阶段，人们并没有寻求到极为有效的开发渠道，导致民间艺术的传承面临一定的危机。究其原因，民间依然存在着一定的偏见，人们认为艺术一旦进入市场就不免会与低俗挂钩，甚至这种落后思想在艺术文化界也还存在着。他们普遍担心艺术进入市场后，就会被划入低俗的领域。人们长期的思想偏见，导致长久以来缺乏对民间艺术的传承模式的创新，民间艺术仍延续着传统的传播方式。只有社会的发展与经济的繁荣，才能够带动人们思想观念的更新。然而，民间艺术的传承则是中华民族世代的历史重任。如今，中国文化走出去的历史任务摆在我们面前，中国文化对外传播的呼声愈发强烈，改变旧有的民间艺术传承方式势在必行。从国家发展的角度而言，中国的公共外交水平在逐渐增强，这就意味着中国文化走出去的国际平台也越来越稳固。中国自古注重对文化软实力的建设，当今仍不懈努力地全面提升国家文化软实力，进而提升中国在国际上的地位，在国际上争夺话语权。但是，目前国际社会依然存在着不利于中国发展的舆论，中国面临着"中国威胁论"的困扰。因此，当务之急就是要着力于挖掘民间艺术资源，以此为中国传统文化的形象代表，扩大中国文化在世界文化领域中的影响，在国际社会中树立中国的好形象。

三、研究现状评述

（一）国外研究现状评述

纵观国外相关研究领域，各国学者对民间艺术的研究，重点关注在法律法规等保护政策的健全和完善方面。近年来，随着国外民间艺术保护法规的逐步完善，对民间艺术的保护工作取得了显著的成绩。可见，保护民间艺术政策的实施与拥有一套完善的法律法规机制是密不可分的。当前，国外对民间艺术的保护，已经上升到了国家高度，形成了全民的共同认知，对民间艺术在内的非物质文化遗产的保护，成为国民的共同义务和责任。通过上述对国外现状的研究可知，国外诸多国家对民间艺术资源的保护，更多的是把完善立法作为对民间艺术保护的基础，并以此形成区域的文化合作框架。比如欧盟国家，为了打击与民间艺术品相关的走私贩卖等犯罪活动,学者们积极地参与进来,为政府提供各类可行性分析研究报告,通过献计献策为国家政策决策提供参考。当前,国外对文化遗产的保护措施所取得的成功经验,反映出了外国学者对本国文化遗产保护和利用措施的民族自信,同时也体现出了国外针对民间艺术立法的完善和协作管理体制机制的健全。

(二)国内研究现状评述

在国内,相关领域的研究者,大多是从保护中国传统文化的角度进行研究,逐渐渗入民间艺术的文化价值、社会价值和政治价值。从中分析可以得出结论,无论是国外对文化遗产的研究,还是中国对传统文化的研究,都更为注重文化的交流和传播。通过扩大传播面而得到民众的认同,进而对文化保护达成共识。但是,在我国仅仅依赖于民众自觉自愿地参与到保护活动中来是远远不够的,还要通过加强一定的法律保护措施,才能够将民间艺术的保护传承工作落到实处。对世界上任何一个国家而言,民间艺术是具有浓郁本土特色的宝贵文化财富,当前各个国家都加大力度对其加以保护。一方面,防止民间艺术失去本土的原生态环境;另一方面,确保民间艺术能够较好地传承下去。人们应当采取有效措施,将活态技艺的民间艺术完整地传承下去,这样才能避免民间艺术的逐渐消失。因此,学术研究领域提出了民间艺术走艺术产业发展途径的解决方案,以更好地对民间艺术的活态技艺进行保护和传承。目前,国外有许多民间艺术走产业途径获得成功的案例,值得我们很好地学习和借鉴。我国的民间艺术主要渗透到文化旅游产业,但是民间艺术与文化旅游产业的结合,还亟待进一步系统性开发,才能够起到对民间艺术真正的保护作用。因此,中国民间艺术产业的发展,在国内还有很长一段路要走,民间艺术与其他领域的结合,也需要进一步加强,才能拓宽发展领域。

(三)研究趋势综合评述

通过对国内外研究现状进行总结,可以得出较为翔实的结论:民间艺术作为非物质文化遗产的重要组成部分,因其所包含的历史价值、人文精神、民族特质、文化品格和市场开发价值等,被提到了国家层面予以重视和保护。虽然当前学术界关于文化遗产的保护、传承和发展的研究视角比较广泛,研究成果也颇多,但是以民间艺术为研究对象,从民间艺术保护和传承的角度,对民间艺术资源开发的研究成果却相对较少,并且也没有形成系统的研究体系。开发民间艺术资源,树立品牌形象,是民间艺术走产业发展道路的有效途径。如何提升民间艺术的历史传承价值和社会认知度,是当前国内研究领域和学术界亟待解决和突破的一大难关。因此,我们应当重视对本土化艺术的研究,从多角度、多层次对民间艺术资源的开发进行深入研究。将民间艺术资源转化为知名艺术品牌,那么艺术产业的建立和完善将是必经之路。只有产业的健全和发展,中国传统文化才能快速走出去,也才能得以较好的传承。

第三节 研究主要内容、目标、重点、难点和创新点

一、主要内容

本书主要研究内容,是针对民间艺术产业的发展,以及如何树立民间艺术品牌形象的相关问题进行的探讨。民间艺术是中国传统文化中的重要组成部分,是中华民族的宝贵资源。要对民间艺术资源进行开发,就要充分了解民间艺术资源的可利用价值,以价值为核心探索民间艺术资源的产业发展道路。本研究从中国民间艺术资源的特征与价值展开,提出要对民间艺术资源加以保护和传承,就要对民间艺术资源进行合理性开发,并对民间艺术资源开发中所面临的各种困难,采取积极有效的应对措施。

虽然在对民间艺术资源开发的过程中,必然会面临各种困难,但是也存在着开发利用所带来的各种优势。要将这些优势充分地挖掘出来,就需要将民间艺术与产业发展相结合。在民间艺术产业发展的进程中,树立民间艺术品牌是非常必要的。民间艺术品牌代表着中国传统文化的艺术形象,也是世界艺术领域中的中国艺术形象的代表。本研究在此环节中,首先,论述了民间艺术资源的传承与利用关系、民间艺术产业品牌的建构等问题。其次,以朱仙镇木版年画品牌形象的建立为本书的案例分析,对朱仙镇木版年画的起源、发展历史、保护和利用状况,以及产业品牌的建构进行探究。最后,对民间艺术产业发展的前景予以展望,并深刻认知实

施国家文化发展战略,积极发展民间艺术产业所具有的重要意义。具体展开其主要内容,分为以下七章进行论述:

第一章,绪论。主要就本课题的选题背景与研究意义、研究现状、研究主要内容、研究重点、研究难点、研究的创新点和基本思路以及研究方法等结构问题,进行了深入的研究和细致的探讨。本研究着重对提出的选题背景与研究意义加以分析,对课题的国内外研究现状和研究趋势进行评述,说明研究的主要内容,阐述研究的主要目标,分析研究的重点,找出研究中的难点以及研究所具备的创新点,归纳研究的思路和研究所运用的基本方法。

第二章,背景分析。就民间艺术资源的特征与价值进行分析,首先将民间艺术资源进行分类,然后具体展开论述。主要涉及民间艺术资源的价值实现途径——通过社会价值、经济价值、艺术价值得以实现。对民间艺术资源的多重价值进行挖掘,将民间艺术思想纳入启蒙教育,融入人们的生活并渗入文化产业。通过弘扬优秀传统文化、与文化产业相结合促进产业发展、构建民族品牌形象、进一步提升国家文化软实力等途径,使民间艺术资源的价值得以延伸。

第三章,关系研究。重点就民间艺术资源的传承与利用关系展开论述。以民间艺术资源开发的现实条件和面临的困境,作为研究的着眼点,进而对民间艺术资源的挖掘保护和开发利用等关系进行论证。着重从抓好民间艺术资源的传承工作、加大民间艺术民族形象保护的宣传教育力度、增强民间艺术传承人及团体的人才队伍建设、强化民间艺术形态民族形象的投入及传播力度等方面予以实施。通过对民间艺术资源的多种利用途径,民间艺术资源得以有效传承,诸如民间艺术资源与动漫产业、民间艺术资源与影视产业、民间艺术资源与工艺美术产业,以及民间艺术资源与戏剧产业等相结合。

第四章,可行性路径探索。探索民间艺术产业的建构方略。主要涉及民间艺术品牌形象塑造的可行性分析,分别从挖掘民间艺术品牌的潜在价值、民间艺术品牌形象塑造在市场竞争中的作用,以及民间艺术发展的 SWOT 可行性分析等几个方面加以论证;民间艺术品牌形象定位的基本思路和方法,分别从基本思路、基本原则、类型分析等几个环节对民间艺术品牌形象予以定位;民间艺术品牌形象民族化的原则,分别探讨民间艺术品牌形象民族化的传播性、继承性、相互融合性以及重新建构性等原则;民间艺术品牌形象确立的论证说明,以成功的产业品牌建构作为基准,用两个例证——湘西民间艺术与文化旅游品牌建设、潍坊风筝艺术与产业品牌建设加以说明。

第五章,案例分析。论证内容主要以朱仙镇木版年画为例,分析说明建构朱仙镇木版年画与文化产业品牌发展的可行性,从朱仙镇木版年画的历史发展状况,以及保护和传承的现状进行分析,提出朱仙镇木版年画与文化产业品牌建构的直接关系,阐释对民间艺术的保护和传承,是建构艺术产业品牌的有效途径。

第六章,前景趋势展望。民间艺术产业前景展望。从国家的战略高度去阐述国外民间艺术与产业相结合的成功经验对我国的借鉴作用。分别从国外民间艺术产业发展的模式、国外民间艺术产业发展的经验、国外民间艺术产业发展的启示等方面展开分析,对国外民间艺术产业的发展进行多方面的研究和总结;用由"中国制造"向"中国品牌"的转型,来揭示建立和创新中国民间艺术产业品牌的重要性;落脚点在打造民间艺术产业,增强国家文化软实力上。通过提高我国的国际地位及话语权、推动我国民间艺术在国际上的发展、提升我国文化软实力及国际影响力、树立民族品牌形象、加大民族品牌影响力等,逐步增强国家文化软实力。

第七章,结语。深刻认知国家文化战略中发展民间艺术产业对我国文化建设的意义。分别从强化品牌塑造发展中国民间艺术产业、挖掘民间艺术品资源发展中国民间艺术产业、借鉴国外经验发展中国民间艺术产业等几个方面,来促进中国民间艺术产业的发展与壮大。在文化大发展的时代背景下,通过构建文化强国战略,培育我国经济新的增长点,是经济转型升级、推动民间艺术产业发展的必然趋势。

二、目标

(一) 深入探索民间艺术的可利用价值,做到科学保护、合理发展

随着经济社会的快速发展和文化产业的逐渐兴起,当前对民间艺术资源的科学保护与合理开发问题,显得越发严峻。中国的民间艺术是劳动人民运用自己的智慧所创造的精神财富,在中华民族的传统文化中是一道亮丽的风景线。民间艺术来自民间,以朱仙镇木版年画为例,朱仙镇木版年画工艺美术品,以其生动的艺术构思、夸张的人物造型、独特的艺术特色,给人以极大的亲和力和艺术感染力。目前,越来越多的民间艺术被挖掘出来,并已经被列入国家级非物质文化遗产名录

当中。然而,处于信息社会的今天,民间艺术的原始生存土壤正面临着多方的威胁,原生态的艺术环境遭到了不同程度的破坏。一些运用传统技艺创作的民间艺术,被迫逐渐地退出人们的生活舞台,被现代化的信息产品所取代。因此,对民间艺术资源实施科学保护,已经刻不容缓。民间艺术正在被逐渐地推向社会边缘的现象,值得我们深思。中华民族宝贵的非物质文化遗产不能消失在我们这一代人的手中。为了能够对民间艺术资源实施有效的保护,确保民间艺术不会在当代社会中消失,本书针对民间艺术资源的可开发利用和价值意义进行分析探讨,并通过案例加以论证。要想保护和传承中国的民间艺术资源,就要对其进行有效的利用,通过发挥民间艺术的文化价值,挖掘其经济价值,以提高其利用价值。

(二)深入探索民间艺术的产业发展之路,打响品牌,创新发展

民间艺术走产业发展之路,是当前社会变革与发展的必由之路。如今,要想使正处于商业环境中的民间艺术得到较好的保护和传承,就要深入探索民间艺术的商业发展路线,建立艺术品牌,以谋求发展。随着人们生活水平的逐步提高,追求高品质的生活,已成为当前市场经济发展的主要趋势。品牌是一个产品品质的代表,也是商家对消费者的信誉承诺。在市场竞争环境下,商家要获得竞争优势,就要争创品牌。因此,建立良好的品牌形象是必不可少的。民间艺术要传承下去,就要在保留原生态技艺的同时,走产业发展之路,争创品牌。用品牌的创建为民间艺术资源的保护和传承保驾护航,以扩展更广阔的发展空间。

但是,从目前民间艺术产业发展的情况来看,对民间艺术的传承实施产业发展策略,存在着诸多的问题。诸如民族品牌定位不明确、品牌形象建构模糊、品牌创新性不足等。虽然部分民间艺术产品也树立了品牌,但是出现了品牌形象简陋,且与时代理念不适应等一系列问题。因此,一些不具有创新性的民间艺术品牌很难具有吸引力。如果民间艺术品牌形象不占有优势,那就必然会影响其在市场竞争中的地位,在市场竞争中也难以立足,甚至会被市场所淘汰,不利于民间艺术的传承。所以,要充分注重对民间艺术的品牌形象设计,并重点关注设计风格的民族性和独特性,使民间艺术品牌成为民族形象品牌。民间艺术的传承要以弘扬民族文化为前提,走民族文化发展之路,这有助于民族文化传承与民间艺术发展的同步,有利于民间艺术资源的可持续发展。

当前,民间艺术产业发展中仍然存在着品牌观念淡薄的现象,这就需要弥补民间艺术品牌形象设计上所存在的不足,注重符合时代审美的创新性设计,以推进民间艺术产业的稳步发展,寻求更高的经济效益。目前,学术界对如何建构艺术品牌的研究还不够深入,研究成果也相对较少,需要就此项研究的发展趋势予以展望,对有待于进一步加强的环节予以大力推动。本研究旨在总结前人研究成果的基础上,针对民间艺术资源开发利用的优势与民间艺术品牌形象的关系进行分析,探索民间艺术品牌形象的形成发展之路。以朱仙镇木版年画品牌形象的建构为例,通过对朱仙镇木版年画民间艺术的保护和利用,将朱仙镇木版年画的传承发展,融入建构朱仙镇木版年画品牌的产业进程当中,以品牌争效益的方式,为朱仙镇木版年画谋求发展道路。民间艺术的传承借力于产业的发展,树立品牌形象是打开市场销路的有效途径。因此,只有将挖掘民间艺术资源与艺术产业发展充分融合,树立起品牌形象,才能够实现对民间艺术保护和传承的最终目标。

(三)深入探索民间艺术产业发展前景,增强文化软实力,提升国际地位

中华民族的传统文化具有悠久的历史和深厚的人文底蕴。人们代代相传的传统文化传承着中华民族的精神,代表着中华民族炎黄子孙的尊严。民间艺术是我国传统文化的瑰宝,对民间艺术的传承,维系着我国传统文化的传播与发展,它是增进国际交流的纽带,也是提升国际地位的民族文化元素。民间艺术作为我国传统文化不可或缺的一部分,它的传承发展与我国弘扬传统文化、实现民族的伟大复兴息息相关,已经由民族文化向民族价值转化,并成为加强民族凝聚力的基础。每个国家都拥有丰富的文化遗产,中国走过了五千年文明发展道路,历史文化遗产资源丰厚,已经成为中华民族文化发展的根基。做好民间艺术的传承与发展工作,也是对中华民族传统文化的有效传承。只有加强对民间艺术的保护力度,获得广泛的民族认同,才能够使其成为民族团结的精神力量。只有形成文化自觉,才能够建立文化自信。因而,尊重民间艺术所具有的价值,使其成为一股文化的力量,成为我国的国家文化软实力势在必行。

联合国世界文化与发展委员会所提交的报告,曾提到了文化对国家发展的重要性,即对于一个国家而言,21世纪的发展战略,主要是文化发展的战略。文化是一个民族的灵魂,是一个民族发展的不竭动力。那么,一个民族要能够生生不息,拥有强大的生命力,就必须以民族文化为核心,形成强大的民族凝聚力,并根据时代的发展趋势,逐步展现出其不朽的创造力,这正是一个国家增强国家文化软实力的要旨。随着我国经济的快速发展,中国在国际社会中占有越来越重要的地位。然而中国要在国际上争夺话语权,不仅依赖于经济的发展、科技的进步,以及军事战略水平的提升等硬实力,还依赖于文化的发展与文明的进步。因此,增强国家文化软实力,发挥其推动力量,是提升中国国际地位的重要保障。

目前,世界各国正在发展对外文化贸易,很多国家都已经开始关注中国的民间艺术。中国要提升国家文化软实力,就要让民间艺术融入世界主流文化的发展潮流中,使民间艺术具有中国特色,成为中国形象的代表,逐步被外国友人所了解。外国朋友通过各种对外文化贸易,增强对我国民间艺术的解读,从而使得我国的民间艺术更好地发挥出文化传播的效应。民间艺术对审美情趣可以发挥引导作用,越来越多的国家接受中国的东方审美观念,就会促使中国的民间艺术形成促进文化发展的强大支撑力,这对增强我国的文化软实力,提升我国的国际地位起到重要的推动作用。

三、重点

(一) 中国民间艺术走产业发展道路,就要注重品牌建设

民间艺术走产业发展之路,必须要注重品牌建设,这是本书探讨的重点之一。虽然目前一些民间艺术有属于自己的品牌,但都只是限于作坊式的生产状况,并没有呈现出规模化产业链式的发展态势。在一些同类的民间艺术传承中,存在着各自起炉灶的现象,没有建构一个同类民间艺术产品统一的品牌形象,因此很难获得长久的发展。树立起一个良好的民间艺术品牌,能够充分反映出民间艺术的精华和独特之处,通过树立品牌,还可以更好地体现民间艺术的文化内涵、人文精神,达到弘扬中国传统文化的目的。同时,通过塑造民族品牌形象,可以进一步提升信息传播的深度和广度,有利于推动民间艺术的传承与发展。民间艺术品牌的形象一旦被确立,必将形成强大的品牌宣传效应,对民间艺术产品的开发,以及民间艺术的保护传承等均具有积极的意义。本研究通过探索、挖掘民间艺术资源,将资源有效转化为资本,并形成品牌力量,进而发挥民族品牌形象的作用力,从理论高度对民间艺术走产业发展道路进行了阐述和论证。

(二) 研究中国民间艺术产业发展与中国在国际社会中的地位之间的关系

当前,中国民间艺术产业发展迅速,民间艺术产业已经成为中国文化产业发展

的重要组成部分。就目前中国的民间艺术产业发展而论,通常走民间艺术与文化旅游相结合的发展道路,民间艺术产品常常被制作成旅游纪念品提供给游客。虽然一些民间艺术品运用了商品的形象包装,但是这样塑造出的商业化的民间艺术,仅仅还只是商品的附属物,并没有具备民族形象的灵魂。随着中国文化走出去的脚步日益加快,国际间的交流往来也日趋频繁,各类民间艺术走出国门,这些都有助于提升中国的文化影响力和国际地位。文化走出去战略,就是在中国民间艺术传承与发展的过程中,树立起鲜明的民族品牌形象,就是要将民间艺术的"中国制造"向"中国品牌"转型,使民间艺术的文化力成为国家文化软实力,推动中国在国际社会中的发展进程,提升国际地位,争夺话语权。但是,目前在民间艺术的传承发展中,仍存在着一些不够完善的地方,诸如国家政策体系对民间艺术的扶持力度不够、法律法规体系不完善、国民思想意识认知不清,等等,都影响了民间艺术产业发展与国际间交流合作的提升。本书以此为研究重点,论证了中国民间艺术产业发展与中国在国际社会中的地位之间的关系,为学术界的研究和产业发展积累更多有利的可行性思路和成果借鉴。

四、难点

(一) 从民间艺术与国家文化软实力相结合的角度研究

当前学术界针对民间艺术与国家文化软实力进行融合的相关研究成果相对较少,因此可供参考的研究课题和文献就显得比较匮乏,这给本课题的深入研究带来了巨大的困难。民间艺术与国家文化软实力相结合,就是从对民间艺术资源的挖掘、保护和利用角度出发,将艺术产品塑造成为具有品牌形象力的产品,并建构成民族艺术品牌形象。在二者结合的过程中,民间艺术的传统形象必然会与时代的文化元素相结合,不可避免地会出现各种矛盾与冲突,这是本课题在研究过程中需要解决的难点问题。因此,民间艺术与国家文化软实力的有效结合不是二者的简单相加,而是一种跨学科、跨界的融合发展。那么,如何做好二者有效结合的工作?我认为,在结合的过程中突出民间艺术资源的艺术价值、经济价值和政治价值,是在对民间艺术进行科学保护中求发展的良策。只有做好对民间艺术资源的保护和传承工作,才能进一步有效提高我国的国际地位,争夺国际话语权,进而提升我国的国家文化软实力。目前,从收集整理的文献来看,我国针对民间艺术保护和利用方面的研究成果较多,但基本都遵循同一模式,研究思路的相似性较高,提出的问题和对策建议也大同小异,既传统老套又缺乏创新。总体来说,研究成果还不是很丰富,也缺乏理论研究的前瞻性。同时具备科学的理论与现实发展的需求,且能将二者完美结合的理论成果还相对较少。因此,在此前提下,本课题涉及的交叉学科领域,还缺乏一定研究成果的积累,进而无法为本课题的研究提供更多实证性的参考,最终将会给本课题研究的质量提升带来一定困扰。

(二)如何将民间艺术产品塑造成民族品牌

目前,学术界对民间艺术资源转化为民间艺术产品,进而塑造成为民族品牌的研究,体现在文献研究和实证研究上,其研究成果相对较为匮乏,从而直接影响到了本课题研究的理论高度与深度。通过对文献进行分析,可以看出我国国内对中国传统文化的研究居多,国外的相关研究视角也往往局限于对文化遗产的研究。而以民间艺术资源为研究对象,所进行的研究其成果并不多。就当前的研究成果来看,关于民间艺术的传承走艺术产业发展道路的研究,多从企业的角度分析,鲜少从文化的角度进行研究。综上所述,文献研究资料的匮乏,将会导致本课题的研究难度加大。与此同时,在进行朱仙镇木版年画案例田野调查的时候,因为数据来源和资料整理还缺乏系统性、严谨性和专业性,所以在实地调查中常出现纰漏之处在所难免,造成实证研究的不足,可能会对研究造成一定的影响,使研究的论证不够深入,或者在材料筛选和提取方面存在一定的局限性,都不利于文章质量的整体提升。

五、创新点

(一)从民间艺术资源视角研究民间艺术传承,注重艺术产业开发

本书从民间艺术资源的保护和利用出发,研究民间艺术的传承与发展问题,借助艺术产业的开发来提升民间艺术传承的有效性,是本文研究的创新之处。通过建立民间艺术产品的品牌形象,为民间艺术的传承发展保驾护航。本书理论联系实际,在全面吸收前人研究成果的基础上进行理论深化,运用多种研究方法对民间艺术产业发展进行综合性研究,对民间艺术资源的保护与民间艺术资源的开发之间所存在的矛盾问题予以解决。

（二）运用信息技术对民间艺术加以保护，着力挖掘民间艺术资源

本书系统研究了民间艺术的保护与开发问题，把着力点放在对民间艺术的传承与利用上。运用信息技术对民间艺术加以保护，体现了本书研究着眼点的创新。民间艺术资源是中国的历史文化资源，是中国传统文化中重要的精神要素。民间艺术作为历史文化中的瑰宝，对它的保护与传承也是建立在弘扬中国传统文化这个核心基础上的。所以，民间艺术不仅是传统艺术，更是历史文化资源，是人类文明发展史上的一座丰碑。因此，以当前对民间艺术挖掘和保护等发展问题为突破口，就新时期民间艺术所处的社会环境，对民间艺术开发与民族品牌形象的整体关系进行研究，有着深远的意义。民间艺术作为物化的精神要素，要渗入时代元素才能发展。所以，本课题以朱仙镇木版年画为典型实证案例进行系统论述，课题触及范围大，论述点看似宏观，但论证依据以点带面式展开，紧凑而突出亮点，成为本文的创新点之一。

（三）提升文化软实力以获得国际话语权，提高国际地位

本书是针对民间艺术资源的开发及民族品牌形象的研究，从提升国家文化软实力的角度，审视民间艺术所发挥的价值功能。本书在较大篇幅上运用笔墨，来研究民间艺术传承发展与提升国家文化软实力之间的关系问题，对民间艺术走艺术产业发展道路与争夺国际话语权、提升国际地位等紧密联系的话题进行了探讨。中国要以树立民间艺术品牌形象为提升国家文化软实力的主要途径，以民间艺术为文化传承和传播的纽带，拉近中国与世界各国之间的外交关系。通过深化中国民间艺术对世界的吸引力，来获得更多的国际关注，从而获得国际话语权，提高中国在国际社会中的地位。在当下的国际环境中，利用对民间艺术资源的挖掘和开发来提升国家文化软实力具有现实的意义。

以上研究思路及论证，可能在研究的视角方面会有所创新和突破。本研究的核心观点结合了本人所学的专业知识，本人将多年的知识积累进行整合，打通跨学科所产生的知识壁垒，带着理论分析走向田野调查，以朱仙镇木版年画的艺术产业品牌建构为例，以实证的方式对当前有关民间艺术发展问题与国家文化发展战略结合起来进行探讨。全书以理论和实践相结合进行谋篇布局，系统而直观地进行问题阐述，追求平实又直逼难点，不回避现实问题，这是本书在创新方面的突破。

第四节　基本思路和研究方法

一、基本思路

（一）总体研究思路论述

本研究通篇分为七个章节，前面几个章节主要阐述民间艺术资源的特征及分类，以及民间艺术与品牌形象建立的关系、实现的总体路径等。然后导出实证，从朱仙镇木版年画的发展模式，反证民间艺术资源开发与品牌形象建设的重要性。本书主要依托理论展开讨论，结合前人的研究成果，分重点和难点，逐步明确课题研究的层次性和问题存在的普遍性。为提升本课题的研究价值，从普遍中看到本书研究的亮点和前瞻性，本书重点阐述了当前民间艺术开发方面的总体情况，从而为深化问题的解决奠定较为坚实的基础，为学界留下更多思考的空间，待后来者能继续添砖加瓦，共同为中国民间艺术工程贡献智力支持。

（二）可行性分析

目前，我国政府渐渐加大了对民间艺术的发展和扶持力度，强调中国传统文化对我国民族文化发展的重要性。十七届六中全会颁布了《中共中央关于深化文化体制改革推动社会主义文化大发展大繁荣若干重大问题的决定》，十八大提出"文化是民族的血脉，是人民的精神家园"的观点。国家的大政方针，总体上已经明确我国要想建设成为社会主义文化强国，就要走社会主义文化发展的道路。并且随着我国一系列政策法规的颁布和实施，对民间艺术的保护和扶持力度也得到进一步的加强。加之地方政府的积极配合和政策的实施，对民间艺术的各项保护工作落到了实处。因此，对传统民间艺术的保护和利用，对于塑造和振兴民间艺术品牌形象有积极的促进作用，通过挖掘民间艺术资源，来增强国家文化软实力也是大有可为！

本课题研究的创新点主要体现在三个方面：第一，从对民间艺术资源开发的视角研究民间艺术如何传承的问题，并注重对艺术产业的开发。第二，运用信息技术对民间艺术加以保护，着力挖掘民间艺术资源。第三，提升文化软实力以获得国际话语权，提高国际地位。虽然每一部分的内容，就目前收集到的相关文献研究而论,还存在着不系统、较零散、不深入等问题,但是,本人通过对大量文献的阅读和相关理论概念的掌握,并结合本人所学专业知识,在资料积累和结构把握上,具有一定的优势,相信有利于行文的顺利开展。在本书推进阶段,我通过与导师保持工作沟通,及时获得指导帮助,积极化解本书写作过程中无法预见的各种问题。论文完善过程中,导师的悉心指导,为本文研究的顺利完成奠定基础,成为课题研究可行性的重要保障。

二、研究方法

(一) 交叉学科研究方法

本课题的研究涉及历史文化学、民俗学、哲学、设计艺术学、传播学等多门交叉学科。本书通过多学科的相关文献来获取此项研究的全面素材,运用内容分析、整合、比较分析等方法,来深入研究民间艺术产业品牌形象设计的背景及策略。研究本课题时需以历史文化学和民俗学为切入口,追溯和探索中国传统文化中民间艺术的传承与保护方法,运用哲学美学和设计艺术学品牌形象的原理,从中总结出建构民间艺术品牌形象的成功范例,以此为契机再结合马克思主义哲学中文化软实力的相关理论,来进一步论证在传播学领域,如何增强我国在国际社会的话语权,以及怎样提升我国的国际地位。此种交叉学科的研究方法,可以力图确保所研究的学科领域知识结构的完善与丰盈。本书是在前人的研究基础上进行的跨学科研究,在研究的过程中试图打破学科间的壁垒,将所研究的对象置于一个开放的国际环境中,因此就需要结合国内外的相关研究文献,对研究对象予以全面的分析和考量。将历史文化学中的中国传统文化、马克思主义哲学中的美学、设计艺术学中的品牌形象学,以及哲学中的文化软实力等概念进行学术理论梳理与整合,运用相关学科知识背景加以有机串联,进行科学的推理和分析,从而为交叉学科的研究搭建出一个科学的平台。

(二) 实证调查研究方法

实地调研是本课题强而有力的重要研究方法。本课题全面遵循理论与实践相结合方法,在实证方面本人通过走访和田野调查的形式,实施调查访问从而获得相关调研资料。本人通过采访与访谈的形式,深入了解民间艺术品的传承技艺,感受其特殊的艺术内涵,并分析民间艺术保护和发展中所存在的问题;通过走进民间实地访问观察，了解新时期民间艺术发展的总体概况。本研究实地调研了河南省开封市境内的朱仙镇，对朱仙镇木版年画的民间艺术案例进行分析，通过多次对不同时间、不同地点的多个传承人的采访，以此走进乡村感悟民间艺术。本人通过亲身感受民间艺术的独特品性，进一步强化对民间艺术风格的整体认知。这期间我重点深入采访了天成老店、曹家老店等朱仙镇木版年画的老字号，并与朱仙镇木版年画的传承人进行深入交谈，从中获取第一手的朱仙镇木版年画品牌传承的调研材料。又通过参观开封市博物馆，对朱仙镇木版年画的历史发展脉络进行梳理。课题以朱仙镇木版年画为例，对民间艺术资源的开发及民族品牌形象的发展道路进行研究，探讨民间艺术保护与产业发展的相容性。并从提升国家文化软实力的角度出发，分析树立民间艺术品牌形象，推进民间艺术产业发展的可操作性，以期带动中国经济可持续发展。

（三）定量研究方法

本课题研究选用了定量调查的研究方法。本书力图通过相关图片、数据来强化结论的系统性和科学性，同时将研究中获取的数据、图片系统地整合到理论中来。通过对调查数据进行深入结合，来提升研究的专业性和科学性。与此同时，通过对文献资料的阅读与分析、参加小组讨论、参考专家的意见等，进一步论证数据的可靠性。对朱仙镇木版年画在保护与利用过程中所出现的问题，有针对性地进行解决。通过对国家和当地政府颁布的相关数据的分析，得出品牌建设的重要意义。然后采取实地调查研究、问卷调查、样本抽查等多种方法来进行研究。本课题还致力于研究品牌建构对民间艺术资源的挖掘和保护所起到的传承作用。

（四）历史分析研究方法

本课题在尊重历史材料和历史事实的前提下，在行文与结构上，保持历史有关结论的真实性与科学性。历史分析的方法是从中国传统文化发展进程的角度出发，对中国民间艺术发展进行综述、分析，提出由民间艺术资源建立民族品牌的协同性和创新性，由此提出了民间艺术保护与传承的重要性，以及树立品牌策略对于推动民间艺术产业发展的必然性。从历史的角度进行研究，需要在不断推进民间艺术产业发展进程的同时，将民间艺术资源的保护利用放在历史的轴线上加以考量，不断调整以遵循民间艺术资源与民间艺术产业之间的历史发展规律，使中国在提升和推进艺术产业发展过程中，可以更好地利用民间艺术资源，发挥民间艺术资源的利用率以及资源转化的作用,得以进一步提升我国的国家文化软实力,提高中国的国际地位,在国际社会中赢得话语权。

(五) 逻辑分析研究方法

逻辑分析的方法是从逻辑辩证法的角度,对民间艺术产业发展现状,及其发展中存在的障碍进行逻辑分析,从中找出对民间艺术保护和利用过程中存在的逻辑规律,基于此而推进对民间艺术产业的发展。运用逻辑分析的研究方法,可以进一步论证民间艺术走产业发展之路的战略,是完全符合历史逻辑的,具有一定的历史必然性。这就需要基于当前市场经济环境下,对民间艺术资源进行合理开发,在发展中不断创新,寻找发展的新思路,以完善民间艺术产业的发展道路。

为了更好地挖掘、保护和利用民间艺术资源,使民间艺术得到保护并被合理利用,就应当顺应历史和逻辑的发展规律,适时建构民间艺术品牌,走民间艺术产业发展道路。这样才能够将民间艺术资源的开发与利用有机结合,才可以确保民间艺术资源真正地被保护和传承。进而可以有效地扩大我国民间艺术对外传播的范围,为提高我国文化软实力做有益的补充,以利于全面提升中国国际形象。由此,本课题的研究需要从以上五种研究方法展开,研究民间艺术资源转化为民间艺术产业的内涵和主旨要义,从对民间艺术资源开发的实际情况出发,促进民间艺术产业的发展。

第二章 民间艺术资源的特征与价值

第一节 民间艺术资源的特征

一、民间艺术资源的内涵

民间艺术资源这一概念的提出,具有一定的指向性。民间艺术是由广大劳动人民所创作和欣赏的艺术,是民间文化生活中的重要组成部分,是区别于学院派艺术资源、宫廷艺术资源、文人艺术资源而提出的艺术资源概念形式。广义上的民间艺术资源,涉及面宽泛,已经囊括了劳动人民在日常生活和审美情趣中所创造出来的民间艺术的文化范畴。主要包括民间文学、民间工艺美术、民间戏曲、民间音乐、民间舞蹈等艺术形式。这些民间艺术具有浓郁的地方色彩和民族色彩,其文化内涵丰富,是民族灵魂的体现。从狭义上来看,民间艺术资源,主要指存在于民间,与人民群众日常紧密关联的造型设计艺术资源,主要有民间美术资源和工艺美术资源,等等。

民间艺术资源,就是与民间艺术相关的各种要素的综合。"资源"本身就是经济学概念,以自然资源为主,还包括民间艺术所处的地域,所拥有的各种物质要素和精神要素。这些资源能够在民间艺术发展的过程中被使用,并产生社会效益。民间艺术资源是经年累月积累而成的,在中国传统文化中占有重要的地位。一些现代工艺品大都是源于民间艺术资源,是对传统民间艺术的丰富和发展。

二、民间艺术资源的特点

(一) 民间艺术资源的客观性

民间艺术资源是客观存在于我国乡间村落的物质实体,是中华民族先民智慧的结晶。它往往通过一种具有本土特色的、客观存在的传统方式进行表现和演绎,具有传承性和客观实在性。民间艺术资源与现代的艺术资源有所不同,民间艺术资源更强调历史性、地方性和民族性。民间艺术资源是当地传统文化的结晶,也是时代传承的结晶,因而客观历史性极强。当一个区域的民间艺术的文化氛围形成之后,就会逐渐地融入当地人的意识形态中。一些民间艺术之所以传承至今,依然保留着原生态的艺术形式，就是由于当地的人们对此地的民间艺术仍有所需求，而使其延续至今。这种客观性是无法被改变的，更不会再生或者被取代。因此，民间艺术一旦遭到破坏或者消失，我们就将永远地失去它。

（二）民间艺术资源的公共性

民间艺术资源的公共性特点，体现出的是这一民间艺术所具有的区别于其他地区的公共性特点，反映的是一个区域内人们共同的精神依托。民间艺术资源具有广泛的公共特性，是一个地方的文化遗产，也是当地人们所喜欢的一种习俗模式。民间艺术资源虽然是某一个地方的文化遗产，但是，其作为文化资源已经不再局限于某个地域或者某个民族，而是中华民族传统文化中的重要组成部分，当然也是世界文化遗产中不可或缺的一部分。所以，民间艺术是国家宝贵的资源财富。从这个意义上讲，民间艺术资源是具有公共属性的。关于民间艺术资源的公共性，可以从两个层面理解：其一，民间艺术是在中华民族发展进程中，由中华民族共同创造出来的，代表着中国的古老文明和历史社会发展的变迁；其二，民间艺术作为中华民族的文化遗产，可以为社会公众提供艺术类的文化服务。可见，中国正处于经济建设的关键阶段，民间艺术资源在中国社会的发展，以及中国与世界各国之间的文化交流过程中，都起到了重要的推动作用。

（三）民间艺术资源的时代性

民间艺术资源的时代性，体现的是民间艺术资源具有一定的历史发展性。它的存在和起源，都与时代发展相生共存，并体现一个时代的文化内涵和民俗特色。中国的民间艺术产生于不同历史阶段，具有各自不同的时代性特点。民间艺术世代传承，虽然强调历史的传承性，但是这种源于劳动人民生活状态的艺术，原本就是一种生活行为，其创作手法较为原始，所创作出来的艺术产品也大多很粗糙。民间艺术传承到不同的历史时期，就会很自然地被注入时代的因子，不断得到完善，从生活步入了艺术的殿堂。中国的文化历经了几千年的风风雨雨，民间艺术作为历史文化的积淀，在不同时代其历史文化特点也会有所不同。"历史往事"会通过艺术的创作技法表达出来，使民间艺术的时代文化特点更加鲜明。也正是因为如此，无论何时何地民间艺术都备受民众的瞩目。人们通过民间艺术品的品相，就可以判断其历史。历史悠久的民间艺术品，其品相中所体现出的价值也会有所提升。当然，品相越高，其价值就会越高。

(四)民间艺术资源的知识性

民间艺术资源的知识性,说的是民间艺术的产生是以一定的文化背景作为支撑的。它是当地先民在生产劳动或改造自然过程中的智慧总结,具有一定的文化内涵和历史积淀,并为后人认识传统文化提供知识积累。民间艺术本身就是文化知识,历史文化蕴涵于其中。一项民间艺术往往记录着过往的历史,使得民间艺术资源的知识性储备深厚。民间艺术资源不仅可以扩展人们的知识视野,还可以提升人们的文化情趣,使得个人修养有所提升。正所谓"读史使人明智"。掌握了一定的历史知识,就会以史为鉴思考现代的问题,这样的人是充满智慧的。知识不仅可以从图书中获取,还可以从民间艺术资源中获取,特别是极具民间艺术风俗特点的文物,人们可以从中获得很多历史文化知识。

(五)民间艺术资源的神秘性

民间艺术资源具有神秘性特点,民间艺术资源包含了自然界的各类神秘物质。从古代一直延续下来,很多民间艺术资源的存在,其表现出来的形式与特征大多与神灵相通。它本身存在于各种宗教信仰之中,它的表现形式也具有很强的神秘特性。民间艺术的设计、创作技法,以及所使用的艺术材料都保留了原生态的特性。民间艺术的这种历史原生态性,也就意味着其带有神秘色彩。人们对历史总是充满好奇心,总是想要探索人类在没有现代化设备的情况下,是如何制作出如此精美的民间艺术品的。这就使得古往今来,人们都乐于去追溯民间艺术的历史。越是人们无法想象的事物,人们就越会对其形成过程产生好奇,事物本身也就越是会给人带来巨大的吸引力。民间艺术的形成,短则几百年,多则几千年。民间艺术中隐藏着千百年来的历史秘密有待人们去探寻,这也成为吸引后世人注意力的奥秘所在。

(六)民间艺术资源的教育性

民间艺术资源是中华传统文化的重要组成部分,所有历史文化的遗存,都记录着人类所走过的历史,记录着一代又一代劳动人民智慧的结晶。其间体现的是一个民族的精神智慧和人文脉络,具有教育功能。通过继承和发扬民间艺术,国人可以感受到中华文化的独特魅力,从中吸收丰富的知识,增长阅历,提升艺术视野和培育对民间艺术的情感。人们在提升了自身的创新思维的同时,透过民间艺术,可以了解古代的工艺技艺,了解古代不同时期的文化特点,以及民间艺术传承过程中的各种轶事。民间艺术资源还可以提高人们审美意识和认知能力,人们通过民间艺术思想对人的陶冶作用,达到强化对民族的认同和培育良好爱国情操等目的。将民间艺术成果展示给学生,可以让下一代对其中所蕴含的各种历史内容进行系统学习,使得学生受到艺术的熏陶和教育。

三、民间艺术资源的分类

民间艺术资源历史悠久,体现了民间各种类型文化的内涵。它们丰富多彩,各有特色,共同组成了博大精深的中华民间艺术。按照目前国家对于非物质文化遗产广义的划分角度,可以将民间艺术资源类型分为民间曲艺、民间舞蹈、民间文学、民间音乐、民间美术、民间传统手工技艺、民间游艺与杂技、民间民俗、民间装饰建筑等[1]。

民间曲艺:又叫民间说唱。这一民间艺术形式在唐宋年间的民间地区广为流行。民间曲艺的说唱方式很多,具有文学、音乐、表演等综合艺术元素的组合特征。

民间舞蹈:它的起源与劳动人民的生产生活密切相关,其舞蹈素材来源简单,表现方式也非常单一,基本是不经加工,由民间人士自创自演而形成。民间舞蹈普遍都具有浓厚的地方特色,体现的是当地人民的生活习俗和宗教信仰,是当地流行的民俗娱乐活动。

民间文学:是流行于民间的各种口头传说和传统的语词艺术。其形式以多样化著称,其中包括故事、传说,也有谜语,等等。

民间音乐:又称民俗音乐等。民间音乐流行在民间,主要以民歌、民谣等形式存在。各个地区的民间音乐艺术形式广泛,也各有特色。

民间美术:是劳动人民集体智慧结晶的艺术形式,它来源于民间,具有一定的审美价值。对民间美术的有效传承,可以达到美化环境、丰富民间活动等目的。民间美术具有悠久的历史,据史书中记载,上古时代就有对彩陶的丰富历史记录。

民间传统手工技艺:是中国民间艺术的重要表现方式。当前,传统手工艺品在很多农村地区依然非常流行,突出体现了当地的人文特色,成为人们日常生活的重要组成部分。传统手工技艺,体现出了人类历史传承中的智慧结晶。

---

[1] 盖晓明,谭朝炎.中国传统文化概述[M].杭州:浙江大学出版社,2013.

民间游艺与杂技：民间杂技表演精彩丰富，成为民间艺术形式的活跃元素。民间杂技的形成，具有浓厚的地方色彩，它是劳动人民在生产生活中发现并创造形成的一种独特娱乐艺术形式。

民间民俗：它突出反映了各个地区的独特文化，民俗活动带有浓厚的宗教色彩和区域性特点。民俗在一定程度上反映了当地人们的精神追求和信仰膜拜。

民间装饰建筑：民间装饰建筑的特点，突出体现了当地的自然风貌和人居环境。同时，它也反映出当地远古居民的审美意识和改造自然的能力，是具有文化特色的民间艺术形式。

然而从狭义的角度，即从民间艺术的传承演绎和民间手工工艺类别领域进行划分，可以将民间艺术资源类型做如下划分：民间艺术之纸艺类、民间艺术之陶瓷类、民间艺术之木艺类、民间艺术之风筝类、民间艺术之皮影类、民间艺术之布艺类、民间艺术之雕刻类、民间艺术之饮食类、民间艺术之书画类、民间艺术之刺绣类、民间艺术之年画类、民间艺术之装饰品类、民间艺术之漆器类、民间艺术之泥塑类、民间艺术之蜡艺类、民间艺术之毛线类、民间艺术之铜艺类、民间艺术之文房四宝类、民间艺术之紫砂类、民间艺术之表演类、民间艺术之玩具类、民间艺术之建筑类、民间艺术之其他工艺类。主要如下：

民间艺术之纸艺类：豫西民间剪纸、河北剪纸、河南剪纸、旬邑剪纸、吴起剪纸、澄城剪纸等；

民间艺术之陶瓷类：宜兴紫砂、建水陶、广彩邢窑白瓷、秦源黑陶、澄城尧头陶瓷、磁州窑陶瓷、德化瓷器、景德镇瓷器、龙山黑陶、定陶等；

民间艺术之木艺类：黄岩翻簧竹雕、北京宫灯、柳编、甘肃民间木偶艺术、根雕、黄陵木刻、木马勺脸谱、竹编扇、四川藤器、西藏木器、木雕、竹木制品等；

民间艺术之风筝类：四川风筝王、潍坊风筝、无锡纸马、福州纸伞、天津魏记风筝、微型风筝等；

民间艺术之皮影类：台湾皮影、腾冲皮影、河南皮影戏、浙江皮影、北京皮影、华县皮影、甘肃皮影、陕西皮影、山西皮影、唐山皮影、江苏皮影、四川皮影等；

民间艺术之布艺类：自贡扎染、蓝印花布、凤翔布艺、北京绢花、陕西千阳布枕、绣荷包、北京绢人、湘西蓝印花布、烟台花边、河北蓝印花布、蜀锦藏鞋、常熟花边、绳结、潮汕抽纱等；

民间艺术之雕刻类：象山竹根雕、冰雕及雪雕、竹簧雕刻、刻葫芦与卵石雕、山西民间雕刻、长春木雕、浏阳菊花石雕、西藏木雕面具、上海木雕、承德木皮雕、天津砖雕、海南椰雕、朱金木雕、雕刻葫芦工艺品、余姚微雕、寿山石雕、广州玉雕、潮州金漆木雕、承德木雕、西藏木雕绘画、青海雕刻、砖雕、余姚佛雕、上海牙雕、北京雕漆、上海玉雕、剑川木雕、广州木雕、嘉定竹刻等；

民间艺术之饮食类：山西民间面塑、北京面人及面塑、合阳面花、张维宁面花等；

民间艺术之书画类：烫画、吴旗豆粘画、山西民间炕围画、濮阳市麦秆画、户县农民画、佛山木版门画、户县麦秆画、牛皮画等；

民间艺术之刺绣类：金银彩绣、青海刺绣香包、宝鸡绣品、山西民间刺绣、松江顾绣、青海民族刺绣、吴旗刺绣、青海荷包、青海堆绣、粤绣、湘绣、京绣、宁夏刺绣、汴绣、绣花鞋、洛川毛麻绣、广绣、庆阳香包潮绣、蜀绣、苏绣、绣球等；

民间艺术之年画类：朱仙镇木版年画、湟中农民画、汉沽版画、壁画和唐卡艺术、吉林树皮画、潍坊杨家埠木版年画、丰宁布糊画、慈溪农民画、江苏桃花坞年画、武强年画、高密扑灰年画、天津杨柳青年画、延川布堆画、唐卡、凤翔年画、金山农民画、綦江农民版画、绵竹年画等；

民间艺术之装饰品类：景泰蓝、涿州金丝挂毯、湖南竹编、西藏地毯、真丝挂毯、北京鼻烟壶、傣族竹编等；

民间艺术之漆器类：漆器茶具、泥金彩漆、彝族特色漆器、福州脱胎漆器、上海漆器、脱胎漆器等；

民间艺术之泥塑类：淮阳泥泥狗、凤翔彩绘泥塑、河南泥塑、高密泥塑、天津泥塑、玉田泥塑、白沟泥塑、西藏泥塑、宁夏彩塑等；

民间艺术之蜡艺类：蜡染、豆村大蜡、苗族蜡染等；

民间艺术之毛线类：十字绣等；

民间艺术之铜艺类：青铜工艺、铜车工艺、云南斑铜工艺等；

民间艺术之文房四宝类：古墨、辽砚、洮砚、澄泥砚、古笔、古纸等；

民间艺术之紫砂类：宜兴紫砂等；

民间艺术之表演类：跑驴、秧歌、舞狮、抬轿娶亲、大头娃娃、舞龙、二鬼摔跤、高跷、旱船等；

民间艺术之玩具类：泥玩具、棉塑玩具、布玩具、花灯玩具、节令玩具等；

民间艺术之建筑类：建筑装饰、特色民居等；

民间艺术之其他工艺类：南京金陵金箔、藏刀、南京金陵折扇、宁波草席、布糊画、扬州通草花、青海酥油花、傣锦、自贡龚扇、黎锦、银丝工艺品、南京云锦、脸谱、面具等。

第二节　民间艺术资源的价值

民间艺术是我国优秀民族文化的重要组成部分，形成于广大民众长期的生活和生产实践活动中，是民间群众在广阔的社会生活和工作实践中，所信仰的价值观、行为方式、认知方式等，具体表现为丰富多样的民间风俗习惯、文化审美情趣等，影响着社会的各个阶层。它在表达民众民间生活方方面面的同时，弘扬和传递着民间优良的文化传统。在历史的变迁中，民间艺术逐渐形成了自身的文化生态和文化价值，在当代社会中发挥着不可替代的作用和影响力。

我国幅员辽阔，各民族文化丰富多样，民间艺术资源在历史的发展和沉淀中，逐渐形成了价值深厚的文化艺术形式。由于各个民族在历史变迁、地理环境、生产生活方式以及宗教信仰方面都存在较大的差异，在交流碰撞中所形成的民族民间艺术，趋于多元化和多样化，构成了丰富多彩的民间艺术资源体系[①]。据相关调查报告显示，截至2011年11月，我国的非物质文化遗产资源接近87万项，包含着民间文学、民间美术、民间音乐、民间舞蹈、传统戏剧等多种民间艺术形式，每一个大项目中又包含着多达几十种的小项目，分布于我国各个省份和地区。独具特色的民间艺术资源，在国际上形成了巨大的影响力。

在众多文化艺术形式中，民间艺术具有较为淳朴的艺术气息、鲜明的个性特征，并包含着厚重的文化和历史底蕴，以及民间特色的审美情趣等。民间艺术不但体现在民间群众的吃穿住行、节日风俗等日常方面，而且深深地影响着民众的价值观念和人生信仰，凝聚着人民群众深刻的文化、艺术、历史等思想积淀。这些

---

① 张中波,徐晓婷.论产业化语境中民间艺术资源的层次开发模式[J].齐鲁艺苑,2014(5):4-9.

优秀的民间艺术资源,在当今社会仍然具有极其重要的文化特色和价值,并在发展中逐渐形成自身的文化生态,在实践应用中发挥着巨大的教育功能①。然而,对民间艺术资源的保护和传承工作,在当代却出现了许多的问题。在新的历史时期,社会的进步和发展,使我们更加深刻和充分地认识到民间艺术资源宝贵的价值,使我们能够更好地在实践中,使其得到较好的保护和传承,将优秀的民间艺术发扬光大。

一、民间艺术资源的价值内涵

相对于宫廷艺术、贵族艺术,民间艺术资源有着多种独特的表现形式,具有丰富的价值内涵。民间艺术资源以丰富的表现形式,展现着它的多元性价值内涵。民间艺术通过民间舞蹈、民间音乐与戏曲、民间工艺品等形式的展现,在产业市场中实现着自身的价值。我国民众对于生活的歌颂和期待,往往通过丰富多彩的民间艺术形式来表达,这寄托着人们对美的感受和精神追求。一般来说,传统的中国民间艺术注重造型,并始终强调人与自然的和谐互容。所以,中国民间艺术资源的价值,狭义上是指民间的造型艺术所具有的社会及产业价值,是民众有意识地将民间艺术资源进行价值转化,以某一过程或结果进行民间艺术资源价值的塑造,从而达到某种使用的目的,蕴含着民众生活和生产实践中最朴素的思想形态。

民间艺术资源所具有的价值,通过多种形式反映出民众们的各种思想意识。例如,神灵崇拜、图腾观念、驱邪纳吉、占卜、阴阳五行等,这些在早期出土的文物中可见一斑。先人们用神灵和图腾等意象,解释无法用常理解释的自然现象。再比如,民间至今一直沿袭着给小孩子穿虎头鞋的风俗,这表达出用虎头鞋为孩子驱邪纳吉的思想观念。当虎头鞋作为一种商品在市场上进行商品的交换和货币流通时,民间艺术资源的价值就在产业市场流通中显露无遗。

二、民间艺术资源的艺术价值

(一)民间艺术丰富的精神内涵

中国历史上农业社会的结构形态,造就了中华民族传统文化的基本内容。民

---

① 严春婷.传统民间艺术文化特色与价值的文化生态探析[J].科教导刊(下旬),2016(1):155-156.

间艺术是传统文化的重要组成部分,具有丰富的艺术价值,其最大的特点就是将审美价值和实用价值有机地结合了起来。在不同民族、地域中,其民间风俗、民族气质和民族情感都存在着一定的差异,这就使得各地的民间艺术都具有自己独特的风格和品质,以此形成了丰富多彩的民间艺术形式。中国民间艺术的内涵丰富,其文化渊源大多来自人们的日常生活。例如,人们熟知的民俗活动龙舟彩船、迎神赛会、生子祝寿、节日庆典、婚丧嫁娶等,还有编织、刺绣、服饰、绘画以及雕塑等各种艺术形式①。

民间艺术丰富的精神内涵渗透于美术、音乐等各个领域。以民间美术为例,民间美术具有丰富的人文思想及精神内涵,具有原生态的纯艺术特点。它是人们通过各种艺术形式,来对自己的生活环境进行装饰,并创作出一系列实用的工具等,进而满足人们对艺术美的追求。它是人们情感和美好愿望的表达。民间美术还具有群体性的特点。它是广大劳动人民集体智慧的结晶,经过了历史的重重考验,传承至今仍散发着浓郁的艺术魅力。民间美术赋有纯天然的艺术风情,充满了浓郁的乡土气息,展现出劳动人民淳厚的精神世界、善良的内心情感和朴素的生活状态。

劳动人民在实际生活中的各种美好愿望,以及对人生价值的感悟,是民间艺术创作的源泉。从最初的祭拜祈福,人们尊崇着"吉祥"的原始寓意,传承至今依然保留着传统的审美意识和审美观念。在传统农业社会发展时期,人们只能靠天吃饭。因此,在整个社会活动中,人们生活寻求的最终目的,就是实现切身利益的价值需求,以满足自身生活,这些在一定程度上促进了人们对美的认知。例如,宜子之祥的泥娃、抚慰亡灵的纸扎、上梁立柱、人生礼俗、镇宅辟邪的门神、广开财源的财神,等等,这些"如意"的祈求,都充分体现了人们对生命渴求的欲望。人们用这种精神的寄托形式,来实现自身的满足和追求。这体现出了民间艺术的精神内涵和价值尺度。

(二) 民间艺术深刻的审美寓意

从古至今,"美"是人们一直向往的目标。在审美标准上,民间艺术和中华民族的传统文化,对"美"的诠释是一致的。民间艺术活动大多都是从人们的日常生活中取材,具有浓厚的民族地域性特点,例如,民间有八仙过海、鹊桥相会、女娲补天

---

① 傅斯年.中国古代文学史讲义[M].上海:上海古籍出版社,2012.

等神话故事,也有武松打虎、岳母刺字等民间故事,还有麻姑献寿、四季平安等具有浓厚的民俗特色的艺术形式。这些丰富多彩的艺术表现形式,也是人们的一种审美活动,它涵盖了人们关于"美"的意愿,可以缓解人们紧张的心理,使人的心情得到放松。同时,它还能够使人们的心灵得到净化,陶冶人的审美情操。

诸多民间艺术表现形式,融入了人们追求艺术的思想情怀,以及对未来美好生活的期盼。以民间美术为例,在历史的发展中,我们的祖先创造了文字、绘画以及寓意吉祥的各种图案,它们是中华民族文明的象征,也是人们追求和向往美好生活的真实反映。例如,鲤鱼跳龙门、福寿双全、马上封侯、龙凤呈祥、百蝶闹春等图案形象,广泛地流传于民间,其中所涵盖的吉祥寓意都是人们所喜爱的,代表着喜庆和祝福,表达了人们淳朴的思想感情以及对美好生活的向往。我国的民间艺术融汇了民族传统和民间习俗,蕴含着浓厚的中国传统文化。民间艺术中吉祥图案的题材,大多源于神话故事、民间谚语、吉语等,在其中运用双关、谐音、借喻、比拟和象征等表现手法,再将一些器物、花鸟、人物、走兽等形象,以及吉祥文字融入其中,从而构成一幅形式优美的作品,以表达出人们追求喜庆、幸福、希望长寿、吉利,求吉呈祥、消除灾难、躲避祸事的思想感情。这种艺术形式有机地结合了情、景、物,运用巧妙的构思,借物表达寓意,主题鲜明,并融入了浓厚的民族色彩,形成了风格独特的艺术形式。以下是几种中国民间美术具有代表性的吉祥图案类型。

1. 求福

幸福是人们共同追求的目标。虽然蝙蝠的形象不美观,但它的谐音与"遍福、遍富"一样。因此,人们对其进行了美化,并将蝙蝠的图案作为"福"的象征。在民间美术中,到处可见以蝙蝠为图案的艺术形式,例如,福寿双全、五福献寿、五福捧寿、福在眼前、福中有福、五福齐天等民间美术作品。以传统的北京沙燕风筝为例,北京沙燕风筝上画满了各种夸张变形的蝙蝠,其寓意为"福燕",还有平安如意、必定如意、喜庆有余、百事如意等吉祥图案,也是取材于蝙蝠。

2. 长寿

健康长寿是人们一直以来所向往的。有许多寄寓和祝颂长寿的图案,例如,"仙桃"可以使人长生不老,青春永驻;仙草"灵芝",能够使人延年益寿,还有色彩缤纷的绶带鸟、仙鹤,据流传它们可以活几千年;松柏则有万古长青之说。在古代,龟代表着长寿,因此,后来常用龟背纹来做装饰,表示长寿的寓意。此外,单独的"寿"

字,其字形就有 300 多种,变化非常丰富,充分体现了人们对健康长寿的追求。例如,在民间美术中,八仙贺寿、鹤寿祥云等是这类最有代表性的吉祥图案①。

3. 喜庆

喜庆体现了人们的心情愉悦、幸福、欢快。"喜"字的字形也非常丰富,人们经常见到的喜庆图案就是"双喜"。喜鹊象征着喜事,各种吉祥图案与民间美术的构图设计都有其身影,如,福祥双喜、福禄寿喜、喜上眉梢、双喜临门、喜庆有余等,都与其有关。另外,如百喜、百蝶、百福、百鸟、百寿、百花、百吉等喜庆图案纹样,具有浓厚的情趣,其中最具代表性的一个民间美术作品即是《百鸟朝凤》。该图涵盖了鸳鸯图案,象征着夫妇百年好合,以及婚姻美满。

4. 吉祥

在传统文化中,人们想象和勾画出了仁兽瑞禽,其中有麒麟、龙以及凤等。在我国,有关龙的民间传说和故事非常多,龙是我国瑞物的象征,也是中华民族古老文明的象征,其形象特征是,头是牛,身是蟒,角是鹿角,爪是鹰爪,身上还有鱼的鳞。这是人们根据自己的意愿创造出来的一种神奇的象征物。有名的民间美术作品有龙凤呈祥、二龙戏珠等,这是此类中最具特色的吉祥图案。通过对民间美术作品的分析,我们还可以充分理解传统文化中的生活礼俗。例如,表达对新婚夫妇的良好祝愿,或是对有情人终成眷属的美好祝愿等,这类的民间美术作品有《日月龙凤》《比翼鸟》《鸳鸯》《梁祝》《天仙配》《牛郎织女相会》等。还有表达庆寿、贺喜或是为长者祝寿的民间美术作品,例如,《百寿图》《老寿星》《八仙庆春》《寿桃》《麻姑献寿》和《群仙庆寿》等。

(三) 民间艺术浓郁的美学价值

1. 民间艺术美学史的美学实录

为了探索"美"的奥秘,我们需要从人类的历史出发,对人类的精神价值活动,即审美活动进行研究。"时间正是人类自己翱翔的美的空间"是现代耗散结构理论提出的。在历史的长河中,人们在美的空间上对世界进行着改造与创造。原始艺术和民间艺术,是人类历史的产物,反映出人类的历史文化积淀。在历史的发展中,人类根据自己的情感思想,不断地对客观世界进行改造。在这个改造的过程中,形成了独特的原始艺术和民间艺术。当我们全面了解了美学史之后,就会深刻

---

① 杭间,何洁,靳埭强.岁寒三友:中国传统图形与现代视觉设计[M].济南:山东画报出版社,2005.

理解"美"原来是在漫长而丰富的人类审美活动中形成的。所以，要想解答美学的一系列重大问题，需考察研究群体艺术发展史，即从人类产生开始，研究整个原始艺术和民间艺术的历史发展轨迹。每个时代的艺术发展，都是以原始艺术和民间艺术为基础，它是人类伟大的历史文化遗产，我们理应对其不断传承与发扬①。

2. 民间艺术永恒的美学魅力

古代艺术，往往体现了人类的审美品格，表现出人们对大自然美的追求。民间艺术之所以成为历代所有艺术和美学发展的基础，是因为它不仅体现了"美"的本质，以及艺术的特质，它还使人们体会到大自然纯真的各种美的形式，其魅力无限！在国内有许多民间艺术的美学研究者，在国外同样也有很多的艺术美学研究者。多年来，他们一直致力于研究我国民间艺术这一传统美学，并陆续来到中国进行考察。由此可见，在人类发展历程中，民间艺术的美学魅力散布于世界的各个角落，具有极大的研究价值和审美价值！

三、民间艺术资源的产业价值

民间艺术是我国的艺术瑰宝。随着时间的推移和社会经济的发展，民间艺术的应用功能在逐渐消失，这使得其生存和发展受到了一定的威胁。加强对民间艺术的保护固然重要，将民间艺术的应用功能充分激发出来，让民间艺术能够自我发展，才是对民间艺术的真正活态保护。基于此，民间艺术资源的产业化发展也在逐渐形成。民间艺术的产业发展实际上是将民间艺术资源进行资本化的一个转化过程，让民间艺术资源直接参与到市场经济当中，通过生产和消费民间艺术品，将民间艺术资源中包含的文化价值和审美价值转变成经济价值，使民间艺术资源得以继续生存和发展。民间艺术资源，作为该类产业发展中的主要课题，是整个民间艺术产业发展的基础，其产业价值的高低，直接关系民间艺术的产业发展经营的效果。因此，加强对民间艺术资源的产业价值研究，对于推动民间艺术产业的建立和发展具有重要意义。

（一）民间艺术资源的产业发展道路

当前中国民间艺术品产业市场正在蓬勃发展，频频获得来自高层的政策红利。

---

① 张道一,廉晓春.美在民间——民间美术文集[M].北京:北京工艺美术出版社,1987.

开放的环境,也使得民间资本不断注入这个场域之中,加快着这个行业整体更快地向现代化市场跃进。可以说,当前一些区域或艺术门类已经取得了可喜的成绩,它们不但是地域文化的名片,也真正成为当地民众的生活来源、生产方式的主体,乃至生活方式的圆心。民间艺术不仅是传统艺术中的瑰宝,而且其本身就蕴藏着较大的经济价值,其客观存在的经济价值和已经存在的部分市场活动,为民间艺术的产业发展打下了坚实的基础,也为我国的文化产业发展提供了重要的资源,不仅能够满足人们日益增长的文化消费需求,还能够为我国的民间艺术传承提供更为广阔的发展空间。

"艺术产业"的概念是从经济学中"产业"的概念逐渐地发展而来的。依据产业经济学理论的观点,"产业"是介于微观经济组织和宏观经济组织之间的"集合概念"。"它既是具有某种同一属性的企业的集合,又是国民经济以某一标准划分的部门。"因此,民间艺术资源走产业发展道路,就是指产业形成和发展的动态过程。它主要包括以下几方面的要素:市场化经济的运作形式、达到一定的规模、与资金有密切关系、以盈利为目的的经营模式。文化产业是文化与经济的结合,是文化资源、文化创意与产业运营结合,并产生财富的经济业态。它是通过提供文化商品或服务来实现其产业功能,这一实现过程受到文化资源、技术创新、市场需求、社会制度等多种要素的影响和制约①。

从内涵上来看,民间艺术的产业发展,主要有两个方面的含义:第一,从民间艺术资源,转变为民间艺术产业,是一个动态的形成过程。第二,民间艺术资源的传承走民间艺术产业之路,通过市场运营的方式,来达到产业转化的目的。即民间艺术产业发展,包含着"过程"和"结果"两层含义。从过程上来看,民间艺术的产业发展,是将民间艺术资源以开发的方式,通过生产转化为民间艺术产品,然后将民间艺术产品,投入市场中进行流通、交换和消费等,完全按照市场规律来进行运营的一个过程。从结果上来看,民间艺术的产业发展,则是将民间艺术变成规模化生产的一种模式,这在经济学上属于同属性企业集合。而形成的过程是通过建立民间艺术企业,以及兴建民间艺术产业群等来实现的。从以上两点来看,民间艺术的产业发展,就是将传统的民间艺术,从原生态自然条件下的手工作坊式传承方式,向

---

① 张莉雅,王欣.从"创意甘肃"看民间艺术与创意产品的融合——以庆阳民间艺术为例[J].甘肃社会科学,2014(6):236-239.

市场经济条件下的产业发展运作方式转变,运用对民间艺术资源的开发和传承,使之成为与民间艺术相关的艺术产品,或与艺术管理服务方面相关的生产经营活动。

(二)民间艺术产业发展类型

1. 资源推动型

当前,资源推动型发展模式,是我国最为常见的民间艺术产业发展类型。它主要是依托当地的民间艺术资源,进行有针对性的挖掘和开发,围绕当地的民间艺术资源进行整合创新,并在对传统民间艺术资源保护的基础上,开发出具有地方特色的民间艺术产品,将其进行生产、销售和运营的一种民间艺术产业发展模式。我国历史上传承下来的传统文化资源厚重而丰实,加上我国地域辽阔,使得民间艺术资源异常丰富,同时也呈现出极其典型的地方性色彩。不同的区域所具有的民间艺术资源各有其差异,这也使得我国的民间艺术资源,呈现出浓郁的地方特色,从而为民间艺术的产业发展打下了较为坚实的基础。

在资源推动型产业发展当中,具有地方特色的民间艺术资源,是产业发展的主要动力和灵魂。对资源推动型产业的建设:首先,是以民间艺术资源为中心,将当地民间艺术资源的调查工作落实好,要对区域内尚存的民间艺术类别进行普查和统计,了解当地民间艺术资源的种类、质量和数量等,进而对区域内外的民间艺术资源进行开发,建立横向比较机制。其次,要对当地的各类民间艺术资源进行筛选和评估,从而确定出当地具有一定优势的民间艺术资源,这是民间艺术资源产业价值体现的关键期间。最后,将那些可转化为民间艺术品的民间艺术资源,进行加工处理,投入产业化运作中。

资源推动型的民间艺术产业,在民间艺术产业发展阶段中属于初级阶段,特别适合于那些民间艺术资源丰富而独特,对民间艺术资源的挖掘和整合尚且还不够深入的地区。从我国当前的民间艺术资源分布来看,中西部地区的民间艺术资源非常丰富,但区域经济比较落后,这给当地发展资源推动型民间艺术产业提供了摇篮。例如,庆阳的香包、广灵的剪纸、凤翔的泥塑,等等,都是中西部地区具有特色的民间艺术,而当地也利用这些民间艺术资源,获得了较好的经济效益。建立在这些资源基础上的民间艺术产业,也得以顺利发展。这不仅有效地推动了当地的经济发展,而且还能够继承和弘扬这些优秀的民间艺术,使中华民族优秀的传统文化得以继承和发展下去。

2. 创意驱动型

创意驱动型发展模式,是东部地区较为常见的一种民间艺术产业发展类型,也是民间艺术产业发展到一定阶段出现的新型发展类型。它主要是以本土民间艺术资源为依托,围绕文化创意将民间艺术资源,应用到其他文化产业领域当中,从而有效提升文化产品的附加值。创意驱动型的民间艺术产业,在民间艺术产业发展阶段属于高级阶段,目前在我国经济发达、人才资源丰富的东部经济发达城市较为普遍。从当前我国的民间艺术资源分布情况来看,地区分布存在明显的差异性,很多地区的民间艺术资源比较匮乏,种类也比较单一。从我国的实际情况来看,东部地区经济发展较快,社会经济和生活方式变化也较快,但是民间艺术资源相对于中西部地区来说却相对较少。在产业发展上,初级的资源推动型发展模式已经逐渐地不再适应当地的艺术产业发展,而是借助于这些东部发达地区的经济条件较为丰富的人力资源,通过艺术创意来完成驱动。因此,发展创意型艺术产业的优势,在地域及人力资源的选择上则更加的明显,充分具备了创意驱动型产业的建设条件。

此外,随着现代社会的不断发展,文化资源本身所具有的特殊性、所有权、文化历史和文化底蕴等,对于艺术产业的建设,其影响并不是决定性的,对于民间艺术的产业发展亦是如此。在现代市场经济条件下,资金和人力资源才是决定艺术产业发展的关键,因而以民间艺术资源为基础的艺术产业,则可以通过"移植"的方法,将民间艺术元素注入产业发展建设当中。比如,济南九顶塔民俗风情园、中国民俗文化村等,这些企业的建设都是依靠人才、资金,然后在其中加入民间艺术资源的元素后发展起来的。同时,还可以将民间艺术和现代科学技术结合进行创意研发,将传统的民间艺术经过技术处理之后,应用到动漫行业、设计艺术行业等多种行业中,使民间艺术元素的融入成为艺术产品提升附加值的关键。

从民间艺术资源产业发展的两种类型可以看出,随着时代和科技的发展,民间艺术资源富集地区,既要充分发挥地域性特色民间艺术资源的优势,通过走资源推动型的民间艺术产业发展之路,推动区域民间艺术产业的起步与发展。同时,待区域民间艺术产业发展较为成熟之时,则须通过人才、资金的引进,或主动与文化创意产业发达地区合作,借助其人才与科技资源优势,发挥创意人才的创造性思维;

或结合现代高新技术,通过文化创意与科技创新,开发出新的与民间艺术相关的现代演艺产品、动漫、网络游戏等衍生文化产品,延长产业链条,推动区域民间艺术产业发展从资源推动型向创意驱动型的优化升级。

(三) 民间艺术资源产业价值

民间艺术的传承发展,走产业发展道路是时代发展的必然,也是民间艺术自身发展的结果。产业发展道路的实现,既能够有效增加我国文化产业体系的建设活力,又能够有效保护民间艺术,实现民间艺术的传承发展。对民间艺术资源产业价值进行评估,对于推动民间艺术产业发展具有重要影响。

1. 民间艺术资源产业价值评估的必要性

随着我国人民对民间艺术资源的关注程度越来越高,企业对民间艺术资源的经济形态转化也随之加快。关于民间艺术资源方面的研究也在不断增多,对民间艺术资源的普查和对民间艺术资源的保护,也逐渐成为国家和人民关心的重要问题。然而,并不是所有的民间艺术资源都可以通过产业发展的模式转化成民间艺术产品,而且不同的民间艺术资源,在转化成民间艺术产品的过程中,所获得的经济效益和社会效益也不同。因而就需要对民间艺术资源的产业价值进行评估,通过评估结果来确定该民间艺术资源能否进行经济产业转化。对民间艺术资源进行评估,当前在我国还没有相应的机构或是权威学者提供规范化的标准模式。目前对民间艺术资源的保护缺乏一定的统计数据,从而导致对于民间艺术资源的产业价值评估一直存在偏颇[①]。此外,在民间艺术资源和文化产业发展的研究领域当中,很多学者仅仅从定性的角度上,对民间艺术资源进行概述和评价,而且缺乏定量评价标准。随着我国民间艺术产业的不断发展,市场对民间艺术资源产业价值评估的标准也越来越高,因而建立民间艺术资源的产业价值评估体系是非常必要的。

2. 民间艺术资源产业价值评估

在民间艺术资源产业价值的评估上,主要是建立相应的评估维度,建立完善的评价指标体系,来对其产业价值进行衡量。可以从对民间艺术资源保护的可操作性、代表性和系统性等原则出发,将民间艺术的经济、文化和自身价值作为评估指

---

① 杜艺.浅析中国传统剪纸艺术在现代文化创意产业发展中的应用[J].陕西教育(高教版),2015(8):20-21.

标的基础。

(1) 民间艺术资源评估指标

这一指标主要包括以下几个方面：一是资源的稀缺性。稀缺性的民间艺术资源，具有较高的开发价值。然而对资源稀缺性的度量是相对的，很难用定量的方法来进行衡量①。常用的方法是比较资源在同类资源的稀缺程度，利用非参数的方法进行比较。二是资源的独特性。独特性是指民间艺术资源，区别于其他类型资源的个性特征。一般来说，越是具有独特特征的民间艺术资源，就越具有开发价值。对独特性的评估，主要通过与同类资源的比较，采用定性的方法来实现。三是资源的知名度。民间艺术资源的知名度，也是一个定性评估艺术资源的指标。可以参照民间艺术资源在媒体和公众的提及率来考察；也可以用问卷调查的方法，获取特定地区的公众对特定艺术资源的理解范围和程度，以确定艺术资源的知名度。

(2) 民间艺术经济价值指标

这一指标主要包括以下几个方面：一是民间艺术资源的使用价值。主要指民间艺术资源是否还能继续使用以及在当地生活中发挥作用的程度。比如对于民间演艺艺术资源来说，使用价值主要是指其在当地是否具有大量的演出市场。二是民间艺术的品牌价值。主要指民间艺术资源的知名度，是否能形成较为稳定、具有影响力的品牌。这个知名度不是民间艺术资源本身的知名度，而是其被打造为商品之后，在市场流通与销售中形成的产业知名度。三是民间艺术资源的产权价值。主要指民间艺术资源是否具有知识产权，以及产权的经济效益。对民间艺术资源的知识产权保护，是近年来我国知识产权保护的重点。在经济效用的构成体系中，产权价值是基础和关键性因素。

(3) 民间艺术资源产业开发条件指标

这一指标主要包括以下几个方面：一是人力资源。民间艺术产业从业者的数量和素质是考核人力资源的标准。人力资源是产业发展的核心资源，从业者数量的大小和素质的高低，直接影响民间艺术产业发展的程度。二是市场需求。对于商品而言，有市场才有生命力和竞争力。市场需求是产业发展的指引和前进的方向。以民众对该民间艺术商品的喜好和市场需求程度来考量这一指标。三是经营

---

① 王会欣，马志峰，赵岩红. 新媒体对民间艺术产业价值链的影响分析[J]. 新闻战线，2014(11)：133-134.

环境。某地区的经济文化发展水平,对民间艺术产业开发具有正相关性。资源属地的产业政策、基础设施和当地的经济发展水平,对民间艺术资源的产业开发具有较大的影响。这一指标的考察较为复杂,要通过衡量当地的基础设施条件、经济发展水平和产业政策的支持程度来体现。四是资本投入。资本投入是支撑一个产业发展的命脉。资本注入的方式和数量直接影响某一产业开发的方向和前景。对民间艺术产业开发的资本注入是否充足,是否为多种渠道、多种经营情况并存等,是考量这一指标的关键点。

第三章
民间艺术资源的传承与利用关系

第一节 民间艺术资源保护与利用现状

一、民间艺术资源开发的现实条件

中国民间艺术在现代民间的舞台上尽显魅力,主要在于其含有丰富的历史内涵,同时又兼顾现代的艺术风格而散发出鲜活的生命张力。从传统艺术的角度而言,民间艺术具有童稚的艺术神韵,以朱仙镇木版年画为例,无论是年画线条的勾勒,还是色彩搭配的选择,都会给人以率真之感,人物造型憨态可掬而不失雅趣。民间艺术极具民族情调,每一个社会历史时期所具有的文化韵律,都蕴含在民间艺术的博大与俊美之中。民间艺术是传统文化中的瑰宝,要将民间艺术传承下去,就要在传承技艺的同时,将现代审美意识融入其中,才能够给人以强烈的视觉冲击力,令人在欣赏艺术带来美感的同时,体验美好的审美享受。从对民间艺术资源开发的现状来看,基本态势是良好的。国家和地方政府对民间艺术的保护和传承都给予了高度的重视,注重以教育为途径促进民间艺术的传承和发展,并为民间艺术的发展开展了一系列经营途径。

(一)政府为民间艺术的保护和传承提供保障

民间艺术根植于农村这片广袤的乡间大地,只有在农村这块原生态土地上才能够更好地传承和发展下去。中国开展的社会主义新农村建设,是一项富民政策,目的在于让农村居民富裕起来,使他们的生活水平得到改善,文化素养得到提高。随着农民的文化生活质量越来越高,民间艺术作为本土文化,就要适应时代的步伐与时俱进。社会主义新农村建设,为民间艺术的发展带来了机遇。民间艺术可以借助这一大好的时机,树立对社会服务的理念,以民间艺术为核心开展群众文化活动,丰富人们的精神文化生活,创造社会效益。民间艺术从农村的日常生活中发展起来,又反哺给农村,民间艺术已俨然成为农村本地的核心文化。在政府的支持下,农村的文化产业以民间艺术为支柱产业,产业发展的状况直接与农民的生活水平挂钩。当前在各级政府的大力支持下,民间艺术抓住了乘势发展的好机会,农村文化建设正蓬蓬勃勃地发展起来,民间艺术以农村文化建设为载体,广泛传播民间艺术技艺,使民间艺术在当今得以普及并得到传承①。

民间艺术是富于文化情感的艺术,是中国传统民族文化审美意识的体现,基于此通过艺术创作形式激发起朴素的艺术情感。因此,民间艺术具有浓郁的地方特色和民族风情②。当前,在政府的一系列政策引导下,一些地区政府已经启动了民间艺术建设项目,并投入一定比例的建设费用,拓宽了民间艺术家的活动范围,为民间艺术的发展提供了基础性保障。

(二) 以教育为途径促进民间艺术的传承和发展

民间艺术传承以教育为途径,有利于民间艺术的普及和发展。民间艺术是艺术与生活的融合体,是民间艺人从生活中获得感悟由此而激发出的情感艺术抒发。民间艺人对民间艺术的传承发挥着重要的作用,然而良好的教育平台也是不容忽视的。在社会主义新农村建设中,民间艺术的交流与传承是重要的文化活动内容。民间艺术作为地区区域内的文化生命源泉,需要通过普及教育的方式扩大其影响力,从而获得广泛关注,使得民间艺术回归到生活中,并且与现代艺术充分融合,开拓出新的民间艺术发展之路。

当前较为典型的发展模式,以开封地区朱仙镇木版年画的发展为例。当地政府通过诸多宣传形式对其进行开发,比如有教材读本、媒体形象宣传、城市映像等。把朱仙镇木版年画的艺术风格通过提炼后升华,使外界能够感受到朱仙镇木版年画浓浓的艺术气息。朱仙镇木版年画所体现出来的艺术美学、民俗风貌、人文价值等文化元素,被越来越多的人认知。人们从多角度感悟到中华传统年画的艺术精髓,感悟到传统文化在当今时代的精神内涵和文化气息。从朱仙镇木版年画中可以看到传统民间艺术多元化的艺术风格,从中感受到文化的熏陶和精神教育。

再比如,对刺绣、壁画、草编、剪纸等民间艺术的传承,可采取开设辅导课程等方式,利用农闲之时组织当地农民参加辅导课进行传授和学习,并定期开展各种类型的艺术技能竞赛,对优秀民间艺术作品的创作者给予一定的奖励。人们对民间艺术产生浓厚的兴趣,就会使民间艺术的创作技艺得以普及。由于每一个人都有自己独特的审美标准,特别是处于多元文化环境中,人们通过各种途径接受美学思

---

① Jeremy Howard. Art Nouveau: International and National Styles in Europe[M]. Manchester: Manchester University Press, 1996.
② 王啸. 国际话语权与中国国际形象的塑造[J]. 国际关系学院学报, 2010(6): 58-65.

想,这使得民间手工艺人在创作民间艺术作品时,会将具有时代感的艺术元素融入民间艺术创作中,将民间艺术的传统特色保留下来,在艺术形式的发展上予以发挥。例如,传统的朱仙镇木版年画多是以平面感极强、画面内容和结构夸张、色彩原生态为主的民间艺术作品。现代的美术作品则更为注重立体感和透视感,色彩的使用上也较为注重颜色搭配,使得画面色彩更具有质感。目前,许多民间艺术的创作,尤其是美术创作,将现代的"工笔画"线条、"岩壁画"的立体结构等构图技巧借鉴过来,特别是将"岩壁画"的"肌理"效果用于民间美术创作中,使得民间美术作品在当代的创作出现了新的突破。民间艺术传承在形式上的发展和突破,必然会给人以耳目一新之感,为民间艺术的产业发展、规模化发展奠定了基础①。

因此,以教育为途径,促进民间艺术的传承和发展,就要求民间艺人要不断地提高自身的文化素养,才能够承担起传承民间艺术的重任。以朱仙镇木版年画传统工艺美术的创作为例,在美术的艺术表现技法上,包括构图、造型等,都可以汲取现代绘画中的技法,以新的绘画技法提升民间艺术的审美层次。以教育为途径开展民间艺术的传播活动,同时还要配以民间艺术传承人的艺术创作指导,使接受教育者不仅成为民间艺术的继承者,而且还能够将新的审美元素注入其中,以自身作品对民间艺术做出新的解读,诠释当代民间艺术的绘画技艺,使所创作出来的民间艺术作品适应新的时代发展审美趋势。随着民间艺术创作技艺的提高,高品位的民间艺术作品将会被不断地创作出来。

(三) 开展民间艺术经营活动

艺术是不分国界的,各国艺术之间只有表现形式的不同,没有上下、高低等级之分,而不同的艺术之间却又存在着紧密的关联性。市场经济环境下,民间艺术要能够得到保护和传承,就要充分满足市场需求不断地创新艺术的表现形式,这就需要借鉴其他艺术门类市场经营活动的成功经验,并着力于开发民间艺术自身的艺术特色,使民间艺术融入现代生活中②。例如,将民间艺术作品融入广告宣传中,以民间艺术符号作为装饰图案,是当前民间艺术传承过程中的有效经营途径。在建筑装饰中使用民间艺术符号,以体现地方特色和民族特色。这不仅吸引了更多的

---

① 邱明丰. 提高中国文化软实力与重建中国文论话语[J]. 时代文学(上). 2010(5):221-222.
② Jeremy Howard. Art Nouveau: International and National Styles in Europe[M]. Manchester: Manchester University Press,1996:206-214.

外来游客,还可以获得可观的经济收入。

在民间艺术传承工作中开展各项经营性活动,可以采用分散创作、统一经营的方式。不仅节省了时间成本和劳动力成本,而且还可以将民间艺术产品中所蕴含的历史文化,通过经营活动对外传播发展①。进入市场参与竞争环节的民间艺术产品,从产品包装设计艺术层面着手,逐步提高民间艺术产品的文化层次,进而提升消费群体的审美情趣,使消费者在使用和欣赏民间艺术产品的同时,能够感受到自身文化自觉性的提升,并乐于在民间艺术产品上消费。此外,还要扩大民间艺术产品经营的外延。通过各种传媒、座谈会、展览、宣传画册等对民间艺术产品做宣传,以宣传带动销售。在文化市场中,民间艺术产品具有一定的特殊性,当具有本土化特点的艺术产品进入流通领域之后,处于良好的经营管理环境中时,能够促使民间艺术获得进一步的发展。但民间艺术并不仅仅是经营性商品,还是文化商品,其中所蕴含的艺术价值是许多其他商品所不及的。

因此,要注重对民间艺术传承人的培养,积极扩充和培养民间艺术创作队伍,以提高民间艺术创作水平。在创作队伍带动区域范围内的人们参与民间艺术创作中,应配备管理人员,通过制度管理规范民间艺术创作的行为,以确保艺术产品质量高且富有民间艺术内涵,并能够在文化市场上获得经营优势。

(四)"互联网+"为民间艺术的保护和发展创建了高科技信息平台

中国进入信息时代,"互联网+"在创新 2.0 下呈现出互联网发展的全新态势。我们应借助高科技信息通信技术与互联网平台,推动民间艺术的保护与发展。将互联网技术功能与民间艺术产业的深层次融合,构建为全新的社会形态衍生,不仅可以促进民间艺术的延续,而且还能够创新民间艺术的技艺,将民间艺术的品牌树立起来。

高科技数字化的技术保护手段,是对当前民间艺术资源保护的重要方式。数字化保护技术就是通过网络信息平台,对民间艺术加以整理和收集,然后利用三维技术或通过建立民间艺术网站等,对当地民间艺术资源进行保护和发展。近几年,信息平台建设获得快速发展。民俗村、文化村、观光休闲村等民俗产业运用高科技信

---

① 蒋新卫.论国际话语权视角下的中国文化软实力建设[J].新疆师范大学学报(哲学社会科学版),2013(1):20-26.

息平台,对搞活地方经济产业发展、提升民间艺术资源的保护等起到积极的作用。

同时,由于地方性资源投入的强化,民间艺术的保护和传承工作获得了巨大发展。随之,"互联网+"的发展效应也初见成效。以朱仙镇木版年画为例,该镇通过创建科技型年画村的形式,把历史悠久的各村资源搬到互联网平台上来进行互联共享。将当地的木版年画打造成统一的品牌名片,在价格定位、客户资源上,得以共享。目前在"互联网+"模式下,人们对朱仙镇木版年画的传承,正积极地通过互联网的优势,来达到突出强化当地朱仙镇木版年画特色品牌的目的。这样有利于年画经济的快速发展,同时通过互联网传播平台效应,还可提升当地的知名度和美誉度,为当地经济发展创造更好的效益。

民间艺术的产业发展,发挥品牌效应是极为重要的,这样可以提高社会民众对品牌的认同性和接受度,并运用互联网将国内品牌推向世界。由此可以推断,艺术产业要获得良性发展,就要适应时代环境,不断地开拓新的发展途径,实现互联网化和虚拟现实化。民间艺术的产业化发展路径,以影视产业、动漫产业、工艺美术品产业、戏剧产业为主。这些产业都已经建立了稳定的经营模式,且产业发展成熟,大量的资金投入使其获得良好的经济效益。对艺术产业资源的挖掘和开发,很难在短时间内获得经济效益,特别是民间艺术中的活态艺术。要将艺术纳入实体经济范畴中,就要将艺术融合到文化产业中,获得相关支持,以推动艺术产业快速发展。

二、民间艺术资源开发面临的困境

当前,各地区的民间艺术资源在保护、利用、开发等方面的工作均获得了长足的进展。不仅有效地配合了国家文化战略的实施,还满足了人们日常的文化需求,进一步推动了文化产业的快速发展,促进了对外文化交流的深入开展。但也不可否认,当前对民间艺术资源的开发还存在着诸多的障碍,主要表现在民间艺术对群众的吸引力不够强,从而导致对民间艺术资源开发产生较大困难。因此,民间艺术资源有待于通过在实践中传播,使传统艺术产业加强对时代变化的敏感度,以解决当前现实中面临的问题[1]。

---

[1] 娄扎根.民间文化资源开发利用中存在的主要问题及对策[J].新乡师范高等专科学校学报,2006(5):81-83.

(一)民间艺术对群众的吸引力不够而导致资源开发困难

民间艺术资源孕育于民间,需要挖掘才能够被发现。要将这些挖掘出来的民间艺术传承下去,就要建立民间艺术发展的载体。但是,从目前的民间艺术资源开发情况来看,虽然有关部门非常重视对民间艺术的挖掘,但却并没有从发展的视角来看待民间艺术,而是将民间艺术资源收藏在博物馆内,或者用于支援文化旅游建设。因此,当前我国民间艺术资源的开发,正面临着困难。这体现在民间艺术对群众的吸引力不够,缺乏市场消费者,难以形成市场品牌,约束了对民间艺术的深度开发。

以民间舞蹈的传承为例,如今大多数民间舞蹈爱好者参加的舞蹈活动,仅仅是群众性的舞蹈表演,而没有发挥宣传教育的功效,民间舞蹈表演成为"自我陶醉"的表演。如果参加表演的群众仅仅是从娱乐的角度出发,参加民族舞蹈的学习,而没有树立起承担民间艺术传承的责任,往往就会在学会民间舞蹈后,选择其他的娱乐项目。传承活动停留在只关注自身娱乐而不关心传承本身的窘境。此外,缺乏持久性的民间舞蹈表演组织,也是导致其无法有效传承发展的重要原因,这就需要通过一系列的活动,发挥对民间舞蹈传承的宣传效应。

(二)民间艺术资源有待于通过实践传播

中国民间艺术有着辉煌的历史,在中国的文化领域中占有重要的地位。被列入非物质文化遗产名录中的民间艺术,也似乎已经被保留在博物馆中馆藏。然而,当今一些民间艺术已经走出国门,进入世界文化市场。但是,事实上当前大多数的民间艺术正面临着即将失传,同时还缺少民间艺术资源开发环境等诸多因素的问题,从而使得这些民间艺术只能收藏于博物馆中。民间艺术源于实践,逐渐被传承下来,进入博物馆成为中国宝贵的文化遗产。要将民间艺术传承下去,仅仅将其保存在博物馆中,并不是传承民间艺术的主要途径,因为丧失了鲜活实践环境后的民间艺术,会渐渐地离开生存的土壤而变得枯竭。况且民间艺术是活态艺术,保存在博物馆中的只能称作是民间艺术产品。如果民间艺术的创作技艺失传,这些古老的文化遗产也就会随之消失①。因此,应当为民间艺术的传承发展开辟广阔的实践空间,让民间艺术融入实践当中,使更多的人认识它,了解它,能够感受到民间艺术

---

① 冯亮.二维动画在武强木版年画产业化发展中的作用及实现技术研究[J].剑南文学(下半月),2012(7):207.

之美,并被民间艺术的魅力所吸引,从而使民间艺术的价值在实践中体现出来。与其他的学科知识一样,民间艺术也有自己的理论体系,以理论为指导,才能够创作出原汁原味的民间艺术①。

不同的地区,民间艺术各有不同,内涵也有所不同。在学习民间艺术的时候,首先要对该地区的民俗文化有所了解,从民俗文化延伸到民间艺术,就会对该地区的民间艺术有深入了解。基于此而创作出的民间艺术,更能够保留原有的民间艺术特色。但是现代的民间艺术环境被越来越多的现代元素充斥着,民间艺术被推向了艺术的边缘,民间艺术资源难以被充分利用,民间艺术的开发更是无从谈起。

(三) 传统艺术产业对时代变化的敏感度不够

艺术强调传统,特别是民间艺术,以传统的艺术符号和传统的技艺为主。如果艺术走产业发展道路,就必然会采用标准化、规模化的生产管理模式,以提高产品的竞争力,提高企业的经济效益。但是,艺术本身所具有的文化价值却被忽视了。互联网扩展了消费者的视野,分散孤立看似毫不相干的互联网与民间艺术的相互连接,改变了传统艺术产业的发展模式,使得消费者由消极被动变为积极主动,因此会对新时代的艺术产业发展提出更多个性化的需求。但是,传统艺术产业还没有意识到这个变化,而依然故我地生产出许多传统意义上的艺术产品。人们采取传统的营销方式,试图以自己的民间艺术品牌引导消费者继续去消费,这种落后的传统模式很难实现对艺术产品的转型升级。

中国的艺术门类齐全,规模庞大,但是艺术的产业发展却采用了模仿战略,并没有跟随时代的发展。加之核心技术缺失、共性技术不足等诸多因素的存在,导致艺术产品的质量普遍不高。艺术产业自身发展的能力不足,就必然会影响与信息技术的融合进程。在互联网时代发展的进程中,人们的经验不足,从而使艺术产业的发展缺乏整体规划性。如果过于将企业发展的重点放在软件的开发及应用上,那么,势必会影响产业的服务化流程,从而导致应用强而信息集成弱,不利于艺术产业的长远发展②。

---

① 邱波,陈丽霞.江西民间工艺品包装品牌形象提升策略研究[J].美与时代,2014(10):74-76.
② 何红一.中国民间艺术走进美国当代社会——亲历与思考[C]//中国艺术人类学学会.技艺传承与当代社会发展——艺术人类学视角.北京:学苑出版社,2010.

第二节 民间艺术资源保护与开发利用

一、我国民间艺术资源保护的现实状况

我国的民间艺术在历史文化发展中,占有非常重要的地位,其重要性在我国的文化中堪比民族的血脉和灵魂。民间艺术的表现形式丰富多彩,这也体现了我国传统文化的多样性,以及民间艺术色彩的鲜明特征。然而,随着当今社会的快速发展,民间艺术保护的现实状况却不容乐观。民间艺术是我国传统历史文化中的瑰宝,然而如今民间艺术的传承却面临着严重的威胁。

(一)我国民间艺术资源的保护价值分析与现况

我国的民间艺术资源,蕴含着巨大的文化价值。民间艺术具有我国传统文化的传承性,是我国艺术史发展的源头。有了多姿多彩的民间艺术形式,才能形成今天丰富多彩的社会艺术生活。在我国千百年来的艺术发展中,劳动人民贡献了巨大的智慧和汗水,民间艺术充分反映出我国民众的社会生活面貌。人们通过对民间艺术的传承和发展的不同方式,表达出了对安宁、祥和,以及平安与健康的生活的向往。例如,在朱仙镇木版年画民间艺术的人物造型中,人物表情大多情态逼真,憨态可掬却不失灵动。人物或情态夸张热烈,或表情幽默喜庆。这些表现手法虽然质朴纯真,但却是我国劳动人民最真实的情感表达。因此,我国的民间艺术中蕴含着丰富的传统文化价值,对这些艺术形式进行保护,有利于我国的文化传承和民族发展。

1. 我国民间文学保护价值与现况

在我国的民间艺术资源中,民间文学的贡献价值是非常大的。但是,当前对民间文学的保护,产生了两种观点。其分歧主要在于我们究竟应该以一种什么样的价值观念来保护这种民间文学的艺术形式。

我国民间文学艺术资源的保护价值是毋庸置疑的。但是,就如何进行保护,人们产生了分歧。一种观点认为,对民间文学的保护,应该侧重于对源头的保护,即要在源头上对民间文学这种资源形式加以保护。这种观点认为,民间文学与现代

文学是源与流的关系。如果我们不注重对现代文学的源头采取保护措施，那么总有一天民间文学将会成为无源之水，我国的文学发展必将走向枯萎衰落和灭亡。因此，这种观点认为，对民间文学进行保护主要是为了促进当代文学更好地发展，从而为我国的国民生活创造出更加满意的文学作品。通过对传统的民间文学进行保护，可以为现当代文学的发展，提供更多的素材和养料。透过这种观点，我们可以看到其本质是把传统的对民间艺术的保护工作，看作一种工具主义来认识，其目的不仅仅是为了对民间文学资源进行保护，更是为了通过对民间文学资源的保护，并对其加以利用，从而促进文学的发展。所以，这种观点的本质是一种工具论思想。

另一种观点则完全与之相反。这种观点与2002年在日内瓦召开的关于知识产权的大会内容相仿。持此种观点的人认为，保护民间文学的主要目的，在于激发民间文学自身的内在价值，通过控制民间文学的公开使用，将其与商业活动相联系，从而扩大它们的知名度。通过这种保护，可以促进民间文学形式的发展和创新，从而避免传统的民间文学形式走向衰落和灭亡。

2. 我国民间彩灯艺术的保护价值与现况

我国的民间彩灯艺术一直以来，都是我国民间艺术资源中的重要组成部分。起初，民间的彩灯艺术主要功能是庆祝我国民间节庆活动。后来，随着彩灯艺术的逐步发展，彩灯逐渐被宫廷皇室所接纳。人们制造设计出各种新式的彩灯艺术，这也极大地促进了我国民间彩灯艺术的发展。宫廷灯造型庄重典雅，而且大多是皇室建筑的点缀和装饰用品。由于设计师在设计制造彩灯的过程中采用特殊材料，以及设计过程中的别具匠心，所以很多彩灯在使用过程中极具美感，充分地与周围的环境相融合，给人一种精致的感觉。例如，比较著名的潮州彩灯，这种彩灯也被称为台式花灯，其造型优雅，燃烧过程中极具气势。此外，还有佛山的彩灯、南京夫子庙的彩灯等，这些都是我国民间彩灯艺术资源的杰出代表。

彩灯艺术的发展，为我国的民间艺术增添了一抹极具色彩的亮丽风景。尤其是到了入夜时分，点点灯光点缀了一幅幅温馨的画面，也寄托了人们的悠悠情思。可见，彩灯艺术在我国的民间艺术中具有非常重要的地位，它既承载了浓浓的历史人文底蕴，同时也具有高度的社会使用价值和功能价值。彩灯的制作过程，强调对材料的编扎和剪贴，通过这样的手法使平白无奇的彩色图纸，一跃成为栩栩如生、千姿百态的彩灯艺术。彩灯上的装饰也极具象征意义，一般以祈求平安、福贵、幸福为寓意,体现了我国劳动人民的善良美德。并且在历史的发展进程中,彩灯艺术不断地与我国的古典文化相结合,将传统的诗歌、辞赋以书画等镌刻形式绘于彩灯上,充分展现出了彩灯艺术的华美和文化内涵。这一切都使得彩灯艺术在我国的民间艺术资源中别具一格。由此可见,对于民间彩灯艺术的保护,其价值不仅是保护了彩灯这种民间艺术,更是对我国传统文化中人文精神的一种传承,是对我国民间艺术中高雅艺术灵魂的继承。然而,随着现代灯具技术的发展,我国传统的彩灯民间艺术,正在遭受濒临灭迹的威胁。因此,拯救我国的民间彩灯艺术,重新发掘其内在的人文价值是非常重要的。

3. 我国民间年画艺术的保护价值与现况

在我国的民间艺术资源中,民间年画艺术的传承是最为悠久的,在漫长的历史长河中,民间年画艺术已经传承了数千载。所以这种民间艺术不仅仅是一种艺术表现形式,而且还是我国悠久历史文明传承中的一种载体。它承载着我国历史文化中的人文内涵、文化形态以及文化价值。随着社会的发展,这种传统的民间艺术同样也受到了巨大的冲击,被人们逐渐遗忘,濒临灭绝。20世纪,为了保护我国民间的年画艺术,在国内人们曾发起过多次救助性的活动。当时这些活动主要是以对年画进行改良设计而进行的。但是,随着现代社会的发展,年画的功能的确已经越来越不适用于现代社会。所以,要想保留我国民间的年画艺术形式,我们就必须要重新发掘民间年画所承载的历史意义。

民间年画艺术承载着我国悠久的历史文明,赋有丰富的文化内涵,展现了我国劳动人民在不同的历史时期,所具有的思想特征和文化表现形态。这也反映出在历史演进中,有限与无限这对矛盾体的演进过程。民间年画似乎已经超越了民间艺术的基本形态而存在,它承载着我国的传统文化及人文气质。从文化结构上来看,它是一种乡土文化,是我国农民群体在不同历史时期,思想特征的丰富展现。随着这种艺术思想特征的变迁,作为一种艺术,其本身也在不断地进行着艺术表现形式的变化,这就是它所承载的文化结构的特殊性。在我国的历史文化中,年画这种民间艺术形式,为我国的传统文化做出了较为精确的表达。在这种长期的历史演进中,我国的年画艺术也形成了自己独特的艺术结构和艺术形态。年画这种民间艺术承载着我国传统的文化价值内涵。因此,对年画民间艺术的保护及传承富有深远的价值意义。

（二）我国民间艺术保护的整体模式与现况

目前，对我国民间艺术的保护整体情况不容乐观。一方面，是因为目前社会的生活节奏较快，人们没有时间或者没有太多的保护意识，关注对民间艺术的保护工作。如果没有大多数民众的参与，保护活动就像无源之水，也会渐渐失去往日的活力。另一方面，我国民间艺术的保护模式目前比较单一，一般都是通过国家及当地政府的相关机构发起保护活动，而民间的自发性保护活动却相对较少。因此，在对传统的民间艺术资源进行保护的同时，也要注意其与现代艺术之间的互动，不能只是呆板地将民间艺术形式保存下来，而是要将民间艺术的原生态环境保护下来，如此才能更好地将其与现代艺术进行交融与碰撞。

日本著名的工业设计师协会会长黑川雅之就曾说过："我们看上去好像只是生活在今天，其实不然，我们实际上是生活在一个从过去到现在的完整的时间段中，只不过漫长的人类历史文明，将我们的记忆和信息拉得无限长远，让我们忘记了过去。"所以，要想真正地将民间艺术的保护工作做好，最好的办法就是让民众重新认识到它的价值所在，让这些民间艺术资源重新焕发出往日的活力，重新走进人们的生活中。对于这一点，应用比较好的是我国民间彩灯艺术的保护工作与当代艺术的结合。民间彩灯艺术的保护人员，通过将传统的彩灯艺术设计与现代的灯具设计相融合，以现代灯具材料为设计材料，用传统的彩灯设计方式和原理进行造型设计，这样传统与现代融合、东方与西方合璧的设计理念，使得传统的民间艺术自然而然就"死而复活"了。

二、民间艺术资源保护面临的困境

（一）当前民间艺术资源传承面临的问题

民间艺术作为我国的重要文化资源，是我国几千年所流传下来的艺术精髓。更好地传承我国的民间艺术，并对民间艺术资源进行有效的保护，是推动和延续我国民间艺术资源得以保护和留存的最好体现。国内任何一类民间艺术形式的出现，都代表了一个地区、一个时代，是符合该地区和时代艺术特征的，这也是推动我国艺术传承发展的重要意义所在。随着时代的变迁，目前有相当一部分数量的民间艺术，失去了原生态的生存环境，已经脱离了大众的视野，正面临着生存和传承的危机。

随着近年来全球经济的快速发展,各国之间的经济和贸易往来日益频繁,同时也促进了各国文化间的密切交流。我国民间艺术的传承与发展,也受到国外各种不同文化的冲击。如何在信息时代讯息变换的环境下,对我国民间艺术资源进行有效保护,已经成为我们亟待解决的难题。民间艺术资源作为我国珍贵的历史文化遗产,代表着我国传统文化的民族精神,对国内艺术的发展和传承,起着非常重要的作用。我国的民间艺术经过几千年的发展和历史沉淀,其形态各异、表现万千。如戏曲、手工艺、杂耍,等等。民间艺术在发展的形式上大有不同,因此在对民间艺术资源的保护方式上也应当有所区别。

(二) 民间艺术保护过程中存在的问题

1. 民间艺术组织传承缺乏约束性

随着我国经济的快速发展,市场体系也在不断地进行着调整与完善,越来越多的人在享受物质文化带来的殷实生活的同时,对精神文化生活有了更高的追求。在民间艺术传承发展中,民间艺术组织发挥着重要的作用。当前,我国的民间艺术组织可以分为两种:一种是民间艺术的传承者发起的团体组织,分为盈利和非盈利两种组织形式;另一种是政府在资金和政策方面扶持而构建的民间艺术组织形式。前一种艺术组织具有相对较小的约束力,并未对民间艺术未来的发展进行规划,在资金来源上也并不固定。虽然政府扶持的民间艺术组织中,有一些专业的民间艺术家和业内专家,但是在传承的力度上还是较为欠缺的。因此,其在发展上就受到了较大的阻碍,这是非常不利于对民间艺术资源进行保护和传承的。

2. 民间艺术技艺在传承上存在不足

首先,民间艺术在传承的方式上存在一定的局限性。当前,国内还有相当一部分的民间艺术,在传承过程中依然延续着"父传子"或者是"师传徒"的传统传承模式,所以在传承方式上显得较为单一。随着老一辈的传承者相继离世,新一代的传承者队伍又无法跟进,从而导致民间艺术面临难以有效传承的窘境。其次,民间艺术技艺的提高,是需要经过长时间的学习积累和实践运用才可以完成的。但是,其在经济回报率上却还是相对较低的,在投入和产出上形成了巨大的反差,因此造成越来越多的人不愿意去学习民间艺术。最后,我国的民间艺术都是经过几千年的文化传承而流传下来的,在一定程度上缺乏时代的创新性,在艺术结构上也显得较为单一。长此以往,民间艺术无法和现今市场经济相适应,在发展上也就受到制约。

3. 民间艺术传承缺乏有效管理机制

当前,我国对民间艺术的传承保护缺乏有效的管理机制。我国的民间艺术种类繁多,形态各异。因此,对民间艺术的保护工作,任务还是相当繁重的。如果民间艺术所在地区的政府,在对民间艺术的保护力度上,缺乏有效的管理机制,或是只注重对民间艺术形式上的保护,而对实际保护力度不足,那么都将会导致民间艺术资源的流失。因此,拥有良好的民间艺术传承管理机制,可以保障我国民间艺术更好地传承与发展。

4. 对民间艺术资源的保护不善于运用数字化技术

随着现代社会和经济的飞速发展,传统民间艺术的传承发展受到了严重的威胁,甚至一些民间艺术的传承濒临消失的境地。尤其是一些"口口相传"的民间艺术,不能得到较好的保护。从目前我国民间艺术传承和发展的现状来看,传统的民间艺术传承方式,并不能很好地适应现代社会的发展。在数字化技术发展的今天,数字媒体在对民间艺术资源保护中的运用还是相对较少。运用数字新媒体对民间艺术资源加以保护,不但可以增强文化与科技的进一步融合,还能促进数字新媒体艺术的进一步发展,以更好地对民间艺术进行传承,适应时代的发展。

(三) 对民间艺术资源保护的方法

1. 推进公共艺术教育

在对艺术教育工作者和艺术研究人员的选用方面,相关行政部门应担负起自身的社会责任和义务,把好人才教育关。在艺术技能的培养上、知识的传递上艺术教育工作者应加大对学生的教育力度,将更多的带有地方特色的民间艺术传授给学生,教会学生如何看待民间艺术,欣赏民间艺术,保护民间艺术资源。但是这种传授不能仅仅作为专业艺术知识教育,而应该向着素质教育和文化教育方面拓展。

例如,我们可以在学校初等教育中,开设民间艺术的相关课程,编写一系列民间艺术的普及教材,来促进教学活动的开展。学生作为我国未来的栋梁,是将来传承和展现我国民族文化精神的主力军。因此,对中小学生进行人文素质的培养是非常必要且合理的,无论是在对艺术课程的设置上,还是在授课方式上都应做出适当的调整,在初级教育中融入对中国传统文化的教育,实现对民间艺术的普及。

2. 借助地方特色平台有效推广保护措施

在国家层面,我国大力发展文化产业,提出文化富国、文化强国的战略思想和发展目标。地方政府也积极响应国家的号召,相继推出文化强省或文化强市的奋斗目标,打造各个地市的自身品牌。比如,江汉皮影戏,是楚文化的杰出代表,也是湖北省举足轻重的民间艺术资源。湖北省在为建设文化强省、加强文化资源的保护中积极献计献策,使得江汉皮影戏得到了省政府的有力支持和保护传承。

第三节 挖掘民间艺术传播的渠道

一、加大民间艺术民族形象保护的宣传教育力度

民间艺术是中国传统文化中的重要组成部分,也代表着国家文化形象。民间艺术民族形象的保护力度,体现了一个民族文化软实力的整体能力,也是提升国家文化形象和影响力的重要内容。民间艺术的发展情况直接关乎国家文化软实力,因此,要做好宣传教育工作,使民间艺术在产业化发展的进程中,其民族形象得到保护,以其民族性价值帮助人们树立爱国意识,起到教育引导的作用。

当前,随着我国民间艺术资源开发工作的全面推进,各类民间艺术发展活跃,对外交流频繁。而由于保护措施和民族形象建设的滞后,给民族形象的塑造和艺术资源的保护工作带来一定的难度,宣传教育已经进入了深水区。中国文化地位在国际舞台上的提升强化了中国对外文化的交流,给国外送去了文化大餐。中国深厚的民族文化底蕴,受到广大国外受众的欢迎和肯定,从而树立了良好的国家文化形象。而国内构建文化强国国家战略的加速推进,让更多能代表民族精神的民间艺术形象得到宣传,并在国际舞台上整体亮相。这不仅取决于民间艺术内容的丰富性和具有的民族独特性,而且因为民间艺术文化的博大精深,很多国外观众无法感受中国传统文化的真正魅力,甚至出现一定的负面解读,影响了我国民间艺术民族形象的正面性塑造。

在这种情况下,对大众媒体进行广泛的宣传和教育,对互联网媒体相关合作单位进行有效的宣导和解读,对于抓好民间艺术形象建设工作非常重要。透过当前先进的信息传播手段来传播中国声音,可以让民间艺术民族形象得到全面地展现,以降低国外观众,特别是西方国家喜欢捕风捉影的新闻媒体的歪曲认知。这有利

于提升我国民族形象,还可以通过信息资源提供的先进传播手段,达到维护民族形象和扩大传播效果的作用。把握舆论宣传方向,强化对民间艺术民族形象的保护和宣传,还有利于中国文化的对外传播和民间艺术的对外交流,对当前构建文化强国战略有着深远的意义。

同时,随着民间艺术民族形象教育指导工作的深入推进,要通过组织和开展多类型的文化实践活动平台,让全社会都能通过身边的各种途径接触到民间艺术的发展信息以提升民间艺术资源的发展性、社会性、人文和审美价值。从而使群众可以对民间艺术有一个更为全面的认知,感悟到心灵的触动、民族精神的弘扬。在对民间艺术的传播与保护中,提升民众对身边民间艺术资源的认识和保护力度将带来积极的推动作用。以教育的形式规范和牢固自己的核心价值观,用实际行动从身边做起,做一个传统民族文化的维护者和传承者,深刻认识抛弃传统、丢掉文化之根对民族文化的损害。

因此,把民间艺术民族形象的宣传、教育与培育,与践行社会主义核心价值观进行有机整合,通过对民间艺术的开发与利用,使民间艺术回归民间这片沃土,并以人民群众喜闻乐见的形式进行传播。让人们的价值观根植在民族文化当中,影响着自己的行为,在教育指导下提升对民间艺术资源的认知和保护,使之成为培育和践行社会主义核心价值观最具说服力的"活教材"①,这是当前抓好民间艺术民族形象保护和宣传教育指导工作的重要内容。

二、增强民间艺术传承人及团体的人才队伍建设

从朱仙镇木版年画民间艺术传承人的发展现状来看,人才队伍建设是有效保障民间工艺技术得到传承的重要方式。在朱仙镇,民间艺术传承人和团体队伍建设,经过多年的探索,已经有了一定的发展经验,也取得了一定的进展。这使很多老字号的店铺,以及老工艺传承人有了传接的后备人选。

(一)强化政策落实,为民间艺术传承提供良好环境

党的十七届六中全会明确提出了推动国家文化大发展、大繁荣的队伍建设问题,对民间艺术继承人的队伍建设问题,也提出了具体的指导意见。比如,对民间

---

① 建言改革 献策发展:为民族复兴凝魂聚气[N].人民日报,2014-03-05.

地区的民间艺术继承人进行培养,就要对扎根继承民间艺术的能人进行挖掘和鼓励,同时要积极优化这一群体的成长环境。2013年7月,文化部就地方戏曲的人才队伍建设问题,也出台了《地方戏曲剧种保护与扶持计划实施方案》,明确了未来5年人才培养的具体方式和目标。要在民间地区农村群众中顺利展开民间艺术,就要落实政策,为民间艺术传承提供良好环境。但是,从目前的农村文化活动投资状况来看,民间艺术并没有得到充分的重视,对民间艺术产业建设也没有投入足够的资金,使得民间艺术成为薄弱产业,工艺落后而缺乏时效性,这就意味着政策引导的重要性。国家的政策引导,可以为民间艺术传承工作提供良好的环境,使民间艺术的产业化发展更具有持久性,也更有利于加快民间艺术的产业化建设。例如,在当前发展状况下,随着政府对朱仙镇木版年画保护政策力度的逐步加强,在开封市整体经济发展相对滞后的环境下,朱仙镇木版年画的产业发展也有了一些起色。朱仙镇木版年画所发挥的经济功能,也取得了一些成效。由于政府政策的落实,朱仙镇民间艺术传承人和团体的人才队伍培养建设得到了保障。比如,在传承人的培养方面,他们通过点对点的扶持政策,对传承人进行登记造册,通过数据库建立人才档案,并对人才数据进行挖掘与整理。这体现出了当地政府对传承工作采取的具体措施和行动。

(二) 通过多层次教育来实施人才队伍建设

民间艺术来源于农村传统文化,它的起源地在农村,传承地也在农村。就此而言,民间艺术是农村群众用于消遣的文化形式。如果民间艺术没有融入农村群众的文化生活,那么人们对民间艺术的传承问题也就不会给予高度的重视,当然也不会对民间艺术传承问题给予正确的认识。这就需要通过多层次教育来实施人才队伍建设。目前,掌握着民间艺术的老艺人,是发展人才队伍建设的关键。要对民间艺人开展多层次教育,使其更新传承观念,从时代的角度对民间艺术进行准确定位。民间艺术虽然根植于农村,但是,在艺术建设上却存在诸多的问题。加大人才队伍建设、开展形式多样的民间艺术活动,不仅能丰富人们的文化生活,而且还起到教育和引导作用。

比如朱仙镇,在经历了上百年的兴旺之后,随着社会的变革,朱仙镇木版年画也开始走向衰落,很多依靠木版年画的收入作为生计的村落也逐渐没落。然而,近年来在政府实施人才教育的指导思想下,年轻一代逐渐愿意留下来,留到经济条件相对发展滞后的农村地区。制作木版年画的收入,逐渐地满足了当代年轻人对生活的需求,从而使得相传了上百年的年画技艺,在今天依然可以找到传承人。这打破了朱仙镇木版年画仅停留在祖辈或者父辈的历史僵局,出现了今天仍有后辈愿意继续学习的情况,让有心继续传授的老艺人深感欣慰,使得朱仙镇木版年画这份民间艺术在年轻一代中得以传承。

因此,要改变传承人及传承团体的整体传承局面,就需要通过一系列举措来打破僵局。例如,在高校或者科研院所开设专业课程进行人才培养,也是当前实施人才队伍建设的重要途径之一。高校或者科研院所的研究生大都具有丰富的知识积累,以学术理论和知识层次作为研究基础,较容易快速掌握民间艺术的传承技术。这对于提升高校或者科研院所研究生的传承能力、培养一大批专业人才等具有积极的意义。另外,还可以通过当地民间艺术团体、基层文联、相关艺术协会等渠道来进行人才的培育。并鼓励和支持这些民间艺术团体,通过联合办学、联谊活动、创作学习、学术研讨等方式,来实施人才培育方面的工作。政府给予它们场地、资金、设备、素材等相关支撑,进一步加强艺术团体的培养机制,使其通过提升活动水准来达到对人才的培育要求。

(三) 创新平台模式,丰富传承人和团体的演绎空间

新的时代就会散发出具有时代特点的新的气息。民间艺术的发展要发挥时效性,就离不开民间艺术传承人,也离不开演绎空间。中国新的文化发展态势,促使民间艺术要具有中国特色,符合中国国情,这样民间艺术才能健全并顺利发展。这就需要创新平台模式,丰富传承人和团体的演绎空间,革新对民间艺术的传统创作意识,使民间艺术多样化,并成为对群众健康有益的文化活动。

然而,目前就民间艺术资源的传承,总体而论缺乏一定的展示平台,传承具有地域性和局限性。由于各个地区都有其原汁原味的大型民间艺术表演活动,人们除了在当地进行表演外,似乎没有更多的渠道和平台对外宣传和展示。由此让很多非常杰出的且具有代表性的民族艺术无法获得传播,其传承人也没有得到更好的培养环境,从而造成的后果是很多民间艺术在新时期的经济环境下,却没有得到保护而面临消失的尴尬境地。

因此,适应当地社会发展环境,通过创新平台模式扭转这一局面,从而来丰富传承人和团体的演绎空间,是当前的一项重要工作。通过临时性节日舞台、大型会

馆场所的公众舞台、博物馆展示等平台,很多具有典型特征的民间艺术获得展示的空间。通过这一载体把民间艺术全面地展示在公众面前,体现出了其具有的艺术性、文化性和民俗特点,从而取得了良好的经济效益和社会效益,让继承人获得良好的收益,成为其有效保护的动力,也为后备人才的培育打下基础,让这一技艺后继有人。

例如,在对朱仙镇木版年画的保护过程中,运用创新平台模式,使制作木版年画的原材料通过平台优势吸纳各方之长,加以适时创新,从而使得在保证木版年画色彩及造型不被破坏的前提下,降低生产成本,使收益获得了巨大的提升。与此同时,通过平台交流,朱仙镇木版年画的制作工艺得到了广泛的认可和关注。随后,在揭开年画这幅神秘面纱的同时,朱仙镇得到的是政策对传承人的扶持与帮助。

三、强化民间艺术对民族形象的投入及传播力度

要通过抓好手工艺品制作、动漫、影视、戏剧等的建设和传播工作,来塑造民间艺术的民族形象。在当前,手工艺品、动漫、影视、戏剧等民间艺术产业,已经成为大众消费的重要组成部分。在互联网新媒体时代下,传播技术和渠道进一步完善,为民间艺术民族形象的构建和宣传打下了坚实的基础。

(一)手工艺品制作的投入建设和传播工作

传统手工艺品具有小巧、美观、传统色彩浓厚等特点,加大对传统手工艺品的传播力度,对于提升民间艺术形象具有积极的意义。传统手工艺品蕴涵着丰富和厚重的传统文化内涵,是民间艺术的重要组成部分。传统手工艺品实现了商品的附加值,成为一种具有传统文化意味的商品,迎合了消费者的兴趣和好奇感。抓好手工艺品的制作,就要强化对于那些已经失去了原有"土性"和"灵性"产品的重新塑造①。

随着文化市场的多元化,手工艺品的制作不断得到发展完善。它促使现代手工艺品的生产方式得到改进,同时还呈现出快速发展的趋势。目前,手工艺品制作已经成为中国的新兴产业,在中国的经济发展中占有一席之地。人们对艺术品质的高要求,也使得手工艺品成为当代中国社会发展最为重要的艺术产业之一。在信息时代,手工艺品由传统的手工艺制作,发展到了使用计算机软件制作的年代。

---

① 张岂之.中国传统文化[M].北京:高等教育出版社,2010.

信息时代所衍生的产业很多,包括手工艺品的网络拍卖、艺术传播公司、数字美术教育等。从事手工艺品制作的从业人员也在逐年增多,他们的技术贡献对于该门技艺的传播非常有利。在互联网环境下,互联网与手工艺品相结合既保留了传承制作的工艺,又保留了民族形象的原汁原味。如此一来,不但不会使传统的民族形象被丢失,也将会大大提升民间艺术在市场环境中的发展空间。

(二) 动漫产业的投入建设和传播工作

中国的动漫产业起步较早,已经由新中国成立初期的探索阶段进入今天的蓬勃发展阶段。然而,当中国进入改革开放时期时,中国的动漫产业则进入了缓慢发展期。20世纪八九十年代,国外的动漫产业进入中国市场,使得原本就处于弱势的中国动漫产业受到了冲击。人们通过对所引进的国外动漫产品进行研究和学习,认清了中国动漫产业发展的不足,于是问题的症结变得明晰,推动了中国的动漫产业进入新的发展阶段。

现代的动漫已经不再是传统的手绘图案了,而是使用相应的计算机软件,结合互联网技术辅助绘图。无论是电脑动画CG制作还是漫画手绘,都体现出了科技对动漫产业发展所起到的推动力量。在信息时代,中国动漫通过互联网技术得到广泛传播。同时,动漫产业积极地引进国外先进技术,学习国外的动漫制作经验,还从中国国情出发去尝试各种创新,使得中国动漫在Web3.0时代快速发展起来。随着互联网新媒体时代的到来,动漫产业成为社会消费旺盛和脍炙人口的精神文化产业。动漫产业技术含量高、产业效益大、受众面广、形式多样、内涵丰富,在当代社会拥有非常广泛的接受群体。同时,动漫需要通过影视的形式进行播放,才能体现出其经典性和丰富性。因此,互联网新媒体动漫的实现,为有效传播本土特色文化提供了重要载体。动漫已经成为人们日常精神上的重要食粮,尤其是儿童群体对动漫的需求显得尤为突出。可见,动漫的文化传播价值和精神引导能力,被各国所瞩目。随着经济全球化和人们生活品质的提升,中国动漫产业也得到了长足的发展,动漫作品呈现出了多元化的产业发展模式[①]。从最先的传统木偶、剪纸动画、皮影等表演形式的出现,到当前主要以电视、多媒体等形式走进人们的视听,体现出中国动漫产业化的快速形成与发展。但是,较之日本、美国等动漫产业而言,我

---

① 殷俊.动漫产业与国家软实力[M].北京:中国书籍出版社,2012.

国动漫产业整体发展还不行。中国动漫技术虽然发展快速,但在题材选择、特征培育、艺术表现手法、人物个性、形象塑造、时代精神等方面都还存在着诸多的不足。

目前特别是在形象表达方面,我国的动漫还无法通过特定的人物选取来达到表达民族形象的层面,也无法对外进行广泛宣传推广。那么,抓好民间艺术形象在动漫作品中的呈现,必须强化技术的全面提升,加强作品质量的提升,特别是对民族背景元素的提取和选取,要具有时代引领性和影响力。在人物的塑造上,要重视对民族正气的宣扬。对于富有代表性的民族人物形象,比如家喻户晓的花木兰形象,可以把这个人物形象设计到动漫作品中,把人物所蕴含的传统文化内涵体现出来。从对历史人物形象的挖掘到动漫艺术作品的呈现,通过盘活古代人物形象的鲜明个性,形成具有中华民族鲜明特色的高质量动漫作品,为传播中华民族形象提供有效的载体。

(三)影视产业的投入建设和传播工作

影视产业的投入建设和传播工作,是当前中国创建文化强国战略的重要内容之一。影视作品的对外宣传,不仅可以在国际上真实地还原一段历史,还可以对人们进行爱国主义教育。人们对影视作品的理解是不分国界的,通过影视作品的对外传播,把中国的民族形象传播出去,对中国民间艺术的对外传播具有积极的推动意义。一部好的国产电影或者电视剧,不但可以在本土得到快速热播,受到广泛的欢迎,而且还能成为国际性的影片,被国外观众所接纳。

处于信息时代的今天,中国影视产业的发展已经摆脱了传统循规蹈矩的模式,转变为成熟的文化行业,具有浓重的商业性特点,并发挥着其特有的艺术价值。如今多种基于市场调查结果而制作的影片,可以有效地降低影视产业的投资风险。比如,Web3.0为影视产业带来了新的影视作品展示平台。传统的影视产业对影视艺术的传播,需要依赖票房收入。一直以来,电影的收入都极为单一,然而目前则可以将影片传到互联网上,使用户能够随时随地享受到影视艺术,而且还能够以获得更好收益的独有方式,来宣传影视艺术并获得双赢。因此,通过影视作品的对外传播来积极促进中国民族形象的提升和影响力的传播具有积极的作用。在国外,更多的观众能从文化对外传播的角度,更加深刻地理解中国文化的博大精深,认识中国与人为善的人本观念,使中华民族良好的民族形象被世界人民所接受;让他们能更真切地了解当前中国构建文化强国战略过程中所展示出的民族魅力和时代感染力。进而,有利于我国提升良好的民族形象,展现人文风貌。

(四) 戏剧产业的投入建设和传播工作

戏剧表演艺术，早先在普通大众中具有很高的声望。特别是在农村地区，戏剧演出往往受到人们普遍的欢迎。传统戏剧往往能够深入挖掘深厚的民族内涵，具有突出表现民族形象等功能。然而，现代的舞台环境变化巨大，在硬件上也实现了灯光与舞美的结合。这就要求戏剧表演在传承民族形象的同时，运用数字化技术进一步起到对戏剧民族形象的演绎功能。当前的戏剧大多将数字化技术融入戏剧表演中，使得戏剧舞台上出现了"视觉奇观"与"表演奇观"相结合的景象。互联网的全面兴起，使虚拟数字技术与戏剧产业相结合，中国的戏剧借助新媒介，呈现出新的发展态势。然而，中国戏剧强调传统性，要求传承原汁原味的戏剧艺术。所以，早期的中国戏剧与数字技术的结合，并没有获得显著的成功。随着互联网普及时代的到来，很多老戏剧艺术家开始了观念上的更新。要将中国的传统戏剧传承下去，就要求戏剧结合产业进行发展，力图走戏剧产业的创新发展之路，从而推进传统戏剧的有效传承。因此，借助互联网平台，将戏剧与数字化相融合，就是在保留戏剧原生态技艺的基础上，运用舞台背景，采用数字化技术手段，在美轮美奂的舞台灯光技术下塑造出戏剧人物的完美形象。还可以利用相关的软件技术，把不断变化的戏剧舞台呈现给观众。从而使得中国的戏剧艺术进一步迎合时代，创造出更适合于自身传承的发展空间。

因此，戏剧与互联网的结合，能够更好地对外传播中国的戏剧艺术，起到对中国传统戏剧保护和利用的作用。除此之外，还可以进一步提升国人对民族文化的认同感，让传统戏剧成为塑造良好民族形象的一个核心节点，并让戏剧成为承载民族文化的缩影，成为国人认识民族艺术形象的一个载体。

第四节　民间艺术资源利用的途径

一、民间艺术资源与动漫产业

（一）由于缺乏原创力而影响动漫产业的发展

1. 动漫故事创作普遍缺乏想象力

任何的创作都要具有丰富的想象力，而虚拟性是在画面上才会呈现出来的。

包括空间、地理环境等都无法采用实拍的方式就进行虚拟设计。由于动漫角色的动作以及表情都极为夸张,所以增强了故事的表现力。想象力是动漫创作的源泉,包括非现实的故事、现实生活中的故事需要逻辑性设定,以及角色的性格特点、语言表达等等,都需要有丰富的想象力。目前中国的动漫在创作上普遍想象力不够,动漫故事常常用直白的情节呈现出来,角色的语言表达也缺乏个性,这都使得动漫没有得到受众的认可。

2. 动漫的画面表现力难以符合情节需要

动漫的创作是否成功,与动画的表现形式息息相关。通过设计来展现动画的表现形式,需要考虑多种要素。能够体现出动漫整体效果的恰恰就是画面和乐曲,这两个要素都是围绕着故事情节和角色设计的。

比较世界各国的动漫作品我们发现,日本的动漫作品是被世界所公认的。中国的一些民间故事被拍摄成日本动漫,获得了巨大的成功。从中可以看出,日本创作动漫主题时,善于采用中国的民间故事,这显然是他们对中国传统文化进行了深入的解构,然后将其渗入日本文化当中,由此足可以说明日本动画已经走向了成熟。比如,中国四大名著之一《西游记》,日本根据其中的部分内容创作了动漫作品《孙悟空物语》;手冢治虫(1952)则将《西游记》中的铁扇公主部分内容创作为动漫作品《铁扇公主》。此外,日本人尊重本土文化,在动画创作中将民间艺术元素用于动漫创作的文本之中。比如,宫崎骏的动漫作品《千与千寻》(2001),容纳了很多日本民间艺术元素,包括日本不同社会时期各具风格的建筑、传统服饰、绘画艺术,等等。该动画片,运用写实的手法将日本的本土文化呈现出来,对受众极具吸引力。日本的动漫创作对画面要求是非常高的,通过精美的画面将剧情很好地表现出来。

对于动漫创作而言,想象力是灵魂。只有在动漫创作中充分地调动想象力,才能够使故事内容有血有肉,更为丰富,让受众感受到故事中所塑造出的一切都是真实可信的。但是,中国动漫创作,能够独立完成的原创作品依然很少,让受众感到意犹未尽的动画片数量更是少之又少,严重影响了与动漫相关的文化产业的发展。动漫文化产业在国内发展滞缓,动漫市场的品牌形象难以树立起来,这些都是由中国动漫创作原创能力不足所导致的。

(二)将民间艺术用于动漫创作中

然而,中国动漫界正在着力于对本土文化的挖掘,以创造出本土文化浓厚的动漫产品。将民间艺术资源充分地利用起来,就要深入研究民间的艺术资源,通过发挥丰富的想象力,将民间艺术资源作为动漫创作的重要元素①。中国的一些地区民间艺术丰富,通过搜集这些题材融入动画创作中,以实现中国动漫的创新。但是,要将民间艺术与动漫有效结合,就要采取从时代审美的角度出发,分析如何做才能够提高动漫的可视性,对受众具有吸引力。

比如,朱仙镇木版年画是充满喜庆的民间艺术。创作动漫作品时,将朱仙镇木版年画艺术融入其中。在朱仙镇木版年画动漫中,融朱仙镇木版年画艺术的趣味性和装饰性于一体,形成独具特点的动漫艺术。把民间艺术元素充分融入动漫中,透过民间艺术造型设计,就可以将人们心目中美好的愿望和追求,在动漫创作中采用诙谐幽默的方式展现出来。

民间艺术更为贴近人们的生活实际,是人们的精神财富,发挥着调节情绪的作用。在"中国风"的促动下,民间艺术更加充满生机与活力。例如,就朱仙镇木版年画的创作艺术风格而论,朱仙镇木版年画的艺术造型特色以线条粗犷、色彩艳丽、结构对称而著称。在动漫作品中运用美术元素,来设计动漫角色的人物造型,能够展现出细腻生动的画面视觉效果。动漫片结合朱仙镇木版年画民间艺术元素,可以给动漫片增添许多的活力,同时也是对中国传统的朱仙镇木版年画风格的有效传承。处于计算机信息技术时代的今天,新媒体数字化技术被用于动漫艺术的创作中。动漫作品中角色的表情经过数字化技术的处理后,显得更为丰富,且符合动漫角色的情感表达。在动漫制作中的用色塑造上,运用民间美术元素,使得人物形象简单而达意。如此制作出的动漫将会给观众带来强烈的视觉冲击力。另外,在动漫人物造型、服装服饰、人物道具以及人物角色动作的设定等方面,都可以将民间艺术元素深入其中,从而使得富有现代感的动漫作品中,饱含着浓郁的传统民间艺术韵味。

(三) 动画创作中民间艺术元素的应用

在动漫片的创作中,民间艺术元素的应用涉及取材、画面、音乐等诸多方面。动漫片也可以运用民间故事中的传说来吸引观众。例如,动漫片《骄傲的将军》运用了大量的民族民间传统元素,尤其是将古代的绘画、雕塑以及建筑等元素,用于

---

① 吴乃群.试论中国动画"民族化"的传承与发展[D].哈尔滨:哈尔滨理工大学,2012.

动漫艺术的创作中。值得一提的是《骄傲的将军》中人物的造型设计,引入了中国京剧艺术的造型手法,进而表现出将军的豪迈与傲慢。设想如果将朱仙镇木版年画的精美画风,注入《骄傲的将军》动漫作品中,以其画风来装饰将军的服饰,这一设计艺术手法必将给朱仙镇木版年画的有效传承带来更大的发展契机。通过画线描的形式表现《骄傲的将军》简约而灵动的造型特征,一方面实现了民间艺术与动漫的有效融合,另一方面还推进了中国民间艺术的传承发展。

可见,将民间艺术与动漫相结合,并不在于故事的选材,而在于故事画面以及情节的处理。一部成功的动漫作品,需要在保留民间艺术元素的同时,做到大胆取舍,且故事情节要符合当代人的审美需求。这是对民间艺术的二次创作,以动漫的形式呈现了出来。新的故事需要剧情丰满且故事脉络清晰,让观众从主观的角度对故事情节以及故事中的人物进行判断,以获得情感上的共鸣,从而使动漫作品达到寓教于乐的效果。

民间艺术源于人们的生产生活实践,主要是为了满足社会生活需要而创造出的艺术。中国动漫作为一门综合艺术,借鉴了民间美术元素,创作了具有浓郁的中国传统文化特点的动漫作品。"中国风"的兴起,使民间美术元素在中国动漫创作中被广泛应用,大量"中国风"浓郁的动漫作品于是被创作出来[①]。

二、民间艺术资源与影视产业

(一)影视化产业创新的新格局

当前,能够体现民族形象的民间艺术影视剧目,走产业发展的道路有利于观众正面、客观、直观地了解当地的人文情怀和乡土风情。影视剧目与动漫片的根本不同点就是,影视剧目所展现出的人物形象更为鲜明和具体。它以真实演员的形式再现背景环境,毫不夸张地通过演员的表演艺术,呈现出良好的人物主体形象,并带给观众全新的审美理念。这一宽宏而内容丰富的表现形式,可以提升各国对中华民族艺术特质的关注度,使他们更全面地接触到一个真实的中国声音和中国形象。通过影视剧目的播放手段,以艺术与现实相结合的手法,全面展示特定的时代或者特定的历史背景中鲜活的人物形象带来的真实生活画面,让人有身临其境之

---

① 李宁.整合营销成今年艺术品市场新亮点[N].大众日报,2013-10-10.

感,进一步凸显出具有中国文化特色的人文内涵①。

　　比如,当前热播的 3D 动画电影《小门神》,被认为是继《西游记之大圣归来》之后又一部国产动画的良心之作。更难得的是《小门神》中加入了诸多中国传统文化的美学元素。《小门神》的背景画面中充斥着很多美学的元素,这些美学元素大多为中国传统文化中的门神符号,这让很多观众重新认识了从历史中走来的神仙、土地爷、八仙等神话人物。在导演王微的指导、策划下,这部电影无疑让大众重新关注到了当前正在失落的民间美术中的很多艺术元素,带给了观众更多的视听和心灵触动。电影中展现出来的南浔古镇,与朱仙镇似乎有很多相似之处,不由让人想起朱仙镇木版年画美术元素的古风古韵。影片里的古建筑、石板人家、古旧的建筑被一一展现了出来。中国传统文化的古韵风情,在观众心中留下深刻的印象,激发了人们对传统文化的深切热爱。影片中南浔古镇的展现,对当前古镇村落起到了一定的宣传和保护作用。河南的朱仙镇、湖北的汉口镇、江西的景德镇以及广东的佛山镇乃是中国的四大名镇,对这些名镇加以保护利用,将有着深远的意义。如今河南开封朱仙镇木版年画的保护和开发,对中国民间艺术资源的传承与发展,具有积极的推动作用。

　　《西游记之大圣归来》《捉妖记》通过 Web3.0 新媒体技术的推广,已经成为当前的热门作品。《西游记之大圣归来》是根据中国四大名著之一的《西游记》改编而来,这部扩展拍摄的 3D 动画影片,将中国传统的民族文化元素融入其中,使得影片的画面更具有震撼力与质感。观众可以清晰地发现影片中的人物,即土地公公、傻丫头以及主人公江流儿等人物的瞳孔大于平均值,这使得画面的成效感更强,人物面部表情更丰富逼真,也更接近于真实美。《西游记之大圣归来》影片结尾处,充分运用了对人物的造型设计来突出动态演绎的手法,巧妙地采用了诸如夸张的构图来进行对人物的展现。例如,在孙悟空悟到了佛念的那一刻,在他变身之际四周坚硬的磐石都统统地化为了他的盔甲,随之而来的是在其身后蔓延开了一条火焰闪闪的犹如披风的背景画面等特写,由此来勾勒出孙悟空法力的瞬间回归。与此同时,异曲同工之妙也在于他的外在形象的变换,也渲染出了在江流儿"死后",其形象展现出来的极度懊恼愤怒之情! 这是我国影视成功塑造人物形象的典型范例,

---

　　①　王海辉.民族元素在影视动画创作中的运用[J].艺术科技,2014(3):103.

充分展现出我国影视产业目前发展的勇猛态势。

值得一提的是,另一部中国原创影视作品《捉妖记》的创新,它一改中国传统影视剧目的套路,以轻松诙谐的方式传达出老题材却富有新意。其创新点主要体现在影像成像技术的创新层面上。此处的影像创新,绝不是传统意义上的通过各种技术手段的运用,或是通过视听革新等给观众带来的震撼感,而是采用全新的影像技术,使得影像故事内容得以充分表达。导演通过多层面、多角度、全方位增添电影的视听成像效果,从而使电影更加符合大众的多维审美需求。《捉妖记》的互联网思维,首先体现在其一定的 IP 转换性上。影片《捉妖记》运用互联网思维,呈现出新的创意主旨,即影视艺术表现力的彰显,以及人物个性的展现。其创新之处集中表现在对影片新的影像元素的融合过程中。导演塑造出了全新的动漫人物形象,通过"小妖们"的对话、歌唱、舞蹈等表达形式,丰富了人物的内在情感与外在表现;生动逼真的立体成像效果,使观众似乎可以触碰到他们的内心所思。"小妖们"虽是不同于人类的生命个体,但是并没有使人感到恐惧或是生厌,反而憨态可掬,令人心生怜悯之情!此剧是非纯粹动漫片,它将演员的真人形象与动漫的虚拟形象,通过合成技术进行完美的有机结合,从而达到了影视产业创新的全新格局。

(二)影视化产业创新的互联网发展前景

互联网将电影带入新的发展领域,使得电影市场处于多元化的环境之中。影视行业与互联网合作,加快了影视行业通过网络传播信息的速度。互联网对外快速传播电影讯息的同时,还能够接受国外大量的影视作品信息,并与国内影视进行信息间的交互和反馈。电影不再是单向的文化传播,而是呈现出互动式的文化交流态势,即电影的创作要体现其艺术性的同时,还要对用户需求进行实时追踪,制作出能够使用户受益的影片。观众通过对影片的观看,能够感受到本国文化或者异国风情带来的强烈文化氛围。互联网对影视传播的介入,吸引了更多的观众参与到"互联网+"影视的观赏体验中。创新后的影视作品恰恰体现了传统文化在广大观众心目中所具有的新的价值定位。互联网影视作品的成功运作,也说明了中国的民族形象具有时代影响力,为中国影视剧目的产业化发展创造了条件。影视剧目民族形象的成功塑造,是一个国家构建文化强国战略的重要标志,也是不断丰富和完善人们精神文化需求的重要目标之一。随着互联网的健康有序发展,近年来我国的影视剧目,不断地涌现出了一批具有新时代代表性的精品力作。因此,在影视形象塑造工程上，我们必须要立足于社会主义文化强国发展战略，结合时代发展和人们对影视艺术的精神需求，努力提升影视艺术作品的内涵并突出时代主题，在作品剧本、形象设计、场景选择等方面，继续努力苦下功夫。通过打造一批具有代表性的影视剧目，形成产业化运作模式，来提升影视艺术产品的总体层次和对外传播能力，是当前我国文化走出去的重要内容之一。诚然，具有良好民族形象的影视作品，可以增强观众对影视剧"本土文化"的深刻认知和全面解析，并形成对历史记忆的深层理解和对未来的美好期许。

中国影视剧目以产业化的形式走出国门，在国外观众面前展现出了中华民族优秀灿烂的文明史。影视剧能够成功对外传播中华民族精神的特质，正是通过互联网这一传播手段，让国外观众认识了一个全新的中国形象。从而有利于纠正一些别有用心的外国媒体对中国形象的玷污和不良报道，进而可以成功树立中国在国际社会中的正面形象[①]。这也是对各种不良声音的最有效反击，让更多的人接触中国文化并理解中国文化，融入中华悠久灿烂文化的交流中来。相反，如果只为提升短期内的收视率，而在影片制作中不顾及中国形象，在影片中大量宣传有损于中国形象的题材，比如中国古代封建制度的各种争战、刻画宫廷官员生活的奢靡、各种封建腐朽迷信思想，等等，都不利于对中国良好形象的树立。这种对中国形象对外传播的负面宣传题材，会给国外观众带来中国历史文化具有罪恶和恐怖的错觉感。从主观意识层面给那些不了解中国文化的外国友人套上一个中国"好战"和中国"不太平"等负面形象的外衣，使他们对中国产生恐惧感，从而对那些传播中国"威胁论"的声音也信以为真。这会损坏中国的民族形象，给国家带来不利的负面影响，不利于中国正面形象的传播，其后果也是极为严重的。

因此，通过制作好的影视剧目塑造中国民族形象，不仅可以增强影视剧目的产业创新能力，还可以提升中国的国际地位。对那些能体现中国良好道德风尚、能从中感受到中华人文魅力、能给予国人审美价值认知、能培育国人文化自觉的优秀传统艺术，运用影视产业化发展模式，从而实现中国民族形象走向国际的开放发展格局。优秀的影视艺术作品，可以起到对外宣传和维护国家良好形象、树立民族文化尊严的作用。影视以产业化的方式对外传播，使中国的传统文化走出国门，让国际

---

① 刘晔原,郑璇玉.影视剧民族元素的运用和文化形象的思考[N].中国艺术报,2012-04-13.

社会看到正面的、富有历史厚重感的中国形象。并使国际友人感受到一个古老民族真实的人文品格、良好的社会风气和对真理价值的不懈追求。通过影视剧目来提升中华民族的形象,有利于提升我国的文化软实力,树立好中国在国际社会中的良好形象,为中国的文化强国建设打下坚实的基础。

三、民间艺术资源与工艺美术品产业

具有民间艺术民族形象的工艺美术品,其传承与制作的产业化,体现了当前民间艺术品牌形象塑造的重要方式。随着文化市场的多元化,手工艺品制作得到不断完善,它促使现代工艺美术产品的生产方式得以升级,同时还呈现出多元化发展的趋势。目前,手工艺品制作已经成为中国的新兴产业,在中国的经济发展中占有一席之地。

(一)旅游产业的带动与提升

随着中国文化旅游产业的发展,人们对旅游景点的工艺美术品关注度越来越高。在当前的旅游景点,工艺美术品发挥着宣传旅游区域的效应。将具有民间艺术形象的工艺美术品的制作融入文化旅游产业中,使之成为文化旅游纪念品,可以使民间艺术在产业化发展进程中得到保护和传承。此时的旅游纪念品既具有对外宣传功能,同时也代表了当地民间艺术民族形象的整体元素。通过把民族艺术形象植入工艺美术品中,不仅可以促进工艺美术品的传承,还可以促进工艺美术品的产业化发展,即产业化使其得到保护和传承。以朱仙镇木版年画工艺美术品的发展为例,去朱仙镇旅游的人都可以买到非常精美漂亮的年画工艺美术品,比如室内的各种摆饰,具有民族风情的挂坠、饰环,还有各种带有朱仙镇木版年画图案的工艺美术品。这对朱仙镇木版年画工艺美术品的传承工作都具有重要的宣传效应。

传承与发展民间工艺美术品的工作,是当前我国保护和利用民间艺术资源的一项重要组成部分。民间工艺美术品造型多样,内涵丰富,做工精细,体现出了中国传统艺术的美学特征。民间工艺美术品的传承和制作实现产业化,走市场发展渠道,将有利于实现在社会大众中的理想消费体验,使受众深刻体会到中华民族文化的博大精深。在民间工艺美术品中全面展示我国的民族形象,不仅能使当前社会发展过程中正在逐渐减少的民间工艺美术品得到社会的广泛认可,也有利于优秀的民间工艺美术精品得到有效的保护和传承。

在工艺美术品产业化的发展过程中，人们除了追求经济效益外，也积极关注民间工艺品中所包含的民间艺术形象的体现，这对于传播好中国故事、提升中国形象等都具有积极的作用和深远的意义。在当前中国弘扬传统文化、提升文化自信的文化战略背景下，工艺美术品作为民间艺术的重要组成部分承担着重要的角色，并对中国民族形象的提升起到了积极的推动作用。

(二) 政策支持与法律保障

工艺美术品如果要实现产业化发展路径，政府就势必要加强政策的支撑和完善配套设施，采取立法定位、宣传普及等具体措施。与此同时，还要强化对工艺美术传承人的培育工作，切误认为工艺美术品进入企业化大生产后，传承工作就失去了意义。对工艺美术品的开发，要注重对民间艺术的深刻理解和研究，把握对其核心文化元素的提取，避免对民间艺术资源的不良定位，或者走上模仿性的低层次开发道路，目的就是为了提升产品的品牌价值，杜绝雷同产品或者是无中生有的"伪民俗"产品的出现。"伪民俗"产品一旦出现不仅会给我国的民族形象带来严重损坏，也会影响对民间艺术资源的开发[①]。只有通过培养工艺传承人的方式，掌握工艺核心技术的大师才能够获得宽松的传承环境，实现技术的代代相传，优秀的民族核心文化元素才能得以发扬。如此一来，不仅可以杜绝一些不法分子对民间工艺美术作品的胡乱编造、自行模仿等不良行为的发生，还可以从根本上根除一些为了制造声势而事实不存在的民俗文化哗众取宠的乱象。当人们的工艺技术无法得到传承的时候，那些在工艺制作中出现的不良行为就会大行其道，严重干扰市场的正常运作，不利于民族形象的建设和文化的对外传播。

因此，工艺美术品的制作与传承，一定要避免庸俗化的产品设计，避免那些不利于民族形象传播的产品，一经发现要及时制止。把那些产品形象不雅观、文化格调和品位不高、艺术生命力表现不强的作品，列入严禁生产的范围。与此同时，还要避免那些掠夺式的开发策略，不以消失一种民间艺术，来作为产业发展的代价进行掠夺式的开发。因一部分工艺美术作品，由于多方原因不具备产业化开发的条件，如果它离开原本的生存土壤和发展环境，就会失去原初的艺术精神。所以，如果只注重经济效益而忽视民间艺术的质朴风格和地域特色等，一味地进行强制性

---

① 周挺. 云南省民族民间工艺品产业化问题研究[D]. 昆明：昆明理工大学，2008.

的开发,必将直接导致民间艺术产品失去原生态的生存环境,也将丧失赖以生存和传承的文化价值和开发意义。这是对一种绝版的民间艺术资源的无情摧残。

四、民间艺术资源与戏剧产业

中国戏曲是一门"活着的古老艺术"。在戏曲的对外传播过程中展现出中华民族的形象,走戏剧的产业化发展之路,是我国当前实施文化强国战略的重要组成部分。戏曲的表现方式具有传统性和历史性,其传承时间久远,是中华民族悠久文化的重要代表。中国的戏曲剧种繁多,不论是我们熟悉的京剧还是昆剧,各地的剧种都有着当地人民熟知的唱腔,在民众当中具有很强的知名度,并受到广泛的欢迎。戏剧走产业发展道路,可以较好地对我国的民族文化进行对外传播,还可以增强人们对民族文化的认同和宣传。

(一)戏曲中豫剧演员人物形象及服饰设计

从古至今,服饰文化都是人类文明进程中不可或缺的重要组成部分。服饰作为人类文明进程中的一个载体,为中华民族的传统文化增添了许多绚烂的色彩。中国传统的民族服饰,更是积淀了不同历史文化时期的艺术精华。人们依据生活习惯,在服饰设计图案上,巧妙地吸纳和运用了历朝历代来自大自然和人类生活息息相关的、各类不同寓意的图案纹样。如此将各种民间艺术元素既和谐而又生动地应用在服饰设计上,尽显民族服饰的古风古韵!

当前,戏曲演员的服饰具有很强的传统艺术性和民俗特色。作为中国传统戏曲艺术代表之一的豫剧,在给人们的精神文明生活增添无限艺术色彩的同时,通过戏曲的曲风曲调,给观众带来了美的享受。豫剧演员的人物形象及服饰设计大多运用了"中国风"的元素,使戏曲服饰在造型构图上遵循了中国传统文化的审美与情趣。比如,豫剧的戏服上常见有龙凤呈祥、花草树木等图案。如果将朱仙镇木版年画的图案内容镶缀在豫剧的戏服上,可以有效体现年画艺术与传统戏曲元素的完美融合。戏曲是中国传统文化的重要组成部分,戏曲演员的演唱表演风格再加上舞台服饰的装点呈现,将戏曲艺术的文化氛围烘托得淋漓尽致。如此,不仅可以有效传承戏曲民间艺术,还为戏曲产业的发展增添了许多动力。在当前经济环境下,通过戏曲表演的对外传播方式,把中国的对外形象成功地展现了出来,戏剧产业的发展也出现了蓬勃的生机与活力。

（二）戏剧产业发展对中国民族形象的传承作用

为推动濒危剧种的"活态"保护，在保护方式上我们需要将戏曲引入市场竞争与产业发展模式中，并与当地戏曲文化结合起来，使其原生态的艺术生命力得以"原汁原味"地被保存下来。随着戏曲艺术走出国门，戏剧产业的发展则显得尤为重要。近年来，中国戏曲的对外传播越来越频繁，对中国民族形象的宣传起到了一定的作用，这正是戏剧产业发展的生命力所在。目前，越来越多的国外观众在接触到中国戏曲艺术之后，都被中国戏曲带给观众的感染力所震撼。从中国戏曲的舞台表演风格及灯光舞台效果来看，那些充满了"中国风"元素的戏曲，令国外戏剧观众啧啧称奇。中国戏曲的"中国风"元素是国外戏剧史上所不多见的。中国戏曲代表了中国的民族形象，是了解中国文化的重要窗口。在中国戏曲历史上，戏曲曾作为优秀的文化形式走出国门，受到国际的广泛赞誉。例如，英若诚先生在"文革"结束后，便将老舍的《茶馆》翻译成英文在国外出版，而之后英若诚随曹禺远赴英国对外交流，又一次将中国戏曲远播到了英国，为中外戏曲的交流和发展做出了巨大贡献。中国戏曲走出去，不仅可以吸纳国外优秀戏剧的成功经验，还能促进中国戏曲的对外传播。由此我们可以看出，中国戏剧产业发展过程中，中国形象力的增强，不仅依赖于"中国风"元素的感染力，还依赖于中国戏曲与国际间的交流与合作。因此，我们不仅可以将中国戏曲推向世界，在此过程中，还可以在国际社会中树立中国的民族形象，促进中国戏曲的更好发展。中国戏曲的产业化，是当前民间艺术资源开发的重要形式。戏曲的抽象性和艺术性，可以很好地把当地传统艺术元素进行有效的整合。无论服装、人文精神、人物个性、故事内容等，都可以通过戏曲的表演形式进行很好的体现。

第四章
民间艺术产业品牌的建构

第一节 民间艺术品牌形象塑造的可行性分析

一、挖掘民间艺术品牌的潜在价值

(一)民间艺术品牌依托民族情感提升品牌影响力

很多民间艺术品已经被列入非物质文化遗产名录。这些从民间传承下来的手工艺品,是民间艺人用传统技艺制作出来的,其中充满着民族情感。要使民间艺术以较好的方式进行传承和发展,就要对消费受众进行分析,以确保这些民间技艺能够顺利地被传承下去。民间艺术品牌的建立依托于人们的民族情感,如果一件艺术品具有广泛的消费受众,将有利于提升其品牌影响力。民间艺术品牌的特点,表现出民间艺术的人文内涵和文化精神,具有历史传承特性,也与人们的价值观念特性不谋而合。

当前"老字号"品牌之所以容易受到消费者的广泛认同,完全是基于其历史文化传承价值和技艺的一脉相传。如朱仙镇木版年画著名的品牌有晋泰永、天义德、万同、万通、曹家、天成、万和、永盛祥等传统"老字号"。这些"老字号"的年画艺术品牌,结合了人们的日常生活需求,因此具有广泛的消费市场。朱仙镇木版年画有着颇高的审美价值、文化内涵、精神依托等,或富有历史典故之精神,或者附带有宗教感情之色彩,等等。这类品牌伴随大众的记忆走来,社会评价度好、负面影响低,在大众的关爱下一直发展到今天。此类较为知名的民间艺术品牌经过多年的发展,已经拥有了厚重的人文历史,也在市场消费过程中培育出了良好的品牌形象,为广大消费者所认同,这是值得其他民间艺术品牌效仿和学习的。民间艺术品牌依托当前的发展环境和人们的消费认知,可以形成良好的社会效益和经济效益,这是民间艺术品牌潜在价值的重要体现。

(二)民间艺术品牌与民族形象紧密结合成为重要元素

民间艺术品牌与民族形象的紧密结合,体现出了传统文化的博大精深,并逐渐成为对外文化交流的重要元素。按照传统的模式,民间艺术具有民族性和地域性的特点,传承的方法大多是师傅带徒弟,或者是父子相传。然而,这些传承方式都难以形成较大的规模,也不利于产业化的发展。要使民间艺术品自身能够创造出财富,就要将其潜在的商业价值挖掘出来,这就需要对民间艺术的种类以及艺术的形态进行分类。民间艺术品可以分为具有欣赏价值的民间艺术品和具有实用价值的民间艺术品。具有欣赏价值的民间艺术品与民间艺人的技艺有着必然联系,技艺高超的民间艺人所制作出来的民间艺术品,必然会具有较高的欣赏价值,体现为对艺术品文化性和艺术性的价值开发,以获得经济价值;具有实用价值的民间艺术品,民间艺人必然会从艺术品的实用性角度进行设计,以创意性为出发点来突出其经济价值。

目前,民间艺术品牌俨然代表了一个国家的文化形象,成为国家经济社会建设的重要发展要素。上升到国家文化战略资源的高度,民间艺术品牌则蕴涵着巨大的潜在商业价值和社会价值,并逐渐成为国家文化建设的瑰宝,必将为国家的文化建设做出贡献。随着民间艺术品牌的进一步推广,未来它或许可以成为传统文化教育的活教材。

(三) 民间艺术品牌是形成社会主义核心价值观的灵魂

一个成功的民间艺术品牌形象的形成和塑造,凝聚着中华民族的智慧,是民族精神的结晶。分析民间艺术品牌所具有的潜在价值,就要从民间艺术品的民族性出发,使其品牌形象成为社会主义核心价值观的灵魂所在。中国绝大多数的民间艺术品牌形象,都普遍具有一个共同的特点,那就是包容了五千年中华民族的精神,并为当前社会主义核心价值观的教育提供活本教材,把历史人文故事以民间艺术品的形式,鲜活地展示出来,强化人们对民族的认同感,提升着人们的文化自信。

(四) 民间艺术品牌对文化产业链的发展具有潜在的促进作用

民间艺术品的潜在价值在于其文化内涵,通过赋予民间艺术品以时代价值,让民间艺术在保留传统技艺的基础上,实现新时代所赋予的内容和形式上的创新,从而使民间艺术品拥有更广阔的发展市场。通过深入挖掘民间艺术的文化内涵,以提高民间艺术自身的吸引力[①]。民间艺术走产业发展之路,可以将艺术产业的产业链构建起来,以民间艺术的服务化转向为出发点,运用可以发挥品牌效应的民间艺术产品,启动诸如私人定制服务的更多应用性功能。比如,通过搭建网络平台,将

---

① 刘昂.山东民间艺术产业的品牌建设[J].中共济南市委党校学报,2011(3):24-26.

手工艺品的传统技法融合到现代工艺中,使创作出的手工艺品更具民俗特色,更符合人们所处时代的审美观,激发出品牌优势,让传统手工艺在艺术市场中的发展更为活跃。

例如,在旅游业的发展中,如果某个地区具有一项著名的民间艺术品牌的艺术产品,那么该地区就会很快吸引到众多游客的眼球,并且也会有利于当地旅游资源的开发,对推动民间艺术企业的发展等都具有积极的意义。比如著名的民间艺术——潍坊风筝,它给潍坊的旅游、经济、文化、城市建设带来的品牌效益是巨大的,而且还可能在招商引资、城市文化发展、民间艺术造型等方面具有潜在商业价值①。民间艺术品牌对提升当地旅游产品的影响力、改善旅游业态发展具有促进作用,同时还有可能因为民间艺术品牌所具有的价值,给当地文化产业的发展带来良好的经济效益。所有的这些都体现了民间艺术品牌给文化产业链发展带来的潜在价值机遇。

二、民间艺术品牌形象塑造在市场竞争中的作用

(一)有利于产品的市场推广,提高产品知名度

民间艺术品牌形象的塑造,有利于提高民众的认同度,并合理发挥品牌形象的号召力。民间艺术产品的最大吸引力在于其原发性的文化价值和艺术价值。民间艺术产品进入市场参与竞争,就要从消费群体的角度出发,充分满足消费者的意愿,这也是民间艺术产品进入生产环节和流通环节的核心要素。比如,歌舞、戏曲等的剧场营销,都要对消费者的需求进行分析,了解消费者的心理,从而能够满足消费者的审美需求。民间艺人还可以将泥塑、面塑等民间艺术产品在各种展会上销售,与消费者近距离沟通。一方面能够直销民间艺术品,另一方面能够充分了解消费者的审美观念,以使民间工艺品能够满足消费者的消费意愿。采用这种方式有利于民间艺术品牌形象的塑造,有利于提升民间艺术品的品牌效应,以体现民间艺术品牌在市场竞争中的优势。

塑造民间艺术品牌形象,有利于产品的市场推广,有利于提高产品的知名度和美誉度。当前市场上民间艺术产品很多,但真正树立了品牌形象的却并不多,更多

---

① 徐鑫.民俗文化的艺术价值及其影响——论潍坊风筝的品牌效应[D].济南:山东大学,2011.

的民间艺术产品行走在普通市场上,大同小异,没有更多的卖点。而且一个地方的很多民间艺术产品在结构方面都存在相似性。更多的则是跟风,看到周围的类似产品较为漂亮,包装被消费者认可,或者更具市场卖点,于是跟风模仿。一个成功的产业品牌,一旦形成了自身的产业品牌形象后,在市场上就会收获良好的品牌效应。产品拓展了消费市场的同时,因消费者增多,好的口碑无疑会提升产品的美誉度和知名度,反过来也自然会促进消费者购买力的提升。在当前市场竞争异常激烈的环境下,产业品牌的市场竞争能力将得到有效提升。

(二) 有利于产业化发展

良好的民间艺术品牌形象,可以在市场上吸引更多的消费者,还具有稳定消费渠道的效果。品牌产品具备了良好的知名度和市场销路,也已经有了一定规模且忠诚的消费者,这为产品打开市场打下了基础。这些都有利于形成产业化、规模化的企业。民间艺术品牌形象的塑造,不仅在销售和购买之间建立了良好的商贸关系,还走上了产业化发展道路,使产品开发和更新模式加快。随之而来的是,更多的资金和技术投入产品的研发,开发能力的增强强化了产品的市场竞争能力。

(三) 有利于提升民族形象和增强国家文化软实力

民间艺术品一旦形成了品牌,其良好的产品形象代表的则是一个国家的民族形象。民间艺术品牌的塑造,通过构建一系列民间艺术知名品牌,在国内外形成巨大的市场影响力和知名度,直接参与对外文化交流,也从思想认知上影响了人们的审美价值和道德风尚,有利于提升人们的民族自豪感和文化自信。同时,也提升了我国民间艺术的生命力和传播能力,并形成巨大的影响力和感知力。以此推进社会主义核心价值观的形成,夯实了国家文化软实力的根基,对提升我国的国际话语权具有积极的推动作用①。

三、民间艺术发展的 SWOT 可行性分析

(一) 优势(Strengths)

当前,我国的民间艺术正处于良好的发展环境之中,一个好的环境必将推动民

---

① 习近平总书记在主持中央政治局 2013 年第十二次集体学习时的讲话.

间艺术稳步地传承与发展。在国家文化强国战略背景下,一个有利的政策环境,也为文化产业的快速发展提供了保障。同时,新媒体时代的到来,为我国民间艺术资源获得有效的开发,从而打造出一大批著名的品牌,提供了广阔的发展空间。这对提升我国文化软实力具有积极的意义,也对民间艺术资源的开发起到了快速的推进作用。其优势是使民间艺术资源得到更好的保护与传承,这是民间艺术发展的有利因素。主要体现如下:

1. 符合当前文化强国建设战略需求

要将民间艺术的传承工作纳入产业化发展的战略之中,并发挥民族文化的品牌效应,就要使其符合当前文化强国建设战略的需求。我们应当注重推进国家文化软实力建设中对民间艺术的积极应用效应,并带动民间艺术扩大其发展的领域。当前,我国正处在构建文化强国战略并努力实施推进的关键之年,全国上下万众一心,在党中央构建文化强国建设战略的精神指导下,各项文化建设工作正在快速有序地推进。我国民间艺术的发展,得到了国家文化发展战略的积极支持,这对推进民间艺术工作起到了至关重要的作用。民间艺术的发展,是一个长期的过程。其具有维持时间久、资金投入大、涉及相关配套项目多、开发模式相对复杂等特点,还涉及对民间艺术的保护、传承和人才培育等方面的一系列问题。而所有的这些核心要素,如果没有国家文化战略的政策支持,都是无法顺利开发和完成的。所以,国家构建文化强国战略,需要对民间艺术进行全面的保护与开发,以促进国家文化强国战略的顺利实施。

2. 民间艺术品牌传播有了一定的技术保障

在当前"互联网+"时代背景下,品牌传播途径已经实现了多元化,农村地区的传播渠道也获得了改善。民间艺术的发展,需要有足够的新媒体传播技术作为其后盾,而新媒体环境为其发展提供了技术支持,并为其后期宣传和营销提供了保障。无论是当前民间艺术资源的开发,还是产业化发展的快速推进,以及民间艺术品牌的构建与形成,均需要顺应当前经济发展和新媒体时代的市场需求。也就是说,民间艺术传播,需要传统渠道和新媒体渠道的双重技术保障。我国经济社会快速发展的当前,已经具备了良好的传播媒体介质,为民间艺术发展奠定了技术保障。无论是开发,还是保护,以及产品品牌的塑造等,民间艺术品牌传播都有了相应的技术保障,从而必将提升人们对民间艺术传承的能力。

3. 挖掘、保护、开发具备较为成熟的工作思路

我国对民间艺术资源的开发已经经历了较长的一段历史时期,随着人们研究实践能力的逐步增强,在对民间艺术资源的开发过程中也积累出了一定的成果。这为当前"互联网+民间艺术"的开发和保护工作打下了坚实的基础。民间艺术资源的开发和保护需要依托当前互联网发展环境,通过互联网巨大的专业性平台,才能积极发挥出资源的整合效应,并进一步推动文化工程建设工作。对其进行开发涉及诸多的环节,有专家学者对开发工作进行了前期论证指出,需要得到气象、水文、国土、勘察等相关部门的积极支持,而且还要有相关设备的导入和学术研讨。当前条件下,我国已具备了对民间艺术资源的进行深度开发的条件。在学术交流和后期数字化保护等方面,我国也已经积累了较为完善的相关技术条件。

4. 文化产业的兴起,为推广民间艺术产品提供发展路径

民间艺术的发展,以艺术产品的流通作为其重要的表现方式。当前,文化产业已经实现了快速的发展。随着旅游资源的配套开发,民间艺术资源的产业化态势得以形成,市场利润进一步提升。人们对艺术品消费的持续攀升,提升了艺术产品的市场容量和发展动力,也加快了民间艺术产业的快速发展。同时,当前很多艺术产品从家庭作坊式生产转变成企业批量化生产,也充分说明了文化产业发展具备了良好的发展环境。文化产业在国家政策的支持下,获得了蓬勃的发展。很多具有代表性的民间艺术产品,已经进入了产业化的发展模式。特别是当前旅游产业快速发展,人们通过结合对民间艺术资源的有效开发和利用,从而推出具有地方特色的旅游产品,这让很多民间艺术产品也获得了同步发展。所有这些发展路径将为民间艺术的传承提供有利的环境。

(二) 劣势(Weaknesses)

当前人们在对我国民间艺术资源的开发过程中,存在着诸多的不利因素。特别是近年来,我国经济增速放缓,消费者理性消费增强,对民间艺术产品的购买力持续降低。新媒体人才跟不上、数字化技术保护进展缓慢等一系列问题,已经严重制约了民间艺术的可持续发展。主要制约因素如下:

1. 宏观经济因素

当前我国产业结构调整加速,同时受到世界不稳定经济环境的影响,民间艺术发展也存在诸多不稳定的因素,特别附加值不高的文化休闲旅游类产品。因消费者购买力明显下降,让原本利润就不高的文化产业经营出现困难,消费市场的产品也积压过多,给文化企业发展带来很大的压力。同时,受经济不稳定因素的影响,很多消费者开始缩减在文化艺术品方面的开支,加剧了文化艺术品市场销售的萎缩。产品卖不出去,企业就没有办法及时收回成本,让原本顺畅的企业生产随之面临资金断链的情况。如果企业经营无以为继,那么工厂机器就要暂停,产品库存就会积压,工厂也将面临倒闭的威胁。同时,文化产业链所产生出的不良效应,让上下游生产配套产品的工厂也会随之面临困难,或者处于无法持续下去的危险境地。生产出来的原材料没有办法卖出去,进而让整个文化产业链出现行业波动。民间艺术产业因为整体利润不高,当前人工劳动成本增加、原材料费用持续上升,更加剧了文化产业的不景气。市场消费需求不高,将直接影响民间艺术产业的发展。

2. 民间艺术保护现状

当前,人们在对民间艺术资源的保护和利用中,出现了诸多的现实问题。轻保护重利用现象依然严峻,过度开发、滥开发,不注重环境保护等问题也层出不穷。这些问题导致了我国很多非常优秀的地方艺术资源遭到了严重的破坏,给民间艺术资源的原生态发展带来严重影响。同时,互联网数字化保护技术尚未得到广泛普及的今天,民间艺术还停留在传统的发展模式上。产品简单传统,科技内涵不高,并且民间艺术产品环境更新不受重视等现象依然存在。由于对民间艺术的保护缺乏技术更新和信息化手段的辅助,民间艺术的传承长期依然延续着以消耗资源为代价的模式,极大地破坏了民间艺术资源的原生态生存环境。从对民间艺术保护的角度来看,重开发轻保护的模式依然存在。长此以往,就容易致使保护环节的严重脱节,从而导致优秀的民间艺术资源无法得到合理的开发等诸多弊端。或者是在对民间艺术资源的开发过程中,由于失去了原生态的物化状态,加之人们不注重对数字化技术的运用,民间艺术品成为单纯的失去民间艺术个性的工艺品,更无法体现出民族艺术的精华[①]。总之,民间艺术保护和开发总体薄弱,给民间艺术品牌形象的塑造和民间艺术的传承与发展带来不利影响。

---

① 刘玉莲. 唐山皮影的传承与发展研究[D]. 武汉:华中师范大学,2014.

3. 民间艺术人才资源环境

民间艺术传承人的断代,正成为影响民间艺术技艺能否正常传承的严峻问题。目前,很多传承人年岁已大,无法进行正常的民间艺术创作活动,同时又没有找到相对合适的继承者,进而导致民间艺术的一度失传。这正成为民间艺术传承过程中面临的重要不利因素。首先,虽然国家已经通过相关政策、法令、法规对民间艺术传承人和后备人才进行积极的引导,但是收效甚微。其次,通过高等教育培训、科研单位辅助、民间艺术团体策划等多渠道、多方式地培育民间艺术人才,积极鼓励民间艺术大师,通过带徒授艺的方式把技艺精髓传承下去。虽然都取得了一定的成效,但是民间艺术大多源于农村,受到生活条件、物质条件、交通设施等多方面的客观因素制约,民间艺术技艺传承的效果并不明显。最后,目前我国农村地区通过互联网进行人才管理和人才引入,依然还显得非常薄弱。受到民间艺术传承环境现状的影响,新媒体在农村地区的普及范围还相对较小,很多人才不愿意长久地留在农村发展,或者仅待了一段时间就选择离开。从而造成新媒体资源培训资金的大量浪费,人力物力的投入都无法得到回报,特别是很多具有硕士及以上学位的专业人才,不愿意留在农村谋求发展。受到环境的制约,他们除了无法发挥自身的专业技能外,更是无法将新媒体资源的优势较快地在农村地区具体实施和运用。原本生活在农村的一部分上了年纪的传承人,他们的儿孙更多的是对这种传统老套的民间技艺不屑一顾,不愿意去学习和继承,更不乐意留在农村生活。这一群体在学业完成后,大都选择留在了城市发展。这是我国当前民间艺术发展的重要不利因素之一。

(三)机遇(Opportunities)

1. 国家颁布了对民间艺术的发展政策和条文

良好的政策环境,是民间艺术发展的重要条件。中国针对民间艺术资源保护和发展的立法时间较早,并且也收到了良好的效果。特别是近些年,恰逢当前国家弘扬传统文化、增强国家文化软实力深入推进的大好时代背景,国家已经明确立法,且对民间艺术资源的开发和利用进行了详细的立法表述,从而更加强化了立法带给人们对民间艺术资源进行合法开发和保护的意识,同时也明确地把政策条文列入民间艺术文化产业发展的范畴中来。

表 4-1　中国民间艺术资源立法发展现状

序号	条文名目	颁发单位	颁发时间	备注
1	《民间文学艺术作品著作权保护条例》	国家版权局	征求意见稿	
2	《传统工艺美术保护条例》	国务院	1997 年	
3	昆曲艺术成功申报第一批"人类口头和非物质文化遗产代表作"		2001 年	启动国家一级及地方各级非物质文化遗产代表作申报工作
4	我国加入联合国教科文组织《保护非物质文化遗产公约》		2004 年	
5	《国务院办公厅关于加强我国非物质文化遗产保护工作的意见》《国务院关于加强文化遗产保护的通知》	国务院	2005 年	
6	《中国民间歌曲集成》《中国戏曲音乐集成》《中国民族民间器乐曲集成》《中国曲艺音乐集成》《中国民族民间舞蹈集成》《中国戏曲志》《中国民间故事集成》《中国歌谣集成》《中国谚语集成》《中国曲艺志》十套"中国民族民间文艺集成志书"	周巍峙、吕骥、李凌、孙慎、吴晓邦、张庚、钟敬文、贾芝、马学良、罗扬等专家学者，分别担任总编委会主任及各部集成志书主编	2009 年 10 月出版	1979 年开始整理，经过 30 年得以完成，成为确立中国民间艺术法律制度的重要文献
7	《中华人民共和国非物质文化遗产保护法》	全国人大	2011 年	2011 年 6 月 1 日实施
8	《文化部"十二五"时期文化改革发展规划》	文化部	2012 年	

资料来源：文化部等相关资料整理

2. 非物质文化遗产保护政策带来的发展机遇

2011 年,中国颁布了《中华人民共和国非物质文化遗产保护法》,进一步促进了我国民间艺术管理的规范化和科学化,强化了对民间艺术资源的管理。通过立法保护,一大批民间艺术资源得到了保护。同时,以国家非物质文化遗产保护法为指导,地方性的非物质文化遗产保护法也陆续颁发出来。以此形成全国性的保护环境,让一大批优秀的传统民间艺术真正获得了政府的保护,强化了合理开发和利用的重要性。实践证明,在实现资源整合的同时,良好的政策环境给民间艺术带来了巨大的发展机遇。

3. 我国文化产业驶入快车道

我国文化产业驶入快车道,正是依托这一良好的发展背景,民间艺术才能得到有效开发。国家通过凝聚全民的储备和力量把民间艺术传承下来,让一批优秀的民间艺术在保留原生态的条件下获得良好的发展。当前文化产业发展总体态势良好,也就意味着民间艺术具有可变性,这种可变性能够使民间艺术成为较为活跃的艺术符号。这种活跃是建立在现代文化产业语境基础上的,将现代的艺术元素融入民间艺术中,促进民间艺术在文化产业的有机氛围中得以规模化经营,并逐渐从区域产业扩展到国家范围,进而向世界市场发展。在民间艺术规模化经营中,民间艺术品牌形象的塑造正成为打造中国传统文化品牌的核心元素。人们对民间艺术的保护和开发形成了良性循环,并在文化产业发展中构成了新的增长点。无论是木偶、歌舞剧,还是动漫、影视、戏剧等产业都获得了快速的发展,经济效益和社会效益显著增强。各类文化艺术精品在世界范围内大放异彩,加快了文化产业的发展进程,同时也促进了上下游产业链的发展。当前我国拥有良好的社会发展环境,为文化产业的快速发展奠定了基础,让投资者看到文化产业的美好未来和丰厚收益,也让很多投资商对投资文化产业充满信心,乐意对当地的民间艺术资源进行开发。这有力地推进了国家文化建设。

4. 朱仙镇木版年画学术价值带来的发展机遇

中国的学术界从不同的视角对民间艺术的艺术性、应用性、功能性予以诠释,并对相关问题开展专业性学术研究。以朱仙镇木版年画为例,它的艺术色彩古香古色,即乡土气息浓郁,中国文化特色鲜明,可以从中发现开发民间艺术资源所具有的潜在价值。朱仙镇木版年画民间艺术的学术价值,给民间艺术的发展带来了诸多启示:随着互联网思维在社会普及,创新求变的坚实基础就会构建起来。推动民间艺术研究与"互联网+"的结合,可以使民间艺术的学术价值充分体现出来。特别是民间艺术产业走民族文化发展道路,就要利用好"互联网+"这个平台,培育经济新动力、新引擎与大众创业、万众创新一脉相承,以吸引更多的消费者,特别是高端文化消费群体。

(四）挑战（Threats）

1. 民间艺术自身内部传承面临的挑战

传统的"口耳相传"或是"口传身授"，是民间艺术传承得以发展的核心方式。传统的传承模式受到行业发展环境等多方面因素的影响，给当今民间艺术的传承带来巨大的挑战。首先是传统民间艺术传承的模式较为单一，很多民间艺人基于传统思维，只愿意把独门绝技传给自己的子孙。不传外人的封建思想作祟，从而导致一些非常优秀的民间艺术无法得到传承，阻碍了民族传统文化的有序传承①。这些都体现出了当前民间艺术的发展，所处的困难环境。因利而开发，因人而不传，给民间艺术资源的保护与利用带来不少现实困难。

因此，特别是在互联网时代，民间艺术传承必须走"互联网＋民间艺术"的整合式发展道路。这是文化产业迅速发展的重要前提，也是有效应对自身内部传承问题的重要突破口。在民间艺术传承环境严峻的条件下，民间艺术更需要获得当地政府的积极鼓励和扶持，改善其产业发展环境，提升其运用新媒体技术的能力，才能加快民间艺术的快速发展。

2. 民间艺术外部环境发展带来的挑战

当前，民间艺术的外部发展条件较为复杂，可以说环境发展带来的挑战是多方面的。原有艺术院团等文化单位改制，脱离了事业单位的"铁饭碗"编制，更多的文化单位改企走进市场谋求发展。他们以专业的技术环境和发展潜力，占有了巨大的文化市场。文化单位成为企业单位，而企业的终极目的就是在壮大发展的同时，谋求更高的经济利润。为了适应市场竞争，在变革中获得生存与发展，人们通过提升演出质量，挖掘自身演出剧团的特色、亮点等一系列手段，逐渐推出一批又一批具有一定市场影响力、核心竞争力的力作，以创造良好的经济效益。此举无疑增加了民间艺术发展的困难。比如有些地方政府俨然不顾对民间艺术的开发是否会影响到生态环境，为了能够推出具有自身实力和市场推动力的精品，毫不考虑经济利益与社会效益应当有机结合，才能够既保护民间艺术，又获得收益的根本准则。更有甚者，为了当地政绩的提高，千方百计在民间艺术的发展上面做文章，以争取到上级的资金支持。由此，形成巨大的外部市场竞争压力，行业竞争中免不了会出现

---

① 武芃.广灵剪纸传承与发展现状研究[D].太原：太原理工大学，2014.

发展速度过快而失去了科学发展定位的原则等问题。但行业蛋糕是有限的，分羹的人多了其份额自然就不会多，为了保障自己的高额利润，不免会导致不良竞争行为的发生，甚至发展到彼此间恶性竞争。这是行业竞争给民间艺术发展带来的外部困难之一。

第二节 民间艺术品牌形象定位的基本思路和方法

一、民间艺术品牌形象定位的基本思路

民间艺术品牌形象的开发价值，是其品牌形象得以确立的重要条件。没有开发价值的民间艺术成就不了品牌形象，也无法通过传播渠道进行全面的打造，更无法走进大众的心中，成为中华文化生动载体的一部分。开发价值可以是单一性的，我们可以把民间艺术品牌打造成工艺美术作品，在市场上发挥积极的经济价值；或结合当地旅游资源的开发，使其成为点亮旅游价值的重要组成部分；或通过艺术演艺的形式，在各地广泛参演，使其成为传播中华传统文化的载体，从而创造出良好的经济效益和社会效益。民间艺术品牌形象的塑造，可以促进我国的民间艺术在世界范围内广为交流，使得民间艺术保护和开发模式形成良性循环，并在文化产业中构成新的增长点。统筹配置民间艺术的各项资源，并对资源合理利用，将大大地提高人们对民间艺术元素的使用率，并为民间艺术品牌形象的确立提供基础性的保障。

（一）具有地方的典型性、稀缺性和代表性

民间艺术是具有欣赏性的艺术品，其价值体现在技艺上，因此民间艺术品牌形象的确立，需要一定的基本要求，首先是这类民间艺术要具有典型性、稀缺性和代表性。它不仅要能够代表一个地方的传统特色，还需要具有历史传承或赋有历史人文的厚重色彩。典型性是指其区别于其他地方的民间艺术，不具有广泛的共性特征。也就是说，这类民间艺术品牌形象能够代表当地民间艺术所特有的文化，能完美地勾勒出当地传统历史文化发展的总基调，能突出反映当地民族风情

和民族情感;并能成为本土民众精神需求和图腾信仰的一个物象,能够寄予人们美好的精神寄托。

例如,以朱仙镇木版年画地方性品牌形象的确立为代表,从目前的朱仙镇木版年画的经营情况来看,曹家老店(图4-1)较有名气,这个老店已经有自己的商标,其在品牌年画塑造方面具有一定的代表性,在对外宣传上也有其独具特色的年画产品。在民间艺术规模化经营中,曹家老店之所以能够生存下去,是因为其民间艺术品牌形象的成功塑造。加之,曹家老店的品牌发展与新媒体密切结合,适时地对品牌进行推广和销售,迎合了当前人们互联网消费的特征。它通过在互联网上开设官网的形式,让消费者与商家面对面地进行交流。消费者可直接登录官网,点击年画商场,形成网络直销。还可以逐一浏览曹家老店的所有商品,并可与系统客服进行及时交流。这种网络实时线上交流形式,把能代表朱仙镇木版年画的经典作品和文化信息推荐出去,是其品牌形象塑造的成功之道。因为曹家老店在朱仙镇是具有一定代表性的传统年画名店,所以从曹家老店的品牌确立来看,其品牌形象充分地体现出了当前朱仙镇木版年画走品牌化发展之路的正确性。曹家老店通过结合线上线下功能,利用新媒体平台,实现品牌营销覆盖最大化。这是提升品牌形象的代表性和典型性的成功范例,是当前朱仙镇木版年画品牌发展的重要思路。

图4-1 朱仙镇木版年画曹家老店官网
(图片来源网址:https://www.sogou.com/link? url = DSOYnZeCC_oA1eMbBgdGeGqHKbF2ep K8APJ2PFtiHCw.)

(二) 具有开发价值

民间艺术品牌形象的确立,不是存留在心中,也不是保留在当地作为一种固有的事物而存在,它需要走入现代社会,在当代社会中发挥良好的价值功能。品牌形象是具有丰富内涵和深刻意蕴的,民间艺术具有品牌属性,其区域特点和民族性特点是当地的独特符号,甚至民间艺术已经成为城市形象的代表,在城市中发挥着经济价值功能,直接影响到城市的文化建设。城市中每一个民间艺术元素的组成,都是文化本体的重要体现,包含了历史人文价值和精神价值,并凸显出具体的工艺精髓的独特性。因此,民间艺术要得到提升,我们就要对民间艺术资源进行开发,使其进入民间艺术的产业发展阶段。对于不适宜产业开发的民间艺术,也要采取必要的保护措施,并寻找产业开发时机,将民间艺术保护模式构建起来。

(三) 具有可发展性

民族文化的发展,民间艺术是基础。民间艺术品牌形象的确立,其基本要求之一就是该民间艺术要具有一定的可发展性,也就是具有历史开发价值,不为时代的改变而失去存在的意义。要使民间艺术资源能够有效地传承下去,就要将民间艺术的文化形态记录下来,发挥其中所蕴含的文化精神,促进民间艺术的产业化发展,通过保留住民间艺术中所蕴含的文化元素,从而促进民间艺术的发展。民间艺术形式的确立,要求民间艺术在乡土语境中体现出文化地域性,并能够广泛吸收受众,使民间艺术在区域范围内产业化发展,以创造更高的经济效益,同时获得文化的传承。此外,民间艺术还具有可塑性,这也意味着民间艺术具有可变性,从而使民间艺术成为较为活跃的艺术符号。这种活跃是建立在现代文化产业语境的基础上,将现代的艺术元素融入民间艺术中,促进民间艺术的规模化经营,并逐渐从区域产业扩展到国家范围并向世界市场发展的一种推动力量。

二、民间艺术品牌形象定位的基本原则

民间艺术品牌形象的确立,需要我们认真做好前期工作,对民间艺术形象进行定位和规划,加强文化产业的自律行为,强化行业内的共同协作,以及对民间艺术形象的有效传承等。一个企业只有及早地确立鲜明的品牌形象,才能给行业带来可观的经济利润和社会价值,企业的发展环境才能得到优化,为推动地方性旅游资源的开发、提升地方性经济发展创造条件。

（一）需要对民间艺术品牌形象进行定位和规划

民间艺术品牌形象的确立，既要对其进行定位和规划，也要控制好民间艺术品牌的品质。因而，国家制度和立法保障是非常必要的。品牌形象所涉及的内容包括民间艺术产品的设计、产品的包装、产品形象的确定，以及民间艺术产品的传播途径，等等。这些都是对民间艺术企业形象的反映，也代表了企业所具备的实力。民间艺术产品树立品牌形象如能受到国家制度和立法的保障，就能够更好地表达出其核心品质，以满足消费者的文化需求，使得民间艺术产品的文化价值体现出来。

（二）需要加强文化产业的自律

品牌控制是民间艺术品牌形象确立的根本保证，需要行业自律和共同操守，确保民间艺术产品在经营的过程中，从策划到宣传，以致产品的制作和销售，都要保证民间艺术产品的品质，使得民间艺术产品在文化市场中能够保证品牌声誉[1]。民间艺术品牌形象以外在体现为主，包括产品的包装、标志、设计款式，以及产品的色彩选择和搭配等。要从人们对民间艺术产品的心理需要出发，提升民间艺术产品的品质，同时还要附加品牌服务，以切合消费者的利益。由此，实现民族品牌的良好形象，并发挥积极的效应。

（三）需要民间艺术形象的有效传承

民间艺术品牌形象的确立，需要对民间艺术形象进行有效传承。良好的民间艺术品牌形象，不是凭空捏造的，它见证的是一段传统文化的延续，其传承下来的艺术形象，具有历史性和固化的形象特点，其包涵了浓厚的地域艺术精神。这些都具有明显的历史内涵，是历史传承下来的宝贵产物。因此，当前人们所进行的民间艺术品牌形象确立的工作，必须要在继承中保证民间艺术形象的原始性和传承性，让传统民间艺术形象得以原汁原味地体现出来，以保持其原有的文化特征。

三、民间艺术品牌形象定位的类型分析

民间艺术品牌形象的确立，具有重要的分类特点。确立品牌形象，目的是在互联网发展环境的当下，让民间艺术获得更好更快的发展。分类确立民间艺术品牌

---

[1] 许衍凤,杜恒波.中华老字号品牌延伸风险识别与控制研究[J].山东社会科学,2019(8):146-151.

形象要从三个角度进行,即民间艺术与产业模式的结合、民间艺术产品产业与特色产业集群的结合、民间艺术与产品产业集群结合的同时融合了其他的行业。

(一)民间艺术与产业模式的结合

民间艺术与产业模式的结合是其主要分类。主要体现在民间艺术与传统手工艺品的结合,这类产业结合模式相对简单,产品转化也不复杂。目前,家庭作坊式生产经营模式已经转变为产业规模化生产,经济效益相对显著提高。比如,临沂柳编产业就是民间工艺的典型代表,它依据产业发展已经树立起的区域品牌形象,在国外拓宽了市场,也具有一定的影响力。临沂柳编作为一项成功的民间艺术产业,是建立在自然经济基础之上的。它从自给自足到产业化发展,由最初的生活日用品到各种家具和宠物商品,几乎可以覆盖到各个领域。因此,临沂被称为"中国柳编之乡"。

(二)民间艺术产品产业与特色产业集群的结合

民间艺术产品产业与特色产业集群的结合,是以其他的民间艺术资源为支撑,提升民间艺术产品的知名度,以获得更高的社会效益。当前,这一模式主要体现在"互联网+"发展环境中的特色产业结合方式上。通过互联网和手机的移动功能,实现民间艺术产业与旅游、动漫等高新产业的组合,由此产生良好的经济效益和社会效益。这种结合方式也是当前民间艺术产业发展的重要模式。

例如,山东潍坊的风筝以民间艺术为品牌的符号,以节庆和旅游产业为平台,成为其区域范围内的主导产业,形成产业集群,使得风筝的区域品牌更为突出。从20世纪80年代开始,山东潍坊就开始开展"国际风筝节",并已经成为中国的十大节会之一。现在人们一提起山东潍坊,就会想到风筝。可见,风筝已经成为山东潍坊的重要标志。风筝是山东潍坊特有的文化资源,风筝文化也是山东潍坊的主导产业。但是,在山东潍坊,风筝作为一项艺术资源其产业发展,仍是建立在其他民间艺术资源的基础之上,且以其作为特色产业集群而获得成功。比如传统风筝产业链,它涉及市场营销、电子商务、印刷产业、竹木材料等行业之间的紧密合作。山东潍坊的风筝,在如此的产业链建设支持下,不仅发挥了品牌优势,还发挥了风筝文化的经济优势,使得潍坊的国际知名度不断得到提升。

(三)民间艺术与其他行业的融合

民间艺术与其他行业的融合,主要体现在上下游经济行业的互动模式中。民间艺术与产品产业集群结合,构建起了民间艺术产业的原生态、艺术形式的创新和科研一体化模式。并以此为开发民间艺术资源的核心,带动区域范围内的其他产业的发展。比如,山东淄博手工制瓷产业的发展,其特点是将淄博手工制瓷作为区域内的主导品牌,带动产业集群的发展,同时将其他行业带动起来。

第三节 民间艺术品牌形象民族化的原则

一、传播性和继承性

(一) 民间艺术具有民族特性

中国的民间艺术具有浓郁的东方韵味,是中华民族一脉传承的民间风俗、精神信仰和价值追求。它不仅体现出形式美,更突出了中国传统文化的内涵。它是劳动人民从古到今的智慧结晶,承载着厚重的历史文化和精神品性,延续着代代相传的文化信息,也是中华先祖道德体验、人文交往、教育修养和生产生活的经验总结,具有厚重的民族精神内涵。中华民间艺术正通过一代代的艺术家传播下去,传播开来。以此来传播民族化的历史和中华文明的精神追求,并通过民间艺术品牌形象的构建来进一步提升民间艺术的发展道路[①]。民间艺术品要塑造良好的品牌形象,就是要在民间艺术品的造型设计上,选取传统的艺术造型,但是并不是简单的模仿,而是走中国民族化道路,以此来促进人们对民间文化的认同。从审美角度而言,中国的传统文化对民间艺术的审美具有极大的影响力,其中所蕴含的民族性,使民间艺术具有强大的生命力而永不衰竭。

(二) 民间艺术是民间人们的精神寄托

民间艺术来源于民间,表达了民间人们的夙愿,传递着人们的精神寄托,是人们对祖先遗训的一种回望。通过对民间艺术的继承,子孙后代都能深刻地理解本地民间艺术的传承之路,把中华民族的传统发扬光大。同时,我们通过对外传播民间艺术,将传统艺术符号用于各种产品中,使传统的民间艺术成为中华民族的符

---

① 杨婷娜. 云南民间工艺美术的造型技法及其审美内涵研究[D]. 重庆:重庆大学,2011.

号,将民间艺术的经典融入人们的记忆。中国的民间艺术无时无刻不在散发着浓重的传统文化气息,人们采用各种现代工艺,来丰富和传承着民间艺术的技艺,使得民间艺术的大多种类都能够得以传承。如今,民间艺术随着时代的发展,在保持着自身传承的同时,也在发生着自身的革新。事实上,这种革新并不拘泥于民间艺术的本身,而是伴随着历史的发展所发生的民间艺术内涵与外延的改变。人们将历史与时代结合,创作出具有时代气息的艺术品。通过具有民族特征的艺术品的展现抒发中华民族的人文情怀,人们感悟到中华文明的博大,提升民族的自尊心和自豪感。人们正在通过这样的革新使民间艺术在世界范围内分布得更广、发展得更快,把中华民族的悠久历史和文化传统传播出去。

(三) 民间艺术是来自地方性的艺术

民间艺术是地方性艺术,体现了民间艺术的广泛性和地域性特点。民间艺术在当地广泛传播,反映的是一个地方的传统习俗和精神风貌。但同时它又具有独特性和封闭性的特点。独特性说明的是每个地方的民间艺术都不一样,且这种独特性与当地历史习俗和传统生活相适应。而封闭性则是说明了民间艺术是当地固有的东西,具有原始性和原生态性,需要通过诸如塑造民间艺术品牌形象传播等渠道,才能与外界实现沟通交流,让当代民间艺术吸收更好的精华,补充不完善的地方,体现出民族化的特点。民间艺术的功能性要体现在实用性上,基于此而进行审美角度的设计。对民间工艺品的设计,除了要继承传统的技艺以外,同时还要发挥其实用性的功能。传统本身就是不断前进的,在时代的推动下前进,才能符合社会环境和发展的要求。

(四) 民间艺术凝聚着广大人民的集体智慧

民间艺术凝聚着广大人民的集体智慧,是人们在生产生活过程中总结出来的成果,体现了人们认识世界和改造世界的能力和总体认知、民族精神的归属和方向。我们需要通过对民间艺术的传播来弘扬中华文明伟大的民族精神,以一种传播和继承的方式来进一步确认民间艺术走民族化发展道路的正确性。这既是当代重建中华传统文化的总体思路,也是强化民族的认同感和文化自信的基础。比如,现代工艺技术是对传统民间艺术造型的继承,它被赋予了地方特色,是创造性的符号。对传统民间艺术设计形式进行解构后,我们通过对民间艺术符号化的定位,对各种艺术元素加以重构,使得传统的民间艺术设计产生了裂变,同时也获得了发展。

二、相互融合性

（一）民间艺术民族化为民间艺术品牌形象塑造提供条件

民间艺术体现的是一个地方的独特人文元素，它的存在代表着中华民族的精神风貌。其表现方式、图案特点、工艺特色、精神内涵等，都突出反映了民间艺术民族化的特征，也反映出当地民间艺术的重要传承模式。民间艺术品牌形象的塑造，就是提取具有民族化的核心元素，对民间艺术进行继承与发展，以期使民间艺术获得更好的社会发展环境。

（二）民间艺术品牌形象走民族化道路为民间艺术传承提供保障

民间艺术品牌形象走民族化道路，是民间艺术品牌构建和发展的重要方式。民族艺术品牌形象代表了民族文化的精华，在民间艺术中融合更多具有时代特点、民族个性且具有丰富内涵的产品形象，是民间艺术走出封闭和进入文化大环境的重要前提。民间艺术品牌形象走民族化道路，要依托当前的发展环境，把最有价值的东西保存起来，然后再与其他种类的民间艺术进行有机结合，形成更有包容性、民族性、品牌形象性的民间艺术产品。

三、重新建构性

民间艺术品牌形象走民族化发展道路需要重新建构，是其重要特点之一。民间艺术品牌形象不是唯一和物化的，它需要与当前人们的审美需求和价值理念相结合。良好的民间艺术品牌形象既能代表传统民族文化，又能体现当代人们的精神需求。不但能让人们记住它的品牌特征，还可以有利于品牌形象的宣传，达到对相关品牌的宣传促进作用和市场推广的作用[1]。

（一）民间艺术品牌形象的重新建构，需要结合时代民族精神

民族精神是构成民间艺术品牌形象的重要内容，对民间艺术的文化元素进行提炼和重新建构，对民间艺术品牌形象的塑造具有非常积极的意义。重新建构，就是把民间艺术中能够反映民族精神、提升品牌形象的文化元素进行提升。同时，对

---

[1] Keine Angabe. Contemporary Architects[M]. [S. l.]：Frechmann Kolon Gmbh, 2012.

民间艺术品牌形象的重新建构,需要立足当前,对原有民间艺术进行全面的认知和深刻的理解,并以新的形式再现民间艺术的精髓,使其在走过厚重的历史来到当下的现实环境中得以绽放,并形成民族品牌形象。

(二)民间艺术品牌形象的重新建构,要趋于合理性、科学性和可塑性

任何一种品牌形象的重构都需要一定的方法、模式,民间艺术品牌形象的重新建构也不例外。对民间艺术品牌形象的重新建构,反映的是以体现民间艺术品牌形象的民族价值意义为基础的固有的合理性、科学性和可塑性,以及这种重新建构是否能够与品牌自身的艺术风格融为一体。不能无中生有添加无关品牌发展内涵的元素,导致品牌在重新建构的过程中只流于表现而没触及核心内涵。也不能只为追求改变具体表现形式和呈现技巧等方法,来提升品牌形象的民族内涵①。而是要使民间艺术品牌形象的重新建构和可持续性得到后续的提升。合理性是民族化特征的重要体现,重新建构民间艺术品牌形象,不能脱离精神形态的合理范围,也不能改变原初的民族特征等重新建构的功能性要素;科学性,是使品牌功能得到最大限度地发挥,同时体现民族化的基本特征,有利于民间艺术品牌形象的价值提升和传播效应;可塑性体现了民间艺术品牌的动态特点和与时代紧密结合的灵活性。

(三)民间艺术品牌形象的重新建构,需要与互联网新媒体有效结合

二者的有效结合,是时代发展的必然要求。民间艺术通过"互联网+"的思维模式才能获得新的发展。无论是民间艺术品牌形象的设计,还是后续品牌形象的确立,以及民间艺术品牌形象的定位和传播,均离不开互联网新媒体的支持。民间艺术品牌形象的重新建构,可以通过互联网技术快速形成固有的品牌形象特征,还可以通过互联网进行必要的宣传。并且通过互联网平台,可以对品牌形象进行后期管理和营销互动,从而产生良好的经济效益和社会效益。

第四节 民间艺术品牌形象确立的论证说明

人们如果想要成功地塑造某一件民间艺术品,就需要树立起鲜明的民间艺术

---

① 刘昂.山东省民间艺术产业开发研究[D].济南:山东大学,2010.

品牌形象,并对品牌理念加以把握。即在塑造民间艺术品牌形象过程中,要确保此项民间艺术资源具有地方性的特色,对其文化的发展文脉予以把握。所谓的文脉,就是与民间艺术相关的地理环境、历史文化、当地的社会经济发展水平,等等,营造出的适合于民间艺术传承与发展的原生态环境。这种原生态环境恰恰体现出了当地的区域性特色和文化特色,有利于提高民间艺术的市场竞争力。民间艺术品牌的树立,就是要按照人类总体价值取向设定品牌所要体现出来的民间艺术价值,体现文化的异质性,增强民间艺术的吸引力,将当地居民的文化意识和价值观呈现出来①。在新媒体时代,互联网和移动通信给民间艺术品牌形象的确立创造了更多的条件,带来了更多的机遇。新媒体与传统媒体不同,新媒体的传播速度更快,产生的联动效应更宽泛②。同时,新媒体的渠道模式也更为简单,web3.0 时代产生的"长尾效应"激发了艺术品牌的快速成长。然而,要实现民间艺术品牌形象的确立,在做好新旧媒体转换的同时,还要做好新媒体平台上的产业链构建和多元盈利模式的完善工作。特别要注重品牌形象的整体性和创新性设计工作,以更好地突出民间艺术品牌所具有的价值效应,这也成为民间艺术品牌形象确立的重要基础③。

一、湘西民间艺术与文化旅游品牌

新媒体时代的到来,对于有效构建湘西民族文化生态旅游品牌建设,起到积极的推进作用。湘西民族文化生态旅游资源丰富,历史文化悠久。主要有风景秀丽的武陵自然风景区,民族风情资源更是独特。区域内有土家族、苗族、侗族等具有原土著色彩的民族文化④。在传统文化资源上,有湖湘文化、巫文化、渔猎文化、民俗节日文化等。这些都成为当前发展湘西民族文化生态旅游的重要元素。新媒体对于强化当地民族文化生态旅游品牌建设,主要起到如下几个方面的成效:

第一,新媒体促进湘西民族文化生态旅游品牌的宣传和业务的开展。近年来,随着人们对湘西旅游资源开发的逐步深入,旅游产业已经成为当地经济发展的一

---

① Jianguo Wang, Haiqin Wang. Integration and Optimization of Folk Culture and Art Resources, Inheritance of Intangible Culture and Art[C]. Proceedings of 2015 International Conference on Education Technology, Management and Humanities Science (ETMHS 2015),2015.
② 毛浩.河北民间艺术品行销现状及网络传播策略研究[D].保定:河北大学,2010.
③ 宿彩艳.民间艺术产业的品牌形象设计研究[D].济南:山东轻工业学院,2012.
④ 蒋懿樟.湘西民族文化生态旅游品牌建设研究[D].吉首:吉首大学,2012.

项重要内容。每年上千万游客的涌入和数十亿元的旅游收入,都体现了湘西发展民族文化生态旅游的成果,也体现了新媒体带给当地生态旅游品牌建设的重要促进作用。目前,全国知名旅行社都有湘西文化生态游的业务路线。游客可以通过互联网进行门票业务的办理,或是通过手机移动终端的系统操作,较为便捷地浏览到湘西民族文化生态旅游景区的全貌。新媒体的优势,尤其体现在节假日等旅游旺季,游客可通过手机 App,及时查阅到景区发布的各类旅游信息和公告。新媒体的普及,不仅提升了景区的知名度和服务层次,还对景区民族文化资源的保护、品牌宣传和业务开展,都具有积极的推动作用。

第二,新媒体保护传承,有利于湘西民族生态资源的可持续发展。人们对湘西民族文化生态区域的有效开发,给当地带来了良好的经济收益,随着游客数量的暴增,也给当地生态资源带来不小的压力,这不利于民族文化资源的保护与传承。在此情况下,新媒体就起到很好的调节和保护的作用。景区可以通过互联网等新媒体平台,把景区信息及时发布出去,让游客随时掌握景区信息,及时调整好出游计划。这对改善当前湘西民族生态资源的品牌建立具有非常积极的作用。

第三,新媒体的积极引导,有利于强化湘西民族生态资源的可持续开发。通过新媒体平台,可以搭建旅游投资推荐会,或是可以进行招商引资的平台搭建。这对优化湘西民族生态资源的深度开发、提升旅游发展层次、改善当地基础设施的投资建设等,都起到了良好的桥梁作用。同时,互联网招聘平台的实现,能有效解决湘西民族生态旅游品牌建设中用人单位需求的各领域人才问题,对缓解当前旅游系统人才不足的现状、促进生态旅游建设等均具有重要作用。

二、潍坊风筝艺术与文化旅游品牌建设

潍坊是著名的"风筝之都",每年在潍坊举办的风筝节,有力地拉动了潍坊经济的快速发展。近年来,当地政府投入大量资金,立足新媒体以提升潍坊风筝的品牌建设,并取得了阶段性成效。

第一,新媒体的传播效应,助力潍坊风筝品牌建设。互联网信息时代的到来,对潍坊风筝品牌的建设发展,起到了良好的支撑作用。近年来,潍坊从最初名不见经传的中小城市,发展成为当前以旅游为主的综合性城市。主要是当地政府依托当前良好的信息化发展环境,强化对当地民间艺术资源的开发规划和发展定位,做

大做强风筝品牌产业。从当前来看,潍坊风筝通过新媒体平台的传播渠道,树立了风筝品牌,提升了潍坊城市名片的吸引力。比如每年一度的风筝节,电子邮件以最快的速度把组委会的相关邀请函迅速发送到世界各地的参与者手中,体现了新媒体互联网时代,对潍坊风筝节的巨大支持作用。而且当地政府能把"风筝之都"这样一个冠名,通过新媒体平台成功贯穿到品牌建设中,很好地提升了潍坊风筝品牌在世界的知名度和美誉度。

第二,依托新媒体平台,提升潍坊风筝品牌的产业效应。潍坊风筝作为传统艺术资源,其具有的娱乐、健身、观赏、竞技、文化功能,在新媒体时代中获得了充分的展示和传播①。透过新媒体平台,外面的相关投资商发现了潍坊风筝品牌所具有的良好经济功能,这给潍坊风筝衍生产品和配套产业链的开发创造了机会。在新媒体环境下,潍坊风筝品牌建设获得了更多的机会,得到了更大的发挥空间,给当地带来的经济收益将是非常可观的。

第三,依托新媒体平台,潍坊风筝品牌走出国门,提升了国家文化影响力。潍坊风筝代表了中国的传统文化,不管是它的造型还是所体现出的文化内涵、构图取材,都包含了民族传统文化的内容。我们通过对潍坊风筝品牌的建设,可以让更多相关爱好者参与进来,利用新媒体等各类渠道,组织相关活动;让更多的外国友人了解中国传统风筝的艺术风格,学习中国风筝文化背后博大精深的中华文化,有利于相互之间增进互信,强化国际间的合作,进一步提高我国传统风筝文化的传播能力和我国在国际上的影响力。

---

① 徐鑫.民俗文化的艺术价值及其影响——论潍坊风筝的品牌效应[D].济南:山东大学,2011.

第五章

民间艺术品牌构建案例分析：朱仙镇木版年画

民族文化形态以其丰富多彩的个性化而被世界所瞩目。在世界文化领域中，民族文化作为重要的组成部分，既是民族的代表，也是民族凝聚力的源泉。透过民族艺术所展现出来的多姿多彩的形态，可以解读当地人们的审美情趣，并且可以从中深入了解当地民众的心态。民族文化是约定俗成的民俗文化模式，具有自发性且是代代传承的。而从社会历史的角度而言，这种传承是文化原生地人的生活需要和精神需求。目前，这些民族文化中，多数为活态文化遗产，朱仙镇木版年画就是其中之一。作为中国的非物质文化遗产，朱仙镇木版年画艺术中凝聚着民族情感。但是，在现代社会的文化环境中，我们要将这一活态文化的基因传承下去，就要在民族文化认同的基础上促使其打破文化单一性发展的格局，营造多样化发展氛围，并建立朱仙镇木版年画品牌形象。受到多种因素的影响，朱仙镇木版年画并没有形成规模化产业，虽然许多专家都对朱仙镇木版年画的产业化提出了发展策略，但是都是以市场消费者为主体而展开，并没有将朱仙镇木版年画作为传统文化，从产业创新的角度进行研究，使得朱仙镇木版年画处于低层次市场竞争环境中并没有发挥品牌效应。朱仙镇木版年画是具有丰富文化内涵的传统文化资源，在保护这一文化遗产的同时，还要推动其发展，才能够将朱仙镇木版年画更深层次的价值挖掘出来，并采取保护措施，以保护求发展，使朱仙镇木版年画得以传承。朱仙镇木版年画要获得发展，就要建立良好的品牌形象。朱仙镇木版年画在中国年画史上具有重要的地位和影响力。以朱仙镇木版年画为例，是因为它是民间艺术成功的民族形象品牌范例，在戏曲服装、装饰产品、包装等工艺上都有朱仙镇木版年画的图案。本章重点就朱仙镇木版年画发展的问题进行探讨。

第一节 朱仙镇木版年画的起源与发展

一、朱仙镇木版年画的起源

在中国的木版年画中，朱仙镇木版年画堪称"鼻祖"。朱仙镇木版年画是中国传统手工艺中的重要组成部分，在中华民族传统文化中，其承载着中华民族的文化精神和审美品格。朱仙镇木版年画形成并传承至今，与朱仙镇特有的地理环境息息相关。这项在中国传统文化中极具代表性的民间艺术,是朱仙镇当年经济繁荣的写照。目前遗留下来的有关朱仙镇木版年画的史册及版画,可以反映出当时朱仙镇的社会历史状况,也是对当时政治历史的清晰解读。

(一) 中国年画艺术的发展

早在先秦时期,我国中原地区就已经有了画门神的风俗习惯,《搜神记》佚文记载:"腊日画神荼、郁垒于门。"这一历史形态在当地出土的汉画像砖上就有所记载。随后,画门神的内容不再局限于门神本身,而是将一些世俗形象添加于其中,诸如美人、仕女,甚至还将门神塑造为佛教形象。随着中国印刷业的发展,雕版印刷兴起,民间绘画题材不再局限于门神,而是会选择更多的内容,纸马艺术就是当时的艺术代表。

进入汉唐时期,门神和纸马等作品的内涵更为丰富,其在艺术上造诣更高,且正处于孕育为独立画种的阶段。汉唐是中国文化高度发展的时期,由于受到汉唐文化的影响,门神和纸马等作品也快速发展起来。每逢年节,张贴装饰画成为城镇中的一种时尚。装饰画以节日喜庆的内容为主。比如,娃娃、丰稔、美女等都会被用于装饰画,以表达人们的心愿,体现人们内心深处对未来美好生活的憧憬。

关于中国宋代的装饰画,在当时的书籍内容中就有所记载,主要的内容包括张贴的年画、版画性质的年画售卖。沈括的著作《梦溪笔谈》就有相应的记载:"熙宁五年(1072年)画工摹拓吴道子《钟馗像》镂版,印赐西府辅臣各一本。"吴自牧的著作《梦粱录》就有"画门神、桃符,迎春牌儿;纸马铺印钟馗、财马、回头马等,馈与主顾","除夜,士庶家……换门神,挂钟馗……祭祀祖宗"。可见,宋代的装饰画已经发展为年画,并逐渐形成系统化的风格。宋代是中国商品经济繁荣的时期,文化的快速发展,为年画的商业化发展创造了巨大空间。应用雕版印刷年画,对年画的传播起到了推动作用。早期的年画以单一的宗教信仰为主要内容,随着社会环境的变化,年画内容更为世俗化,发展到宋代,就已经形成独立的画种。

(二) 年画在朱仙镇的兴衰

开封的年画艺术以朱仙镇木版年画最为突出,进入北宋时期已经达到全盛。此时,就已经有雕版印刷的年画在市场中销售。与唐代的手绘年画相比,北宋的年画以雕版印刷为主。此时,年画不再隐藏于民间,而是流入市场当中。从此民间艺术步入了市场,为朱仙镇木版年画的市场化开发以及发展都开辟了较为广阔的前景。宋朝时期的年画,在孟元老的著作《东京梦华录》中就有所描述:"近岁节,市井皆印卖门神、钟馗、桃板、桃符及财门钝驴、回头鹿马、天行帖子。"可见,年画在北宋时期的民间是很受欢迎的,而且内容丰富、品种多样。

当时,北宋东京(现开封)庞大而集中的人口,在带来商业繁荣和巨大的消费环境的同时,又反过来促进了更多的贸易往来,吸引各地的商人蜂拥而至。东京城内巨大的市民消费群体,拉动了经济的同时也促进了贸易的发展,带动了艺术传播,开辟了更多的交流途径,也活跃了民间艺术文化,激发了手工艺人的创造激情和巨大潜力,给当时的年画创作提供了生存的空间和发展的土壤。然而,商品经济的发展催生产品的快速生产,需要有良好的生产能力作为保障,以提升人们的消费需求。北宋活字印刷术的发明,为雕版印刷业带来了划时代的发展,加快了传统印制木版年画的发展速度,提升了印刷质量。年画也由工笔画向雕版印刷的批量式生产转变,满足了市场的需求。当时东京木版年画的印刷及销售盛况空前,民间作坊遍布京城。随着雕版印刷业的兴盛,年画的制作方法趋于流程化,使得年画可以批量印制。在商业推动下,年画出现了商业化发展的趋势。邓椿在他创作的《画继》中就指出,刘宗道擅长画婴孩,"以手指影,影亦相指……必画数百本,然后出货。"这足以证明宋代时期,中国的民间年画创作就开始流程化了。在年画的制作方面,印刷技术可谓是独特的艺术,它促使人们在木版年画创作中采用新的创作手法。受其影响,当时宋朝宫廷也主持开办了年画作坊。一时间官民都对木版制作年画表现出了极大的兴趣,良好的社会发展环境,大大地推动了木版年画在宋代的快速发展①。

自宋末靖康之难后,开封战事频繁,是金兵攻击的重要目标,大批商人和艺人纷纷离去,人们都外逃他处,商业萧条,市场也变得越来越不景气。以前在东京从事年画制作的手艺人,已经流落到了附近的其他地方。原先在东京地区非常繁荣的木版年画产业,也被迫迁移到东京市郊的朱仙镇。木版年画业南迁至朱仙镇,并渐以新的产地而得名。据《朱仙镇志》记载:至元朝末年,由于贾鲁河的兴修,朱仙镇已成为以纸业和木版年画为中心的重地。朱仙镇木版年画又趋于复苏开始走向兴盛,其工艺和作品得到了广泛的认可,传统工艺得以完整保存下来,慢慢发展为

---

① 葛美英. 开封朱仙镇木版年画历史变迁与民俗文化——以民间艺人郭太运为研究个案[D]. 开封:河南大学,2010.

具有朱仙镇本土特色的木版年画。

到了明清时期,朱仙镇依托良好的地理区位条件和河道交通优势,一举成为中原地区重要的商贸中心。通过四通八达的水路,木版年画又开始重归当时的繁荣景象。经过宋代的技术沉淀和发展,木版年画已经具有了深厚的发展基础,且在艺术层面获得了创新,打造出了具有朱仙镇特色的木版年画产品,一时声名大振。朱仙镇木版年画在全国范围内具有诸多市场,在最旺盛的时候,一个小小的朱仙镇专门从事木版年画的商家就已经超过300家。这反映出当时朱仙镇木版年画制作的空前盛况。

到了民国初年,朱仙镇木版年画的制作作坊就多达40多家,从事年画制作的手工艺人也高达2 000多人。这些作坊发展到现在,已经成为一支相对稳定的当地现代艺术产业,业务范围已经覆盖了全国大部分地区。生意做大做强促使了一些老字号品牌的形成,比如知名的万通老店、曹家老店、天成老店、祥瑞成老店、万和老店等。一大批著名的生产制作作坊,以其良好的品牌效应或者产品特色受到社会的认可,在客商当中口碑远传。

1949年新中国成立后,朱仙镇木版年画获得迅速发展,手工制作的作坊恢复了,并召回了一部分朱仙镇木版年画的手工艺人。但在20世纪60年代,进入"文革"时期,朱仙镇很多精美的版画遭到摧残,许多流传了数百年的木版年画被焚毁,掌握核心技术的传承艺人受到打击和迫害。这一时期给朱仙镇木版年画的保护和传承工作带来巨大的创伤。到了80年代,改革开放让传统年画回归到了正常的发展轨道。这一凝聚着民间文化精粹的艺术品,重新得到了人们的广泛关注。改革开放促进了民间艺术的保护和传承工作的顺利开展,朱仙镇木版年画的发展也重新获得了生机。朱仙镇木版年画的传承和保护工作步入正轨后,人们便开始引入先进的生产机器和当代先进的管理手段,对朱仙镇木版年画加以保护,并且对年画的有效保护和传承做了大量的工作。[①] 例如,在当地相继成立了朱仙镇木版年画社以及开封年画社等,为朱仙镇木版年画的保护与传承提供了保障,也为朱仙镇木版年画今后的发展,做出了科学的定位。(图5-1)

---

① 葛美英. 开封朱仙镇木版年画历史变迁与民俗文化——以民间艺人郭太运为研究个案[D]. 开封: 河南大学, 2010.

图 5-1　朱仙镇木版年画传承人郭太运
（图片来源网址：http://sz.people.com.cn/BIG5/n2/2016/0125/c202846-27622038-2.html）

二、朱仙镇木版年画的发展

（一）朱仙镇木版年画发展于特定的地域环境

　　文化是社会环境的产物，不同的社会形态下就会衍生出不同的文化。朱仙镇木版年画作为民俗文化传承至今并非偶然，特定的社会环境使得年画艺人将这门手工艺术传承下来。

　　民俗是经过历史的沉淀在人们的日常生活中自发形成的，当地人民的生活需要决定了民俗的发展水平。民俗文化要能够传承下去，仅仅依赖于保护是不够的，它对当地的经济环境具有依存性。中国自古以来按照小农经济的模式发展，人们通过农业生产自给自足。在农业生产的过程中，一些民间艺术的产生，主要是由于人们农忙之余精神调剂的需要。朱仙镇木版年画就是家庭伦理结构下的产物，它体现了中国农民的乡土审美，反映了人们的生活状态。乡村艺人将自己的生活以年画的艺术形式表达出来，其中融入了主观思想和对未来生活的期盼。年画不仅是一种艺术，更是人们精神上的慰藉。所以，对当地人而言，朱仙镇木版年画既是一种地域风情，也是一种娱乐形式，并且发挥着传达某种信息的功能。

　　从朱仙镇木版年画创作的题材和内容来看，人们劳作之后或闲暇之余的各种话题跃然于画中。它以农村现实生活为题材，当地人们的生活方式、民间流传的喜庆谚语，等等，都从年画中反映了出来，充满着浪漫主义色彩。朱仙镇木版年画中有许多这样生动且鲜活的例子，比如仙桃和仙鹤构成了寓意长寿的画面，莲花和鱼构成了寓意连年有余的画面。画面中由多种景色衬托的人物都是以"正脸"写实为主,着色采用鲜艳的暖色调,给人以欢乐、喜庆之感。为了使年画富于装饰效果,年画的色彩大胆而夸张,通常动物的身上都被涂上各种艳丽的色彩。除了装饰画之外,朱仙镇木版年画还会以连环画的形式呈现,在构图上采用了鸟瞰式的方法,或者用散点透视法将劳动的场景以连续的绘画内容呈现出来。对于相对复杂的劳动场面,则会采用分层画面,使劳动情节更为细致而精彩。人们的情感贯穿于画面中,使得朱仙镇木版年画创作更为随意,不仅体现了人们的生活态度,还将人们的观念、意识渗透了出来。

(二)朱仙镇木版年画根植于当地的世俗生活

朱仙镇木版年画具有浓郁的乡土气息,其地域风采源于当地的世俗生活。时代在发展,人们的生活环境也在不断地变化,新的生活元素和文化元素渐渐地被融入当地人们的生活环境当中。随着工业的发展,机械化实现了艺术品的批量生产,伴随着人们年画创作观念的更新,朱仙镇木版年画的传统手工技艺受到冲击。世俗生活被现代生活所替代,加之生产方式的改变,朱仙镇木版年画的传统手工技艺所赖以生存和发展的条件渐渐消失,使其面临着濒临灭绝的境地。中国的传统文化的形成与发展已经形成了固有的传承体系,并且在中国特有的社会历史环境中延续着。然而,随着中西文化的碰撞与交融,打破了人们原有的相对稳固的生产生活文化环境。加之人们文化观念的不断更新、文化情趣各异,从而动摇了中国几千年传统文化传承的历史轨迹。朱仙镇木版年画作为中国传统文化中的一部分,人们以师承或父子传承的方式将这种文化延续下来,但这种文化框架是观念性的,对社会环境的依赖性极强,一旦社会环境发生变化,这门传统技艺就会因不再适应社会环境而退出历史舞台。如今,虽然年画的形式被保留下来,但是,采用工业技术生产出来的年画,已经改变了朱仙镇木版年画手工技艺时代的面貌。这种在继承中所产生的变化,失掉了些许浓郁的传统风情和韵味。这种对传统的打破,迫使朱仙镇木版年画的原生形态的创作主体和欣赏主体正在逐渐丧失其原有的生机与活力。

(三)让朱仙镇木版年画走进普通人的生活

按照中国乡村传统的生活习惯,每逢春节,人们都会用年画将自己的家庭装饰一新。这些年画表达了人们内心对美好未来的憧憬,或者是祛灾,或者是祈福,喜庆的气氛浓厚。随着中国印刷业的发展,年画多以胶版印刷为主,木版年画只有少数地区出产。特别是朱仙镇人在制作年画的时候,也采用了胶版技术,这使得传统的民间技艺面临失传。这种以师承或者父子传承的方式延续至今的年画创作技艺,如果不对其采取保护措施,就会被淹没在中国文化历史的长河中。今天,朱仙镇木版年画的传统创作技艺,之所以能够继续传承下去,是因为这种艺术的传承模式有所创新。特别是在互联网时代,人们对新媒体的运用,加之朱仙镇木版年画的产业化发展,使得这种民间文化逐渐被重视起来。新时代人们对朱仙镇木版年画的传承,与新的传承形式息息相关,使朱仙镇木版年画适应现代社会环境得以保留和发展下去。

第二节 朱仙镇木版年画艺术资源的保护与利用现状

一、朱仙镇木版年画的保护模式

朱仙镇木版年画的保护工作在当前依然存在着诸多的问题。本书就目前存在的具体问题进行了分析,力求为当前朱仙镇木版年画的保护工作带来更多参考。近年来,朱仙镇木版年画的保护工作得到了有效开展,并取了一定的成绩。主要体现在从国家、省、市的政策方面加以具体落实,以进一步强化具体的保护措施。

(一)朱仙镇木版年画迎来了保护机遇

朱仙镇木版年画的艺术资源可谓是极其的丰富,从唐宋开始,朱仙镇就已经是当时木版年画的重要产地,特别是在明清时期,朱仙镇出现了一大批百年老字号。然而,新中国成立前长期的战乱和之后的"文化大革命",致使很多百年老字号如今已经不复存在,连同传统工艺技术一起消失在历史中。近几年,随着当地保护措施的加强和经济、政策环境的改善,朱仙镇实施了具体的抢救性保护政策。当地政府对有着上百年历史的赵庄村、一户张村、小尹口村等传统的百年年画村重新进行保护,并将其列入年画保护村规划当中。同时对具有浓厚传统文化内涵和丰富历史内涵的"天成老店""天盛德老店""天义德老店"等百年老字号招牌作坊进行全面的整改和恢复①。这唤回了人类曾经失去的记忆,让传统的东西得到有效的保护。这

---

① 赵婧.朱仙镇木版年画现状及保护措施[J].剑南文学(经典阅读),2013(2):328-329.

些百年老店承载着历史的厚重感,在大众心中已经形成了浓厚的民俗情感。此外这些延续了几百年的老店在当前受到重视与保护,为朱仙镇木版年画的历史传承提供了制度保障。因其具有良好的开发价值,也为朱仙镇木版年画艺术资源的保护工作迎来了大好的机遇。

1. 数字化技术对朱仙镇木版年画的保护提升作用

从朱仙镇木版年画的数字化保护措施来看,整体的展现效果已经较为完善和到位。当地利用互联网新媒体资源,创新文化保护形式,把当地生产制作木版年画的作坊进行集中再现与合理利用,形成线上线下资源整合。这有利于形成朱仙镇木版年画品牌形象,也方便客商通过互联网进行浏览与订购。数字化保护措施的运用,对保护朱仙镇木版年画、提升当地木版年画的品牌塑造具有积极意义。同时,朱仙镇木版年画进行数字化保护的成功,为其他艺术门类的数字化保护提供了典范,对于仅局限于资料的信息整理和保存,且没有形成强有力保护措施等历史问题,具有积极的借鉴意义。通过建立数字化博物馆、注册多层次的商标、建立网上资源平台等,来实现对本土资源的全面保护。朱仙镇木版年画通过数字化保护形式,塑造品牌形象,已经成为民间艺术资源实现科学发展的重要路径,并有利于朱仙镇木版年画品牌的发展。

2. 朱仙镇木版年画受到国家、省、市的多层政策支持保护

(1) 国家对朱仙镇木版年画的保护政策

我国很早就对朱仙镇木版年画的保护,采取了积极的措施。早在新中国成立之初,对年画的保护工作就得到了国家领导人的高度重视。1949年11月,文化部出台了《中央人民政府文化部关于开展新年画工作的指示》,这一文件给开封朱仙镇木版年画的发展带来了生机。自此,年画的创作工作上升到了国家政策高度。当时,许多的传统老艺人创作了大量非常精美的新年画,实现了全镇创作的高潮,这一时期被认为是朱仙镇木版年画的重要发展阶段。2004年9月,中国朱仙镇年画博物馆揭牌开馆,朱仙镇有了自己的研究团队和创作基地。朱仙镇成为重要的拓展培训基地,以实现专业人才的对接。2006年5月,朱仙镇木版年画被列入首批国家级非物质文化遗产名录,随之名气大振。在随后的几年,中国木版年画艺术节在朱仙镇连续举办,这给当地政府积极进行战略布局和政策调整、立足河南本省内的有关高校进行合作互动决策,都奠定了坚实的基础。通过品牌塑造和影响力提升等战略举措,让朱仙镇的年画技艺进入高校成为可能。通过高校的培养平台,老艺人们从中挖掘具有良好艺术素养和兴趣爱好的学子,为培养这方面的人才打下基础①。这是朱仙镇政策性发展战略的核心所在。

表 5-1　国家对朱仙镇木版年画的保护政策

序号	文件名称(事件)	颁发单位	时间	备注
1	《中央人民政府文化部关于开展新年画工作的指示》	文化部	1949 年 11 月	毛泽东批示同意
2	被授予"中国木版年画艺术之乡"	中国民协	2002 年 10 月	
3	朱仙镇木版年画被列入第一批国家级非物质文化遗产名录	国务院批准	2006 年 5 月	
4	《国务院关于支持河南省加快建设中原经济区的指导意见》	国务院	2011 年	对包括朱仙镇在内的河南民间艺术资源进行发展指引

尤其在 2011 年,国务院颁布了《国务院关于支持河南省加快建设中原经济区的指导意见》,为朱仙镇木版年画的发展和实现技术创新指明了方向,对适应当代社会的发展模式具有积极的意义。有了良好的政策支持,朱仙镇木版年画的保护工作就可以全面铺开。专家学者对当前木版年画资源的保护问题进行了多层次探讨,有利于形成具有可行性和可操作性的保护措施。

(2) 河南省对朱仙镇木版年画的保护政策

河南目前在国家政策的扶持和指引下,正在由文化大省向文化强省转变。随着文化发展战略的转变,河南所拥有的文化资源就会被逐渐地利用起来。河南具有丰富的文化资源,只有文化资源被充分利用,才能够增强文化力量,以文化推进河南的快速发展。开封是朱仙镇木版年画的发源地,目前已经被作为河南文化产业的试点城市。在河南省内如此大好的文化环境中,朱仙镇木版年画获得了政府大力保护的机会,并在以下方面逐步落实:

①在观念上,进一步解放思想,以先进的文化理论和文化理念来充实民众。②在文化建设的理论研究方面,要扎实工作,推陈出新,努力开创在新的历史条件

---

① 张继忠. 朱仙镇木版年画[M]. 珍藏本. 郑州:大象出版社,2005.

下,构建中国文化建设理论研究的新局面。③在文化建设的理论宣传方面,努力处理好理论与实践之间的关系,让优秀的文化理论和研究成果,能够吸引民众的目光。④加大文化建设经费的投入,增强文化设施的使用能力。⑤文化建设需要提高服务社会的水平,让文化建设成果惠及广大人民群众,从根本上满足群众迫切的文化需求。⑥完善文化建设的管理协调机制,积极为文化建设事业的发展保驾护航。⑦以创新为宗旨,打造文化精品工程,不断提高文化产品的竞争力和影响力。

河南对朱仙镇木版年画老字号进行保护的一系列工作近年来也得到了较好的开展。重点对朱仙镇一大批百年老字号进行产业支持和传统工艺保护。随着当地保护措施的实施和经济、政策环境的改善,朱仙镇采取了具体的抢救性保护政策。如2003年,河南省文联、省民协启动"河南民间文化遗产抢救工程"活动,重点将朱仙镇木版年画纳入工作范畴,并将其列为抢救之首。2014年,河南省政府在贯彻落实十八大系列精神的全省动员大会上,把朱仙镇木版年画的保护工作纳入《河南省人民政府关于建设高成长服务业大省的若干意见》(表5-2)之中。这体现的是当地对历史记忆的深刻认知。与此同时,对百年老作坊的重新开发和利用,可以更加有效地构建良好的产业环境,把散失的记忆从历史深处重新找寻回来;有利于传统文化的原生态保护,对还原历史、丰富和提升民族文化产业的内涵大有助益。朱仙镇木版年画保护政策的落实和实施,对其他艺术门类民间艺术的保护工作起到了一定的示范作用。

表5-2 河南省对朱仙镇木版年画的保护政策

序号	文件名称(事件)	颁发单位	时间	备注
1	成立"开封市朱仙镇木版年画社"	省新闻出版事业管理局	1983年	
2	河南民间文化遗产抢救工程	省文联、省民协	2003年	将朱仙镇木版年画列为抢救之首
3	《河南省人民政府关于建设高成长服务业大省的若干意见》	河南省人民政府	2014年	旅游板块重点提及对朱仙镇的保护和开发

(3)开封市对朱仙镇木版年画的保护政策

在对朱仙镇木版年画进行保护方面,开封市出台了一系列具体的保护政策。

这些政策对保护朱仙镇木版年画艺术资源、改善其原生态的生存环境起到了积极的推动作用。早在 1961 年，开封市就成立了"开封市朱仙镇年画生产合作社"（表 5-3），使朱仙镇对木版年画的保护工作，快速地步入了发展轨道。2015 年 3 月，开封市有关部门，决定对朱仙镇木版年画制定翔实的地方标准，此举开创了全国民间艺术遗产保护的先河。2015 年 9 月，开封市委、开封市人民政府颁发《关于积极推进"文化+"行动计划的实施意见》（表 5-3），通过"文化+工艺设计"专项行动，来发挥中国木版年画之乡的资源优势，树立品牌效应，以此打造具有开封本土特色的木版年画文化旅游工艺产品。这对朱仙镇木版年画的有效传承将起到积极的推动作用。

　　同时，在开封市政府政策的积极引导下，当地对朱仙镇木版年画的保护工作还开展了诸多保护性的创新活动。通过组织老艺人进行集中创作的形式，展示传统技艺的精粹，为朱仙镇木版年画的保护和整理工作铺平了道路。比如，由当地组织编辑出版的《朱仙镇新创年画集》《朱仙镇年画故事汇编》等优秀的文集。朱仙镇木版年画以完整的理论形式昭示着保护工作的渐趋完善，年画中很多非常珍贵的技艺和历史故事得到挖掘和保护。通过将老艺人集中起来，进行集体性的创作，可以把各类型、各技术、各特色的传统年画艺术进行集中的展示和交流，以形成朱仙镇木版年画保护资料的完整性和多样性，并且还有利于年画技艺的传承和创新①。从更多专家学者、老艺人口述或者亲自撰写的材料中，可以获得非常宝贵的一手资料，从中提炼出古老的核心技术和独到的工艺，这些都有利于朱仙镇木版年画保护政策的实施。老艺人对传统工艺进行挖掘整理，还有可能复制或还原散失多年的民间木版年画中的雕版技术。老艺人是木版年画的活化石，他们通过整理和挖掘，可以发现最精华、最高深、最原生态的传统手工艺技术。这对提升朱仙镇木版年画的技术创新，强化当地木版年画的核心竞争力，促进文化产业发展等都具有积极的推动作用。同时通过对朱仙镇木版年画进行艺术元素的挖掘，把历史年代中原有的艺术成分挖掘出来进行全面保护，有利于朱仙镇木版年画保护工作的全面开展。

---

① 李芳芳.朱仙镇木版年画的生存现状与保护对策研究[J].河南教育学院学报(哲学社会科学版),2014(6):20-22.

表 5-3　开封市对朱仙镇木版年画的保护政策

序号	文件名称(事件)	批准单位	时间	备注
1	成立"开封市朱仙镇年画生产合作社"		1961 年	
2	制定朱仙镇木版年画地方标准	创标办、开封市质监局等	2015 年 3 月	
3	《关于积极推进"文化＋"行动计划的实施意见》	开封市委、开封市人民政府	2015 年 9 月	

3. 当地居民的精神文化需求日益增强

国家及省市政策的积极推进,进一步提升了朱仙镇的经济发展水平,这里居民的精神需求大幅度得到了满足。当前,在国际上中国传统文化地位的提升,让朱仙镇的居民树立了对朱仙镇木版年画的保护意识。自 2006 年朱仙镇木版年画被列入国家级非物质文化遗产名录,当地的人民便开始自发地对朱仙镇木版年画实施了保护①。尤其是中国民间文化遗产抢救工程的启动,让朱仙镇的人民认识到传统民俗文化得到了政府的重视,从而对朱仙镇木版年画给予更多的青睐与关注。朱仙镇人民是朱仙镇木版年画的直接传承人,如果当地人民自觉自愿地承担起传承该门技艺的责任,那么他们就会积极地将其与当地文化相融合。由此,人们在丰富年画文化内涵的基础上,使得朱仙镇木版年画作为中国民俗文化的精粹得以有效传承下去。

(二) 朱仙镇木版年画进入教育领域

如今,朱仙镇木版年画的传承人已经走进了大学课堂,在相关的专业领域中开设了民间版画技艺技法课程。目前,中国的一些艺术院校也开设了版画专业,比如,西安美术学院的版画系就是名牌专业,主要研究铜版画、石版画和综合版画,等等。朱仙镇木版年画的传承人在这里授课,主要是对学生进行版画示范。传承人会将画版子、印画所使用的刷子、颜料以及用于调色的盘子作为示范课的教学用具,让学生了解朱仙镇木版年画创作所需要具备的各种工序。课堂上讲授的内容并不局限于朱仙镇木版年画的传统技艺,而是对朱仙镇木版年画的历史渊源、印制技术的变化以及年画所选用的构图绘制内容等都进行讲解。此外,朱仙镇木版年画传承人还不忘强调对朱仙镇木版年画的创新,这也是朱仙镇木版年画能够在现

---

① 王宁宇. 关中民间器具与农民生活[M]. 北京:学苑出版社,2010.

代社会中传承下去的根本所在。

高校邀请朱仙镇木版年画的传承人前来讲解,一方面可以让学生有机会接触地地道道的民间艺术家,领略他们的大师风采;另一方面可以让学生有机会从事艺术传承活动,能够亲身学习和领会正宗的传统技艺。朱仙镇木版年画的传承人在讲解年画的过程中,主要以操作为主,包括颜色的选用、色彩的搭配、构图的对称性、人物头部与整体的比例效果问题、印刷时色彩黏稠度的调配,以及各种调色技巧,等等。所有的这些有关年画技艺的内容,都已经在朱仙镇流传了上百年。

与其他的绘画艺术创作有所不同,朱仙镇木版年画创作中所使用的颜料都是选用自然材料自行熬制而成。比如,朱仙镇木版年画中使用的红色是苏木红,它是使用苏木熬制而成的,即将苏木刨成刨木花,加水后将白矾、白灰等20多种材料加入其中熬制,将渣滓澄清之后,就获得了传统中红颜色的颜料。朱仙镇木版年画使用的颜料都选取自天然的材料,还有部分为矿物质材料。这使得年画虽然颜色看起来艳丽,但是并不媚俗。朱仙镇木版年画的画面结构,也遵循一定的规程。比如,门神画的人头要突出,所骑着的马要小,尤其要注重人物表情的描绘。男性的容貌为狮子鼻、方海口,女性的容貌为柳叶眉、杏仁眼。这些勾勒人物形象的要素都是创作朱仙镇木版年画的基本内容。对这些艺术元素的把握,让学生学习到了朱仙镇木版年画的创作技艺,深化了对中国传统文化的了解,确立了对民间艺术的审美观。

(三)朱仙镇木版年画的艺术产业链的构建

朱仙镇木版年画艺术产业链的构建,是将这门传统的民间技艺引入市场化发展路径的过程。在这一过程中,朱仙镇木版年画的雕版创意、加工制作、市场宣传、营销以及消费者的购买力、收藏能力,等等,都作为经济活动中的一个要素,建立相互之间的关联性,从而将朱仙镇木版年画产业的供求关系建立起来。

朱仙镇要形成木版年画艺术产业链的发展模式,就要对木版年画的原创作品引起足够的重视。朱仙镇木版年画自身所具有的独特性,也正是年画的价值所在。朱仙镇木版年画的产业链结构包括产业链的上游、中游和下游。朱仙镇木版年画产业链的上游是产品的生产者,他们承担着制定设计方案的责任,还要负责生产年画、监控年画的生产过程,以确保年画能够保质保量地进入销售市场[1]。包括年画

---

[1] 刘梦梅.河南民间艺术资源产业化路径研究——以淮阳泥泥狗创意产业的开发为例[J].郑州轻工业学院学报(社会科学版),2013(3):85-90.

的质量、年画的营销宣传活动,以及财务管理情况,都由产品的生产者来承担。朱仙镇木版年画产业链的中游是销售主体,销售活动在年画的营销网点展开,通过营销将年画送到消费者手中。朱仙镇木版年画产业链的下游是消费者,他们购买朱仙镇木版年画作为装饰物,用于美化环境;部分年画购买者则是将朱仙镇木版年画收藏起来,以期待年画能够增值并获得增值利益。虽然众多的消费者们购买朱仙镇木版年画的初衷不同,但是这些购买年画的行为却大大地促进了年画艺术的交流与发展。

从朱仙镇木版年画艺术产业链的现实发展状况来看,如果消费者购买朱仙镇木版年画是用于使用,那么年画就是以实用性商品的形式而存在。如果消费者在传统的节假日需要选购大量的朱仙镇木版年画,那此时供应链就需要具备拉动需求的功能。如果消费者购买朱仙镇木版年画是作为收藏品,年画就是以高层次的艺术品形态而存在。一些具有高附加值的朱仙镇木版年画,就会以其稀有性而吸引收藏爱好者,产业链的资源流动性也会因此而增强。

二、朱仙镇木版年画艺术资源的利用方式

当前,人们对朱仙镇木版年画艺术资源的利用,主要体现在开发旅游资源、展示教育功能、使其走进大众的娱乐生活、强化民间艺术资源自身传承能力等方面。朱仙镇木版年画艺术资源对有效地促进当地经济的发展起到了积极的作用。人们对朱仙镇木版年画艺术资源的利用体现了人们对本地民间艺术资源良好的开发能力,也体现出了朱仙镇木版年画艺术资源所具有的巨大经济价值。如今,朱仙镇木版年画已经成为当地经济有效增收的第三产业。根据相关部门2014年的一项数据显示,当年朱仙镇木板年画销售额为1 800万元人民币,为当地实现利税收入420万元人民币。朱仙镇当前从事木版年画制作的专业人士有两千多人,大量的从业者为今后朱仙镇木版年画自身的发展并突破以上数据奠定了良好的基础。

(一)大环境支持下朱仙镇木版年画艺术资源得到科学合理的利用

朱仙镇开发了旅游产业,吸引了大量的游客前来观光、旅游、洽谈业务,旅游产业的专线开通了从开封到朱仙镇的路段,由此朱仙镇的旅游产业逐步兴起,朱仙镇木版年画业得到了较好的发展。如今,朱仙镇以木版年画业的发展为核心,不断地开发出了与民俗相关的特色年画,并利用互联网这一技术平台,对朱仙镇木版年画

进行大力的宣传。不仅宣传朱仙镇的产品，还注重对朱仙镇当地文化的宣传。在朱仙镇民俗文化大背景的渲染下，朱仙镇木版年画便脱颖而出。这个代表朱仙镇文化的技艺，浓缩了中国传统文化的精髓。当前，朱仙镇以旅游产业为载体而名扬天下。但是，在朱仙镇木版年画知名度不断提升的同时，古版和木版的技艺已经很难传承下去了。其原因主要在于：其一，古版年画的创作技艺已经严重流失，要传承下去却很难找到大批技艺精湛的老艺人，因为只有他们才能够承担起这样的重任；其二，由于木版年画传统创作技艺的缺失，木版年画的艺术风格无法得到延伸，也就很难传承和发展。在朱仙镇的旅游季节，虽然能够看到大量的商家售卖木版年画的场景，但是由于没有集中规模化经营，出现了不同程度资本匮乏的现象，朱仙镇木版年画的传承和发展受到严重制约。为了大力发展中国传统文化，国家颁布了相关的法律法规支持文化产业发展，相继出台的指导意见是中国传统文化的产业发展方向。2011年国务院颁布实施了《国务院关于支持河南省加快建设中原经济区的指导意见》，其中提出了关于文化资源保护问题的详细内容，要求创建华夏历史文明传承创新区，以促使中国传统文化创新发展。这些政策的颁布和实施，对于加强朱仙镇木版年画的保护工作起到了积极的推动作用。

  如今，在互联网新媒体创新发展的环境下，朱仙镇木版年画艺术资源获得了科学合理的利用。从"曹家老店"淘宝官网产品名目来看，大量的艺术作品都体现出了朱仙镇木版年画制作的图案样式繁多、可观赏价值高、颜色亮泽等方面的突出特点，并且这些年画大都具备了成熟的创作风格和艺术气韵。在互联网新媒体时代，朱仙镇木版年画已经实现了线上线下产业联动的发展格局。如今，产品不但覆盖河南本省，通过互联网的销售渠道，当地还把木版年画艺术产品销售到了国外。当前，朱仙镇木版年画的制作，依然延续着非常传统的手工制作方法，同时又依托当前科技印刷技术进行创新发展，以提升人们在传统市场和旅游市场上购买朱仙镇木版年画的消费能力。朱仙镇木版年画的制作，作为当地传统的工艺技术，得到了政府在产业发展和项目发展等方面的大力扶持，使得这一传统民间艺术得以传承下去，给当地职业制作人也带来了良好的经济收入①。

  朱仙镇木版年画作为中国的传统文化之一，要使其得到弘扬和发展，就要对其

---

① 赵京京.朱仙镇木版年画资源利用与开发研究[J].美术大观,2012(2):73.

采取科学合理的保护措施。那么,充分利用全球华人对本土文化资源所独具的亲近感,使中国的传统文化保持中原风貌,文化品牌不失时代特征,富于中国特色且具有一定的国际影响力,是当今时代传承和发展朱仙镇木版年画的历史使命。朱仙镇木版年画的成功案例得以证实,地方文化的软实力得以提升,发挥提升中华民族凝聚力的作用,在保护中华民族文化、保留文化创造技艺的同时,还实现了对传统文化的发展与创新。当前,朱仙镇木版年画要做到全面振兴和发展,就要依赖于一定的社会文化环境。这个在经济社会渐失实用价值的技艺,只有受到大环境的支持才能够迎来新的发展机遇。目前在国家政府的支持下,河南省正着力于开发朱仙镇木版年画资源的工作,并基于文化保护和文化传承的目的,对该文化资源采取合理利用的措施,以使文化资源开发方向正确,在文化资源不被浪费的同时,传承和发展朱仙镇木版年画。

(二)合理开发利用当地的旅游资源并使其与木版年画产业结合

朱仙镇积极强化对木版年画的旅游开发工作,推出了木版年画的系列手工艺品。通过打造年画一条街,强化街镇基础设施建设和提升服务接待工作,来优化当地的旅游产业环境建设,以此构建良好的旅游生态产业环境。与此同时,村落建设也在积极地跟进中,构建年画专业村已经成为推进当地文化产业发展的重要举措。通过构建当地年画品牌的重要艺术元素,每个村落都形成了具有当地代表性的文化产品。估衣街、一户张、赵庄等著名村庄,基本集中了朱仙镇的手工艺大师们,他们也是把当地木版年画作为第三产业的重要群体。合理利用年画资源与旅游产业的结合,已经成为当前有效提升朱仙镇木版年画文化品牌的重要举措。他们通过促进第三产业发展,实施了对木版年画进行深度开发利用的许多重要措施。2015年春节期间,河南省非物质文化遗产的传承人张继中(当地著名的万同老店的店主),制作的木版年画销售出1万多套,销售额达到50多万元。除去制作成本,收入也是非常可观的。制作传统年画已经成为推动当地第三产业发展的重要模式,也突出体现了开发朱仙镇木版年画艺术资源给当地带来的良好经济效益。

1. 建设朱仙镇木版年画工艺流程实践基地

建设朱仙镇木版年画的工艺流程实践观摩和培训基地,不仅可以为朱仙镇木版年画的传承工作培育出大量的传承人,还可以将传承基地作为一项旅游资源进行开发和利用。游客们前来朱仙镇旅游,就可以在这里随时观看到手工艺者制作朱仙镇木版年画现场的工艺流程。这样的观摩和培训活动不仅开发了年画的教育传承之路,还使该基地发挥出招商引资的作用,吸引更多的资金,投入朱仙镇木版年画的保护和开发当中,以便于更好地传承和发展这项民间技艺。建立朱仙镇木版年画工艺流程实践基地,一方面是面向旅游产业,以旅游产业所获得的收入来推动当地文化的发展;另一方面是面向科学研究,通过科学研究的理论知识来指导文化的发展。将朱仙镇木版年画的传承融入旅游产业的发展中,以工艺流程实践基地为契机,开展体验型教育模式,使前来朱仙镇旅游的游客可以在基地的体验中,感受到朱仙镇木版年画的制作过程,感受到中华民族传统文化的魅力;将朱仙镇木版年画的传承融入中华传统文化传承的科学研究体系中,人们把工艺流程实践基地建设成为研究型基地,其主要任务是从事传统文化的教育活动。当地的教育部门、学校组织学生到这里参观学习,使学生接受文化教育和爱国教育。从事民族文化研究的机构以及高校都可以与朱仙镇木版年画的工艺流程实践基地建立合作关系,使这里成为真正的实习基地。学生到这里学习有关朱仙镇木版年画的技艺,通过亲手制作产生对这门艺术的深入认识,切实落实了通过教育途径,带动传统文化的发展。

2. 在娱乐设施中配入朱仙镇木版年画的图案

对朱仙镇木版年画艺术资源合理利用的另一项实践案例,就是将其开发与娱乐游戏相关的娱乐棋盘。这在当地和周边的区域有一定的市场,已经成为人们日常生活中的一种娱乐方式。富有生活气息的年画,主要是被制作成类似跳棋的木质棋盘,或者是雕刻有朱仙镇木版年画人物图案的玩偶。这些游戏的图案分门别类,画面生动有趣,却又不失益智的作用,参与者需要具有较强的逻辑思考能力。因此,附有此类年画图案的游戏在当地非常流行。朱仙镇木版年画传承了几百年,不但成为古董文化,还成为人们如今娱乐学习的一种方式,并在当前的旅游市场中活跃。将朱仙镇木版年画的图案融入娱乐设施的设计中,此项研发的合理利用不失为朱仙镇木版年画艺术资源的可开发及利用的成功案例之一。

3. 博物馆历史传承的当今利用和宣传

朱仙镇目前通过建立博物馆(图5-2),对当地朱仙镇木版年画的历史和发展概况进行整理,使年画的传承得到保障。朱仙镇木版年画博物馆,正成为当地展示木

图 5-2 朱仙镇木版年画博物馆内景

(图片来源:https://image.so.com/view? q=朱仙镇木版年画博物馆&src=tab_www&correct=朱仙镇木版年画博物馆&ancestor=list&cmsid=d97d5dfdabaef3f7c8b9577eea5ead02&cmras=6&cn=0&gn=0&kn=0&fsn=60&adstar=0&clw=250♯id=3644488a08809af97a625cdecf5f2ccf&currsn=0&ps=59&pc=59)

版年画传承与发展的一项重要途径。朱仙镇木版年画博物馆项目,位于开封市朱仙镇主城区。博物馆于2008年开工建设,总投资3 200万元,占地8 000平方米,主体建筑面积3 770平方米,为国内目前投资规模最大、功能最全的年画博物馆之一。通过建立博物馆,对朱仙镇木版年画的历史发展和艺术特性进行全面的展示,以此体现当地年画浓厚的传统文化内涵,对提升当地年画艺术资源的利用具有积极的意义。目前,朱仙镇木版年画博物馆正成为国内外游客及民间美术爱好者,感受中华传统文化魅力的重要平台。此平台充分体现出了朱仙镇木版年画的保护和传承取得了可喜的成果,也提升了年画的艺术价值、社会价值及利用价值。通过参观学习,游客及参观者真实体验到了朱仙镇木版年画的精湛技艺,提升了对朱仙镇木版年画的全面认识,增加了对朱仙镇木版年画传承与发展的人文情感。

4. 充分利用教育资源引导学生树立本土文化意识

在河南省的文化传承体系中,朱仙镇木版年画作为一项重要的文化资源,不仅是美术教育中的重要组成部分,还承载着中华民族传统文化教育的重要责任。朱仙镇木版年画具有地域性,是本土文化的代表,其艺术特征鲜明。因此,将其纳入美术教育中,可以让学生在美术学习的同时,感受到地方文化的魅力,在了解本土艺术、体验本土艺术、认识本土艺术和掌握本土艺术的同时,提高传统文化自信心。

朱仙镇木版年画走教育传承路线，就是要与国内美术类院校及美术专业学科，建立合作式教育模式，并同时以朱仙镇当地的学校为教育核心，逐渐向周边学校延伸，进行大幅度的教育宣传。学生在接受美术教育，品位朱仙镇木版年画的线条、色彩和造型的同时，可以通过速写、欣赏油画的形式，对木版年画进行综合性艺术创造。其一，学生通过掌握创作朱仙镇木版年画的要素，逐渐深化对朱仙镇木版年画相关文化的认识，创作出具有鲜明地方特色的朱仙镇木版年画。其二，人们将地方文化资源融入美术教育当中，让学生运用自己所熟悉的本土艺术，学习美术知识，从而培养他们美术学习的素养，提高他们美术创作的能力。同时，还可以让学生在创作朱仙镇木版年画时注入时代元素，以创造性的绘画理念绘制出具有时代风格的朱仙镇木版年画。其三，通过激发学生的美术设计能力，可以较为有效地推动年画的发展，寻求更多新的创新路径。其四，学生在接受美术教育的同时，通过对朱仙镇木版年画的学习可以建立家乡情感，产生对传统文化的传承思想，文化传承意识得到培养①。

教育资源不仅体现在学校教育，还包括各种教育活动。诸如地方文化艺术交流活动、学术层次的艺术研讨，等等(图5-3)。这些活动可以吸引有关专家学者，到朱仙镇针对朱仙镇木版年画的保护、传承和发展问题进行深入交流。随着近年来人们对朱仙镇木版年画学术研究层次的提升，其研究价值也不断地被挖掘了出来，朱仙镇木版年画的艺术品位也得到了提升。如今，当地将现有的信息资源充分地利用起来，加大传媒的宣传力度，并充分利用社区宣传服务计算机网络，实现对朱仙镇木版年画保护和传承的文化信息交流，以扩大朱仙镇木版年画文化体系的信息覆盖面，让越来越多的人认识到对朱仙镇木版年画进行传承的宝贵之处。这样的教育活动不仅在于保护和传承年画艺术本身，更在于对朱仙镇木版年画的创作手法和技艺流程的留存中，所蕴含着的丰富的社会历史内涵。这种宝贵的文化财富是成百上千年积淀而成的，是当地社会历史的鲜明写照。我们通过解读朱仙镇木版年画的相关知识，可以对当地的历史发展有所了解。通过开展教育活动扩大社会影响力，可以为朱仙镇木版年画的文化保护和发展工作创造条件。

---

① 王啸.国际话语权与中国国际形象的塑造[J].国际关系学院学报,2010(6):58-65.

图 5-3　朱仙镇木版年画教育宣传栏

(笔者拍摄于朱仙镇)

第三节　朱仙镇木版年画艺术资源传承与核心价值观的构建

本节重点就朱仙镇木版年画艺术资源的传承与价值观构建问题进行阐述,以创造良好的传承发展环境,提升全社会对朱仙镇木版年画的广泛认知和价值认同。对改善当前朱仙镇木版年画的发展环境、提升文化资源的利用和保护提出更多思考。

一、朱仙镇木版年画艺术资源传承

对朱仙镇木版年画的传承,既要秉持着继承传统,把中华优秀的文化精髓和工艺技术延续下来,让这一传统手工艺在当前时代中发扬光大,一代代传承下去,让子孙后代都能感悟到具有厚重人文历史的艺术资源极其可贵的思想;也要深入学习体会,提升民族自身的自豪感和文化自信。同时,对朱仙镇木版年画的传承,也要结合当前人们的消费模式,摒弃落后的传统思想,在传承的同时加以创新。在传承传统工艺和艺术手法的基础上,为朱仙镇木版年画的创新发展提供更广阔的空间①。

---

①　肖红廷.基于朱仙镇木版年画创意衍生品的开发与实践[J].经济研究导刊,2013(1):266-267.

针对目前的信息化发展水平和人们的审美消费模式,对朱仙镇木版年画的传承可以从以下几个方面入手。

(一) 强化对老艺人的政策扶持,提升后备人才的多渠道培育

当前,朱仙镇木版年画在工艺传承方面存在的困境有目共睹。随着老一辈艺术传承人正逐渐老去,而新一代的传承人一时间却补充不进来。特别是最为传统的口传心授传承模式,在当前社会已经不再形成气候。老工艺传承人的后代大都不愿意留在农村继承这种传统工艺,而是选择在学业修完后留在工作环境更好、生活环境更为优越的城市。从而造成朱仙镇木版年画传承工艺的断代,使得核心的人力和技艺就此消失,造成了深入挖掘传统工艺技术的诸多困难。加之部分老艺人依靠传统工艺的收入不多、年岁已高,就慢慢放下了手工艺活。因此,为进一步动员他们投身于朱仙镇木版年画的传统艺术中,发挥出光和热,政府有关部门需要强化相关政策,进行大力的扶持,从他们的生活环境、身体条件等各方面,给予积极关怀和帮助。让他们真切感受到国家对他们的高度重视,有利于这些老艺人把核心的工艺技术全盘地传承下来,使朱仙镇木版年画的传统技艺不至于在不久的将来面临消失的境地。

同时,虽然河南省在构建文化强省战略中积极进行探索和实践,并依托党的十六大、十七大、十八大、十九大精神,早在2012年就开始在全省范围内积极推进"构建中原文化强省"的发展目标,也取得了一定的成绩①,但在人才培育方面依然存在很多问题。虽然当地与一些高校和科研院所进行人才交流,也有工艺大师向社会开班,广泛收徒,但实践证明,朱仙镇木版年画的传承人才还非常不足,传统工艺技术在当代年轻人中的普及度还不够,更关键的是职业发展前景还没办法与其他职业进行比较。正是多方面的因素存在,造成当前朱仙镇木版年画后备人才不足的局面。

(二) 积极促进社会、政府和有关组织的协调配合

对朱仙镇木版年画的传承工作,不仅需要通过媒体进行宣传,还需要依托政府的各项政策以及人力财力等资源,进行品牌定位和规划设计。与此同时,还需要获得专家学者的积极参与,以创造良好的传承发展环境,提升全社会对朱仙镇木版年

---

① 桂娟.河南:落实十八大精神,建中原文化强省[EB/OL].[2012-12-03]. http://www.xinhuanet.com/politics/2012-12/03/c_113885349.htm.

画的广泛认知和价值认同。对朱仙镇木版年画的传承,不是一家木版年画工艺师能实现的,一个人只能代表一家之言,影响力再大,也无法带来一个区域的工艺发展。而是需要通过全社会各方面力量的积极互动,形成良好的传承环境,让更多核心的工艺技术得以传承下来①。

(三)强化文化产业合作,以实现木版年画资源的更好传承

通过文化产业来提升朱仙镇木版年画的传承发展,是适应当前经济社会发展的重要模式和方法。发展文化产业,可以有效提升当地的经济效益和社会效益,通过朱仙镇木版年画的产业化发展,来突破传统文化产业无法实现的功能交互等现状,从而拓宽文化产业合作的广度和深度,实现古老的民间艺术资源在当前社会的发展,以适应社会发展的需求。文化产业是一种经济模式,它需要突破传统观念,需要走出传统封闭的价值模式。通过全面的技术创新,来实现木版年画生命力的进一步延伸。比如将设计理念融入朱仙镇木版年画的开发和应用中,以转变思维的形式重新构建一个全新的文化产品,通过在市场中发挥消费者积极的消费潜力,以达到有效传承的目的。

还可以通过与旅游产业的深入结合,以旅游产业开发的形式再现朱仙镇木版年画的艺术魅力。研发多功能的文化产品,把旅游休闲文化的理念带入消费者的心中。当前这对民间艺术资源的保护与传承中具有一定的积极意义。推动朱仙镇木版年画的传承与时代发展同步,让这一传统工艺实现社会功能的多元化,从而被大众广泛接受。这种与旅游文化产业相结合的方式,激发了朱仙镇木版年画良好的商品价值和产业开发价值,在良好的经济效益和社会效益中进一步强化了朱仙镇木版年画自身的传承与发展。

(四)上升到国家战略高度,实现木版年画的有效传承

当前国家在构建文化强国发展战略的时代背景下,积极鼓励和提升高新科技文化产业的发展。从提升普通产品的层面,进一步强化朱仙镇文化产业及其产品的格调和功能。国家通过发展旅游产业、动漫产业等,把朱仙镇木版年画的艺术元素传播出去,以获得更多的社会反响,让更多的人关注当地的民间艺术传承与发展。还可以通过建立视觉媒体艺术的形式,把朱仙镇木版年画丰富的人文信息与

---

① 冯骥才.中国木版年画集成·朱仙镇卷[M].北京:中华书局,2006.

时代发展有机组合,拓展其发展的空间和产品内涵。还可以为当地木版年画的传承与发展,提供具有科学性和建设性的战略思考和艺术传承的理性思维。从国家战略层面进行普及推广,让这一传统工艺在中华传统文化的传承氛围中获得更多支持,以确保这一工艺的延续发展。

二、朱仙镇木版年画艺术资源与核心价值观的构建

岳飞是我国南宋著名的精忠报国的抗金英雄,其爱国情怀一直为世人所推崇,也是现代爱国主义教育的生动历史题材。当前,随着我国社会经济的不断发展、社会的逐步转型、各种失德失范社会现象的不断出现,社会主义核心价值观的建设日益紧迫,如何践行社会主义核心价值观,使人们自觉地规范自己的思想行为,成为摆在国家精神文明建设方面的重要难题。岳飞的忠君爱国精神无疑对我国的社会主义核心价值观的践行,具有重要的指导意义。

在人们的心中岳飞是一位举足轻重的英雄,在抗金战役中屡立战功,始终忠于自己的国家,最后被奸人所害,成为历史的一大悲剧。岳飞是爱国主义教育生动的历史题材。后人对岳飞及其忠君爱国思想的研究可以说相当的多。朱仙镇之战是岳飞第四次北伐的最后一战,也是岳飞忠君爱国精神最为突出的历史事件之一,在民间艺术朱仙镇木版年画中,有很多关于岳飞形象的描绘①。岳飞的忠君爱国思想,虽然有其"愚忠"的一方面,但是其誓死忠于自己国家的民族精神,与我国提倡的社会主义核心价值观有着本质的关联,是我国社会主义现代化建设所应当贯彻的精神。

(一)朱仙镇木版年画中对岳飞武将形象的刻画

朱仙镇木版年画可以说是我国民间艺术中最具民俗文化色彩的艺术作品之一。岳飞抗金之功绩,历历在目。据朱仙镇当地有关史料记载,岳飞在朱仙镇之役较为著名,影响也颇为深远,在当时极大地鼓舞了人们的斗志,增强了人们守家卫国之心。朱仙镇也因此留下了英雄的足迹,进而丰富了朱仙镇木版年画的人物形象题材。以木版年画而著名的朱仙镇,其年画中对岳飞形象的刻画,一直以武将为主,这也是岳飞在民众心中的真实反映。在朱仙镇木板年画中,人们对岳飞的描绘

---

① 许起山,张其凡.杨沂中诱捕岳飞史实祛疑[J].中国史研究,2015(4):93-102.

基本上是"顶天立地,威武健壮,手持武器"等威武的英雄形象。在民间,人们往往也将其作为守护自己家园的门神,祈求年画中岳飞的人物形象能为自己镇守门庭,带来祥和平安。例如年画《岳飞大战金兀术》(图5-4),就深刻地展现了岳飞手挥金刀与金兀术交战的场面。

图5-4　朱仙镇木版年画《岳飞大战金兀术》
(图片来源:https://www.360doc.com/
content/18/0426/20/44232639-749004872.shtml)

(二) 岳飞的忠君爱国之表现

岳飞的历史功绩早已被众多史学家所论证,不过人们对岳飞的故事及其精神之了解,大多来源于民间的各种传说。总的来说,岳飞的忠君爱国精神,主要表现在军事上对金人不屈不挠的抗争,以及对自己国家领土的誓死保卫。岳飞20岁开始从军,靖康二年(1127年),北宋两个皇帝被金人俘虏,岳飞不顾生死,为营救"君主",也为保卫国家的安全,向高宗请求抗金。建炎四年(1130年),岳飞抓住有利战机,使得金兵损失惨重,并将当时南宋的首都建康收复。绍兴四年(1134年),在岳飞的提议下,南宋开始进行第一次北伐,用了不到三个月时间,岳飞就将南宋被金人所占领的襄阳等地收复，朝野为之震惊。到了绍兴六年(1136年)，岳飞开始进行第二次北伐，接连攻下伊、商、洛、虢等地，但是由于当时高宗的反对，岳飞陷入孤立无援的境地，不得不撤军，然而他仍不放弃收复自己国家的信念。

高宗与秦桧等人偏安一角，极力推崇以屈辱条件换得国家暂时的安宁。绍兴八年(1138年)，高宗以秦桧为相，与金人签订了历史上较为著名的带有屈辱求和意味的《绍兴和议》。岳飞却极力反对议和，同时面斥秦桧："夷狄不可信，和好不可恃，相臣谋国不藏，恐贻后人讥议！"议和完成后，岳飞还上书表达了自己坚持抗金到底的决心。然而，高宗为应付岳飞，将其提拔至开府仪同三司，但是岳飞却不拘于个人的荣辱，不为利禄所动，多次被拒仍然坚持不断上书，请求收复国家失去的领土，保卫国家安全。绍兴十年(1140年)，由于金兵再次来犯，岳飞又再次奉命抗击金兵。当顺昌得以保住后，高宗的策略又开始由攻转为守。当时负责传旨的李若虚，被岳飞抗战之决心以及精神所感动，毅然选择矫诏，支持岳飞的抗战行动。岳家军相继获得"堰城大捷""颖昌大捷""朱仙镇大捷"等。即将取得决定性胜利的关键时刻，岳飞抵达朱仙镇，却被迫班师回朝，"十年之功"因此而"废于一旦"。高宗、秦桧等为排除异己、扫除障碍，将岳飞骗回京城，并将其投入大理寺狱，同时捏造其儿子岳云与部下张宪等人的罪状。然而岳飞却始终没有屈服，抗金保守家园之决心从未改变，最终被高宗"赐死"，临死前，岳飞愤然写下"天日昭昭，天日昭昭"，表明他光明磊落的爱国胸怀[①]。

纵观岳飞的一生，不难发现其忠君爱国之情怀，始终贯穿于他对外族入侵不屈不挠的抵抗精神中。在国家危亡之际，他不顾个人的得失，不顾秦桧等反对派的阻挠，一直坚持抗战，坚持与投降派进行斗争，保护国家民族利益，当斗争越发激烈，自己遭遇陷害时，仍然不放弃守卫家园的信念，这正是其爱国理想高于忠君思想的表现。在当时皇权至上的社会环境下，可以说是相当的难得。正是因为如此，岳飞"赢得生前身后名"，也才算是真正的民族英雄！

(三) 岳飞忠君爱国精神与社会主义核心价值观

爱国主义是一个历史范畴，其本质是人们对自己国家的热爱，为民族的独立与

---

① 周云逸. 目疾与岳飞北伐[J]. 山西师大学报(社会科学版)，2014(2)：94-97.

富强敢于牺牲自我的精神,主要体现在个人对自己国家,以及人民的高度关注和责任感。爱国主义在我国有一个漫长的形成时期:远古到秦汉时期是我国统一多民族国家的一个初步形成期,我国的爱国主义思想正是伴随这一过程得以慢慢形成。秦汉至清末是我国爱国主义思想发展成熟的时期,在这个过程中,"忠君与爱国""御侮图强"一直并存发展。辛亥革命至新中国成立,则是我国爱国主义思想得以发扬的时期。新中国成立至今,我国的爱国主义思想主要体现在对中华民族富强的追求。

在我国古代,受到君权至上政治体制的影响,"爱国"与"忠君"往往是一体的,也正是受到当时思想文化的影响,岳飞的忠君爱国思想有一定的局限性,其爱国更多的是建立在忠君的基础上,所以岳飞在抗金保卫家园的过程中,唯皇帝之命是从,"一生只图尽忠",而忽视了民族的利益,将民族的利益置于了皇权之下。从这个角度来说,其爱国精神与我国所践行的社会主义核心价值观中的爱国主义存在着本质的差别,这是当代践行社会主义核心价值观必须要引起注意的。当代社会主义核心价值观中所提倡的爱国主义,有自己的时代特征,可以说已经完全突破了我国传统意义上的"忠君爱国思想",它服务于整个国家以及民族,真正地将国家利益放在最高的位置。

我国是一个有着几千年历史文化传统的国家。在中国传统文化里,儒家思想一直牢牢地占据着主要的地位,是我国几千年历史发展的主流意识。"家国同构"的爱国思想也因此成为传统爱国主义的精髓。受到这种文化的影响,岳飞的爱国情怀更多的是一种"被动式的爱国主义"。只有在国家遭受外族侵略这种情况下,人们的爱国情怀才会被激发出来,各种爱国人士才会涌现出来,并纷纷转化为爱国行动。岳飞的爱国思想更多的是体现在对外族侵略的反抗上。而在当代,爱国主义形式已经发生了深刻的变化,随着时代主题的变化,爱国主义有了新的体现形式,开始朝着积极主动的方向发展。在我国,随着对外交往的深入,政治、经济、文化、军事等各个方面快速发展,我国与国际的合作正在全方位展开,国际地位的提升日益明显。因此,在践行社会主义核心价值观的过程中,对爱国主义的实践更多的是体现在我国各个领域的建设与发展过程中人们对民族政治、经济、文化、军事、安全等方面利益的主动保护。所以,在新的时代背景下,我们必须要用一种与时俱进的理念,来践行社会主义核心价值观,赋予爱国主义新的内容,不能够片面否定某种行为是不是有违爱国主义精神。

(四) 岳飞忠君爱国精神对践行社会主义核心价值观的启示

爱国主义是社会主义核心价值观的重要构成内容之一，也是我国几千年历史文化发展的主流思想，是中华民族抵抗外族侵略、加强自身建设的重要法宝①。在外族的侵略下，抵抗外族侵略，守卫国家领土安全是民众爱国主义最直接的反映。岳飞忠君爱国之精神，是践行爱国主义的典范，对于当前践行社会主义核心价值观、强化民众爱国主义教育具有十分重要的正面意义。在当代没有主权侵略的国际和平环境下，爱国主义更直接地体现在对民族自尊、自强、自信精神的弘扬，为民族的富裕与富强、祖国的繁荣昌盛做出自己的贡献，努力维护国家的统一。岳飞忠君爱国精神，对如何践行社会主义核心价值观仍然具有十分重要的启示。

1. 强化民众爱国信念，坚定民众对社会主义建设之决心

从民族复兴、国家富强来看，核心价值观对民众的行为、国家的发展起着稳定剂的作用，可以对人民形成巨大的感召力和凝聚力，同时激发了人们对社会主义建设投入极大的热情，坚定社会主义建设的决心。岳飞爱国主义最突出的表现，是对自己国家民族守卫到底的信念，面对外族的侵略坚决不动摇。从当前我国的发展来看，我国正处在前所未有的改革发展当中，社会各种价值思潮日益多元化也日益复杂，当中不乏一些反社会主义价值观念的言论。对于社会主义的建设发展来说，思想文化的交锋也是维护国家安全发展的需要，所以培育和践行社会主义核心价值观，必须要不断强化人们的爱国信念，坚定人民建设社会主义的决心，有效整合各种思想观念，不断加强党推进国家现代化建设的进程，构建完善且具有中国特色的、符合中华民族传统文化的社会主义核心价值体系。以现代意义的"爱国主义"，正确引导人们的思想文化价值观念，使人们获得精神上的核心支柱，自觉地以此来引导自己的行为。从现代社会的众多事件来看，我国人民的爱国主义信念非常坚定。在"钓鱼岛事件"中，人民对国家领土完整的舆论维护，也反映出人们拥有强烈的爱国主义信念；在"5·12"汶川大地震中，全国万众一心抵抗灾难的决心，也让世界看到了中华民族爱国主义力量的强大。

---

① 靳玉军.论社会主义核心价值观教育的实践要求[J].教育研究,2014(11):4-7,15.

2. 在对外交往中要捍卫国家利益

岳飞誓死抵抗外敌侵略,归根到底是对国家以及民族最高利益的维护。从近百年的发展经验来看,捍卫国家利益也应该成为对外交往的一个基本准则。在当前各国经济、文化、政治、军事等频繁交往中,国与国之间的竞争可以说就是一场没有硝烟的战争。虽然在各国的全球化交往中,国际社会一直提倡各国平等往来,但是从实际的交往来看,广大的发展中国家在国际社会中一直处于弱势地位,因此必须要争取属于自己的话语权,维护本国在对外交往中的正当利益,以爱国主义精神来指导自己的行为准则。在我国的外交政策中,维护国家最高利益,一直是推行外交政策的基本出发点,各界领导人也非常重视对国家利益的维护。毛泽东同志一生几乎都致力于把国家从外国侵略者的手中解放出来,维护国家的独立以及主权的完整。邓小平同志则根据马克思主义、毛泽东思想的指导,适应时代发展的主题以及社会发展的规律,赋予了爱国主义新的时代特征,致力于国家经济的富强,使得我国在对外交往中拥有更多的话语权。江泽民、胡锦涛、习近平等国家领导人,继承与发展了邓小平同志建设富强民主国家的理念,这是对爱国主义的深入贯彻。

3. 努力维护国家主权完整

主权的完整是国家赢得国际社会广泛尊重的重要条件。南宋之所以一直受到金国的威胁,是因为其缺乏维护国家主权完整的能力。岳飞誓死北伐灭金的最终目的也只有一个:维护国家主权完整,维护国家尊严,使国家拥有独立的话语权。这一点对于当今我们践行社会主义核心价值观也具有重要的意义[①]。当前,随着经济全球化进程的加快,以及我国加入世界贸易组织后国际机制的日趋完善,我国在国际社会交往中的主权利益经受着全方位的考验。为了顺应时代发展的潮流,我国要积极地参与国际交往,但同时也必须要注重加强对国家主权的维护。历史已经证明,越是屈辱求和,国家就越没有尊严,也就越无法自由地发展。而要最大限度地维护国家主权,只有爱国之心而无爱国之力也是无法实现的,可以说提高国家综合实力才是根本。具体而言就是要:第一,不断加快经济的发展,壮大国家经济实力。经济全球化的发展对于某些国家来说是对主权的强化。例如,美国等综合实力强大的国家。但是对于许多发展中国家而言,却是对主权的弱化。发展中国

---

① 赵果.创新大学生社会主义核心价值观培育机制的路径探析[J].思想教育研究,2013(11):67-70.

家由于缺乏发展的资金、技术等，必须依赖于西方发达国家，所以在很多方面必须通过让渡自己的优势资源来换取发达国家的支持，这在很大程度上来说也是对主权的出让。岳飞有着坚定的爱国主义信念，但是却无法实现维护国家主权完整的愿望，最重要的原因也是因为当时南宋综合实力较弱，缺乏维护国家主权完整的能力。第二，在国际社会交往中要不断强化主权意识。西方发达国家凭借自身技术、资金、管理等优势，在文化意识形态等方面对他国进行影响与干预，以实现主权的绝对化。所以在国际社会交往中，我国必须要立足自身发展的需要，强化主权意识，使得国家主权和利益得到最大限度的维护。

4. 培育和践行社会主义核心价值观的各种机制

健全的机制是社会主义核心价值观建设获得实效、永葆生机和活力的关键环节与根本条件。在古代社会，人们要实践自己的爱国主义情怀，可以说相当困难，会受到各种因素的影响，尤其是受制于封建君主的统治。岳飞爱国之心无法得到尊重，维护国家主权的行为也无法得到支持，最重要的原因是因为受制于当时社会各种制度以及社会舆论。对于我国当前的发展而言，要培育和践行社会主义核心价值观，就必须不断完善与之相关的各种机制，包括教育机制、制度机制、舆论机制、道德建设机制、文化机制、法律规范机制等，尽量减少人为因素，以确保社会主义核心价值观的践行。

教育的作用在于有意识地改变人们的思想、品行以及行为活动，它是人类传承文化、精神、思想的重要手段。社会主义核心价值观的践行、爱国主义传统的传承与弘扬，必须要依赖于完善的教育体系，以先进的思想作为指导。制度则是培育和践行价值观的重要支撑，是社会主义核心价值观贯彻落实的重要保障，对人的行为具有很强的规范作用。舆论的主要作用是传播各种意识形态以及思想观念，舆论具有很强的导向性作用，对个体具有很大的感召力。因此，在践行社会主义核心价值观的过程中，必须要充分利用舆论的作用，扩大对社会主义核心价值观的宣传。但是在宣传的过程中，必须要注意舆论导向的正确性，以正面的引导为主，向广大群众传播社会正能量，引导人们在对外交往中，自觉地维护国家以及民族的利益，使爱国主义能够在人们的日常生活交往中得到贯彻。

道德建设的作用是能够使人们加强行为的自律性，在日常的社会交往中，自觉地使自身行为符合社会主流价值观的要求。文化对社会经济的发展具有很强的引导、提升功能,它是意识形态的主要载体,对培育和践行社会主义核心价值观具有促进作用。从社会文化发展的基本规律来看,社会的核心价值观的形成,依托于文化的传承与发展,可以说文化是社会主义核心价值观得以不断丰富的源泉。法律法规是主流价值观得以保持稳定和连续发展的基本保障。因此,社会主义核心价值观的实践,最强有力的支撑就是相关法律法规的完善。总而言之,培育和践行社会主义核心价值观,必须依赖于各项社会制度的完善。

第四节 朱仙镇木版年画资源与文化产业品牌的构建

一、朱仙镇木版年画品牌的开发

品牌的研发对于促进朱仙镇木版年画的传承与发展具有积极的推动作用。而品牌主要由关键的品牌识别要素组成,具体包括产品名称、广告、图案、文字内容、商标、影音特点、包装设计等。品牌的开发体现了产品的社会功能和经济功能,通过在社会大众之间形成广泛的品牌影响力,来提升品牌的价值意义。品牌的经济功能,更多体现的是对市场的占有,通过突出的有别于竞争对手的产品和服务优势,来形成良好的市场竞争态势。

(一)构建文化创意产业开发体系

朱仙镇木版年画是流传了千百年的传统艺术,只有维护年画创作的原创性,才能使其具有传承的价值,才能够使其保持经久不衰的魅力。但是,要将朱仙镇木版年画顺利地传承下去,在保留传统技艺的同时,还要在文化创意上有所创新,即保留朱仙镇木版年画的原创性,在传承形式上以及传播途径上要具有时代性。与其他的产业创新有所不同,朱仙镇木版年画以其独特的文化传播形式,将文化产品的特征呈现了出来。构建文化创意产业开发体系,引进产业人才,并对人才实施系统化培训,为朱仙镇木版年画的品牌发展战略奠定基础。

文化创意产业机制的启动必然会推动文化品牌战略的实施。朱仙镇木版年画艺术资源从原有的静态发展转变为动态发展,由此而生产出紧跟时代步伐的新的年画产品。朱仙镇木版年画虽然走市场化、产业化发展路线，但是所构建的则是艺术产业链，在不失朱仙镇木版年画艺术元素的基础上，使文化产品规模化发展①。特别是目前中外文化的逐渐融合形成多元化的文化环境，朱仙镇木版年画的传统艺术元素就要与西方美学相结合，以使朱仙镇木版年画在保持传统艺术特点的同时，逐渐步入国际艺术发展轨道，各种与国际市场产品标准相符合的新型艺术产品也会被创作出来。

（二）创意开发朱仙镇木版年画艺术资源

对朱仙镇木版年画艺术资源的开发，是建立在保护基础之上的，以保护为前提突出创新的开发。如果要将朱仙镇木版年画的古版印刷工艺保存下来，就要在工艺流程和印刷流程上有所创新，从而提高创作的效率。比如，在创作朱仙镇木版年画时，在制版、对版和水印等环节，都要采用先进的技术手段，而关乎朱仙镇木版年画创作特色方面，则要严格继承传统的制作工艺。在朱仙镇木版年画的印刷上，可以利用电脑软件设计图案，并对图案进行修复后结合丝网印刷，在保留传统技艺的同时开发出新的年画产品。

数字化时代的今天，人们运用"互联网＋"对朱仙镇木版年画进行开发，就是将朱仙镇木版年画的信息发布与数字化发展紧密联系起来，为数据库实时更新木版年画信息。建立信息数据库，为朱仙镇木版年画创造了良好的文化挖掘和考察空间，也为其传统艺术的宣传展现了捷径平台。互联网，可以突破实体展览所受到的展陈空间、时间的限制。但是，并不会因此而失去年画本身的内涵精神，并能够给大家带来全新的观展体验。运用"互联网＋"开发民间艺术产业资源，特别是民间艺术中的活态艺术，不仅可以在短时间内获得经济效益，还可以将艺术纳入实体经济范畴中。比如将艺术融合到文化产业中，在获得政府相关政策支持的同时，推动艺术产业快速发展。

通过互联网新媒体强化对朱仙镇木版年画的开发，是顺应时代发展需求、有效搭建旅游发展平台的好方法。例如把朱仙镇打造为特色旅游胜地，通过互联网线上线下功能，推销朱仙镇具有地方特色的工艺品，也可以出售有关朱仙镇木版年画发展历史的文化书籍，从而形成具有地方特色的集吃、住、游、学于一身的朱仙镇综

---

① 祁军伟.传统资源的开发与利用——朱仙镇木版年画的传承与发展[J].宿州教育学院学报，2010(6)：170-172.

合性文化产业品牌平台。

二、朱仙镇木版年画文化产业品牌的构建

(一) 传统文化产品树立品牌形象的重要性

在产品的发展过程中,需要将产品的文化品牌树立起来。品牌所发挥的作用是将产品的形象注入消费者的观念当中,使他们形成对产品的认知。要想成功地创建产品品牌,就要深入了解"品牌知识"。"品牌知识"由美国的凯文·雷恩·凯勒(Kevin Lane Keller)提出。他指出对于产品品牌的创造,品牌知识是最为关键的。产品要提高市场竞争力,就要树立起鲜明的品牌形象,而能够使消费者对品牌形象具有深刻的记忆,就要运用品牌知识,以利于消费者构建品牌认知。品牌形象是消费者对产品品牌所形成的感官效应,对其是否能够记住产品具有直接相关性。如果产品品牌形象良好,品牌就可以发挥营销功能,不断地扩展产品市场。

品牌认知包括品牌认同和品牌回忆两个部分。当消费者对品牌产生认同感,就会对产品具有较强的辨认能力,他们能在众多的产品中很快地分辨出具有认同感的品牌产品;品牌回忆,使消费者在产品目录中可以很快地搜索到所熟知的产品品牌。消费者对品牌具有回忆能力,能够通过品牌对产品的相关内容进行扩展,从而在意识中形成主观性的产品知识体系[①]。

从心理学的角度而言,当消费者的品牌认知形成之后,他们就会采用联想的方式构建网络记忆模型,当商家通过营销手段对消费者进行刺激,就会使得消费者的品牌认知被激活,将主观形成的产品形象构建出来,这就是品牌意识所发挥的作用。消费者的这种品牌记忆在很大程度上影响了消费者对品牌的抉择。

(二) 构建朱仙镇木版年画文化产业品牌形象

1. 朱仙镇木版年画的品牌形象

品牌形象与品牌联想密切相关。朱仙镇木版年画的品牌代表元素,包括"古朴自然""中原古镇""民间技艺"等。要使人们能够对该品牌产生联想,就要在品牌设计中,将这些元素突显出来,以对消费者发挥思维引导作用。随着品牌形象根植于人们的意识中,人们就会对产品的品牌产生认同感,对品牌产生联想偏好。在民间

---

① 冯亮.二维动画在武强木版年画产业化发展中的作用及实现技术研究[J].剑南文学(经典教苑),2012(7):207.

艺术领域,朱仙镇木版年画具有较高的声誉,特别是在文化研究领域,有诸多的爱好者对朱仙镇木版年画有偏好。一些美术爱好者,还会对这种民间工艺产生极大的兴趣,他们一旦想到开封、提起朱仙镇,就会很自然地联想到朱仙镇木版年画。

朱仙镇木版年画具有地域的独特性。当人们看到朱仙镇木版年画,便可以联想到有关岳飞的事迹,可以联想到其他的版画,这就是品牌效应所发挥的作用。在朱仙镇木版年画的品牌形象设计上,要使品牌所代表的艺术元素突显出来,就要在产品服务、营销、工作人员着装上运用这些元素,以符合人们对品牌的联想。对朱仙镇木版年画的传承艺人,当地政府要予以特殊的扶持,同时还要保护好品牌的追捧者,通过开展文化活动,请这些爱好者参与到活动中,亲自体验年画创作的全过程。以此扩大朱仙镇木版年画的传播范围,激发越来越多的人对朱仙镇木版年画产生品牌联想。

2. 强化人们对朱仙镇木版年画的品牌意识

在品牌认同和品牌回忆的作用下品牌认知得以形成。品牌认知是通过品牌元素而构建起来的,决定了人们回忆起品牌的容易程度。随着品牌认知被构建起来,人的头脑中就会构建起品牌元素的形象,并产生购买的欲望。所以,朱仙镇木版年画的爱好者多局限于朱仙镇的周围。人们的居住地距离朱仙镇越远,对朱仙镇木版年画就越陌生。近年来,河南省加大了对朱仙镇木版年画的宣传力度,并启动了朱仙镇旅游项目,使得朱仙镇木版年画成为朱仙镇的标志。大多数的旅游者都选择朱仙镇木版年画作为纪念品,朱仙镇木版年画的旅游文化传播作用也就发挥了出来。为了提高人们对朱仙镇木版年画的认知程度,还需要将品牌扩展到相关领域,而不再局限于朱仙镇木版年画本身。也就是说,人们通过朱仙镇木版年画可以联想到朱仙镇的其他文化资源,诸如岳飞、朱仙镇等。朱仙镇木版年画品牌的建立,能够将朱仙镇所有的文化资源予以整合。

(三)朱仙镇木版年画文化产业品牌构建的实施途径

1. 突出对朱仙镇木版年画老店品牌架构的全面整合

品牌架构的定位组合从确定构建品牌的基础元素、总体内涵和发展定位等方面进行界定。我们可以对朱仙镇木版年画目前存在的老店进行品牌架构的全面整合,突出他们的总体特色,让民族元素的记忆成为每家老店的共同特点。与此同时,也可以让外界通过了解朱仙镇木版年画所具有的特征记住朱仙镇木版年画。

构建品牌内容的方式要注重多样化,要立足当前消费环境所具有的特点,把古老的木版年画艺术元素整合到当代消费者可接受的品牌生活中来,对具体的年画图案做提取品牌元素处理,以达到整合的目的①。

2. 强化品牌定位的实施

朱仙镇木版年画文化产业品牌的构建要强化品牌定位的实施,其中人才是文化传承的主体。要确保朱仙镇木版年画的文化产业品牌构建起来后,能够将朱仙镇木版年画传承下去,就要注重人才的培养,才能够将朱仙镇木版年画带出狭小的天地,覆盖到中国的每一个角落,甚至远销海外,从而打开朱仙镇木版年画的国际市场。这就是对民间艺术品牌定位的重要性。品牌需要人才去支撑。长期从事朱仙镇木版年画传承的老艺人具有较高的专业知识,他们的传承人或是由他们培养出的对朱仙镇木版年画具有一定领悟力的工作人员,适合于从事此项品牌建构工作。同时,还要积极培养从事传统文化产品的营销人才,以便于推进朱仙镇木版年画在市场中参与竞争的能力②。

在现代的社会环境中,要想使传统艺术得到发展,就要使传统文化有生存的土壤。将现代设计元素注入传统年画的设计当中,对传统艺术的创作加以扬弃,使得传统艺术产品融入时代元素,更易于被现代的市场环境所接受。例如,在朱仙镇木版年画的制作中,对于不会影响年画原创的技艺,可以运用现代的科技成果去取代。在市场营销模式上采用现代的营销理念,可以使传统艺术渗透并融合进现代社会环境中。再如,将朱仙镇木版年画中的艺术元素,植入产品的包装中。诸如中秋节,在人们经常使用的月饼包装的图案设计中,运用朱仙镇木版年画的图案作为背景,来吸引消费者的关注并加强对品牌的记忆力。另外,还可以通过与生产商进行合作,利用商标的形式,进行朱仙镇木版年画的宣传。(图5-5)这些都是目前朱仙镇木版年画文化产业品牌构建的具体构思,也是具有可控性的战略思路。而且在当前市场环境下,要对朱仙镇木版年画进行有效的开发,也必须通过对年画艺术资源进行品牌提升,改善当地的社会发展环境,来达到资源再开发和充分利用的目标。

---

① 陈文娟,吴越滨. 朱仙镇木版年画与现代品牌生活的邂逅[J]. 大众文艺,2015(3):158-159.

② 陈日红. 锲而不舍,融俗于雅——坚持数十年将民族民间艺术融入现代设计教学体系[J]. 湖北美术学院学报,2012(2):72-73.

图 5-5　包装设计中的朱仙镇木版年画元素
(图片来源:http://www.baozhuangren.com/thread－3295－1－22.html)

3. 明确具体的市场定位和生产环境预测

朱仙镇木版年画文化产业的发展格局有多大,对将来的发展涉及的具体产业和行业格局的预估就应有多大。如此将极大地有利于定位文化品牌所延伸的具体范围,不至于产生因产业过大造成品牌形象模糊的状况。利润空间的多少将是朱仙镇木版年画发展文化产业的重要考量方向。文化产业的发展,都具有企业追求利润的最直接动机。产业发展空间有多大、能不能产生利润和效益、生产配套是否齐全等,直接影响了产业未来的发展。朱仙镇引进文化产业链后,当地生产可承载的负荷有多大?生态资源是否会因此受到破坏?传统工艺是否会因为产业化的影响而消失?所有这些预估,都必须建立在全面和科学的论证基础之上,因为这都将影响到品牌构建的合理性和品牌实施的可行性。因此,朱仙镇木版年画文化产业品牌的构建,需要考察多方要素的资源整合,特别是文化产业链在朱仙镇落户后,给城市功能发展和生态环境所带来的影响等一系列问题。

4. 获得具体的政策配套措施支撑

在朱仙镇木版年画产品的发展过程中,需要将产品的文化品牌树立起来。品牌所发挥的作用是将产品的形象注入消费者的观念中,使其形成对产品的认知。要能够成功地创建产品品牌,就要对品牌知识做深入的了解,还要有具体的配套政策支撑。政策对市场具有重要的引导作用,相应的政策出台,就会提高公众的关注度,进而提升人们对民间艺术产品的消费能力,提高产品自身的市场竞争力,而且还能够让消费者对品牌形象具有深刻的记忆。拥有了政策配套支撑后,通过政府对文化产业品牌进行深度的宣传,依托政府的公信力平台所具有的影响力,进一步促进文化产业的发展,提升文化产业品牌在行业的影响力和传播效力。而且,政策配套支持对于朱仙镇木版年画文化产业品牌的构建,具有良好的项目引导作用。朱仙镇木版年画作为具有世界影响力的民间艺术资源,其本身已经具有一定的市场影响力和品牌知名度,而以此为文化产业的构建基础,有效提升了工作效率和品牌运作能力。

第六章 民间艺术产业发展前景展望

第一节 国外民间艺术产业发展模式的借鉴

一、国外民间艺术产业发展的模式

每个国家都有自己独特的民间艺术产业发展模式,并且民间艺术的存在土壤和民族精神内涵也各不相同。因此,在借鉴国外民间艺术产业发展理念的时候,要注意避免不适合我们参考和纳入之处,主要应注意如下几点:

(一)民间艺术产业的发展定位,应避免偏离国情

根据国家战略需求进行取舍是我国发展民间艺术产业的重要根基。在此基点上,韩国民间艺术产业的定位给了我们很好的启示。他们主要结合了国家发展模式和地域特征来进行定位。因为韩国国土面积不大,涉及的民间艺术资源也不多,加之韩国经济实力允许它投入巨大的资金对国内所有民间艺术资源进行全面保护和科学开发。而我国地大物博,民间艺术资源非常庞大,如果不进行选择就纳入全面的产业开发和利用,姑且不说大面积开发给国家财政带来怎样的压力,更关键的是无序的开发,不符合我国可持续发展的基本国情,势必会带来巨大的铺张浪费。我们对民间艺术产业进行开发的原则性把握,是既需要借鉴国外先进的开发理念和管理模式,同时还要立足我国发展实际和民间艺术产业开发的具体特点,运用科学合理的发展战略进行有效开发。

(二)强化竞争的同时,应避免取一独大的不良做法

全面发展为战略定位,是我国民间艺术产业发展的重要思路。在这一点上,澳大利亚把土著文化作为其发展文化产业的王牌进行定位。也就是说,该国已经把更多资源利用在对土著文化相关产业发展的战略重心中来,这体现了澳洲文化建设的价值追求[①]。而对于我国来说,这种价值定位不符合我国的实际国情。我国民间艺术产业非常宽泛且经典,堪称为国宝的民间艺术资源众多。如果单独把某种民间艺术资源进行产业化发展,而让其他文化产业作为配套的发展模式,显然不符

---

① 贾鸿雁.澳大利亚文化旅游发展及其启示[J].商业研究,2013(1):195-199.

合我国传统文化战略发展的总体布局。我国民间艺术产业发展模式更多追求的是协调性和多样性,各地区都拥有传承千年保留下来的民间艺术资源的精髓,对其开发之后能为当地经济发展做积极的贡献。因此,任何选其一做大做强的思路,均不适合弘扬中华民族传统文化,更不适合我国民间艺术产业发展的整体工作思路。

(三)民间艺术元素的运用,应以避免伤害民族精神内涵为前提

国外如日本、加拿大等国的动漫文化产业发展迅速,无论是动画还是动漫的内容主体都体现了该国的传统文化元素。这些传统文化元素与能发展成动漫产业的艺术元素进行组合,体现了国外文化自由而开放的特性。但在我国,基于对历史人物的尊重,以及塑造民族传统文化正面形象的需要,并非所有的民间艺术都可被纳入民间艺术产业范畴。特别是有些正面历史人物形象,已经代表了民族光辉历史的灵魂和民族感情,容不得半点形象的诋毁。比如岳飞,他已经成为浩气长存的民族英雄,教育一代代的国人,俨然成为爱国主义教育的正面形象。因此,对岳飞这一人物进行艺术加工,并将其植入动漫作品或者影视产业作品时,岳飞形象永远代表的是正面的精神,不能成为负面的形象,这已经成为人们心中的接受维度。由此可以看出,民间艺术产业发展应该尊重和崇尚对民族精神和正面形象的弘扬,所有艺术元素的提取和吸收,都必须以遵循民族情感为前提。

二、国外民间艺术产业发展的经验

(一)韩国将传统文化与现代技术有机整合

1. 全面挖掘民间艺术,以构建博物馆和民俗旅游方式进行展示

韩国国土面积不大,其涉及的民间艺术也没有中国多,但韩国对民俗文化资源的挖掘却相当的全面,并且民间艺术资源的保护工作也受到了国家和人民的共同重视。在韩国,几乎每个地方的特色民间艺术,都被打造成特色旅游休闲版块。例如通过博物馆陈列和表演等形式,来全面还原当地民间艺术的主体特色。再比如在于勒博物馆里,突出展现的是韩国传统艺术伽倻琴的历史人文特色。此外,当地原住民,还可以享受到政府为他们兴建和装修的民宅,继续他们悠闲自在的生活,不需要任何搬迁。此举的目的是通过走传统民间艺术产业化的形式,对原住民所居住的原生态艺术环境加以保护。

2. 注重立法保护措施的执行

韩国对民间艺术产业的开发和建设,有一套自身严密的组织结构和管理制度。对确定下来的名胜古迹,中央政府和当地政府共同管理,对区域内的所有资源进行全面的再组合和通盘规划。韩国打造具有韩流风格的民间艺术产业链,目的是强化对民间传统艺术精髓的传承与发展,同时又体现出巨大的经济社会价值。比如韩国非常具有特色的哑语舞台剧《美笑》,把韩国传统文化、服饰、产品和旅游等捆绑在了一起,通过"一源多用"的形式,构建一个具有民间特色与现代技术相结合的民间艺术先进产业发展链。

(二) 日本动漫产业发展以民间艺术元素为基础

日本的动漫产业世界闻名,是当今国际社会公认的动漫产业最为成功的一个国家[1]。很多内行的学者也都知道,日本动漫人物内容和故事情节结构具有非常突出的民族特点。其间人物的每个动作、每个眼神,直到思想的表达,都全面提炼了日本本土的民族历史文化精髓,对宣传日本民族形象起到了巨大的作用。同时也给国家创造出了良好的经济效益和社会效益,具有积极的作用和意义。当前动漫产业已经成为日本经济产业的重要组成部分。可以说,日本动漫产业很好地宣传了本土的民间艺术,把民族精髓完全运用到现代科技的审美价值观中。对我国这个具有厚重历史的国家来说,日本民间艺术产业发展所采用的先进做法,非常值得我们学习和借鉴。

(三) 澳大利亚以土著文化作为参与国际竞争的王牌

澳大利亚旅游资源丰富,是全球重要的旅游目的地。当地海景、历史人文、牧场、土著文化等一大批具有发展潜力的文化资源,支撑其旅游产业的快速发展。澳大利亚把土著文化作为发展其旅游产业的重要支柱,目的是希望打造具有民间艺术传统特色的元素,一方面可以与当前全球性激烈的旅游行业竞争,创造出更多的差异性特色旅游文化产业看点;另一方面还可以有效挖掘本国传统文化资源。从而既达到拉长特色文化产业链的目标,促进经济发展,又可以实施国家长期性艺术产业的战略规划,强化该国经济增长的可持续发展能力。

(四) 英国通过有效融资来促进艺术产业的发展

英国通过多渠道融资的方式来实现民间艺术产业的发展。这种提供金融支持

---

[1] 多金荣. 国内外文化产业发展概述[J]. 现代商业,2012(12):120-121.

的方式值得我们学习借鉴。我国对民间艺术产业的开发投资,更多的是通过国家财政渠道来实现保障。由于资金来源单一,民间艺术产业开发力度严重不足,主要采取的是依靠国家财政拨款的方式进行,很多地方政府都争相申请,给国家财政带来巨大的资金压力。这种做法催生了地方政府的惰性,地方政府缺乏主动作为和承担压力的能力。英国文化产业的开发,主要通过多渠道筹资的形式,除了"政府陪同资助"的形式给予一定拨款支持外,还有准政府组织的其他资助,同时还有各类型社会基金会的赞助等①。目的是让参与开发的单位减轻压力,同时也可达到提升运作能力和工作积极性的目的。

(五)美国积极营造法制化环境来促进艺术产业的发展

在经济、文化的多元化的环境下,我们要实现民间艺术产业快速而健康地发展,就要分析民间艺术产业所处的全球性发展环境。越来越多的国家实施了民间艺术产业发展战略,这使得民间艺术产业的发展,面临着国家文化市场所带来的巨大竞争压力。以美国为例,当前美国的经济发展迅速,国家具有强大的文化实力。其成功之处在于,文化产业的发展符合了社会环境的变化,同时还营造了良好的法制环境。文化产业的发展,如果离开相应的法制环境,就会在市场中毫无秩序地展开,不利于民族文化的宣传与发展。因此,文化产业的发展,需要一个法制的环境。美国积极推动文化产业的发展,不仅加入了国际版权保护体系,还扩大了法律保护文化的效应,让文化产品合法化,有效地避免了侵权行为。

三、国外民间艺术产业发展的启示

(一)产业布局的纵观性

韩国民间艺术资源开发布局体现的是系统性和全面性。他们在挖掘本国民间艺术资源的同时,通过立法的形式来规范开发的价值模式,从国家战略高度,获得全体国民的重视和支持。这对我们当前民间艺术资源产业开发缺乏系统性和专业科学定位给予了成功的范例。

(二)民间艺术元素的提炼运用

日本动漫产业的发展给我国的启示,是深刻的。日本文化起源于中国,也就

---

① 张瑾.国外发展文化创意产业的融资经验借鉴[J].现代经济信息,2010(24):281-282.

是从某种意义上来说,中国文化是日本民族文化的母体。但如今的日本,却可以把单薄的民族文化产业做得有声有色,形成世界级的品牌。日本动漫元素的构成模式,应成为我国发展民间艺术产业的发展方向。

(三)以立法为保障,强化奖惩政策的同步落实

从国外传统文化产业链发展模式来看,他们注重政策立法,把所有项目规划和设立以及后续的实施步骤,都纳入国家法律体系的范畴中,通过法律渠道来改善实施的客观环境,从而保障文化产业的稳健发展。而我国当前虽然把文化发展提升到了国家战略高度,但是在实践运作中,各地区并没有出台相关的法律政策,并且在政策执行方面还存在非常多的问题。各地区所看重的是项目能产生多少经济效益,而不是能给民族文化带来更好的保护,从而弱化了民间艺术产业发展的初衷。

(四)民间艺术产业的融资渠道建设

西方发达国家支持文化产业发展的模式值得我们借鉴并学习。国外一些发达国家在民间艺术产业的融资方面做得比较好。他们不是通过国家主导、政府出全资包办的形式来进行这项工作,而是通过企业运作的形式,多渠道融资,政府扮演积极介入支持的角色,来提升企业的融资能力,这样可以大大增强企业应对困难的能力。

第二节 由"中国制造"向"中国品牌"的转型

民间艺术是人类传统生活不可或缺的一部分,虽然现今民间艺术看似已经退出了人们的生活舞台,但是它带给人们的生活空间却是在不断地延伸。民间艺术会以多种形式出现在我们的生活,其主要形式莫过于作为旅游产品而出现。但是,以往人们在民间艺术的传承工作中并没有形成品牌意识,使得民间艺术产品的包装缺乏美感,影响了销售效果[①]。如果人们没有形成品牌意识,就必然会影响艺术品规模化、产业化发展,更不会形成有效的产业链,难以发挥艺术品的品牌效应。所谓的品牌,就是能让人们能够根据品牌识别产品,对产品产生极大的信任。品牌

---

① 肖丰,陈晓娟,李会,等.民间美术与文化创意产业[M].武汉:华中师范大学出版社,2012.

是产品文化的标识,人们通过品牌可以解读产品文化。因此,中国民间艺术要走出地方,走出国门,走向世界,就要注重打造民间艺术形象,由"中国制造"向"中国品牌"转型。这就需要中国民间艺术形象的塑造要有所创新,以符合现代人的审美观念,能够被现代人所接受。品牌化的艺术产品才能够走出狭隘的市场,迈向更大的空间①。中国民间艺术形象的塑造,要保留艺术的民间形态,在艺术形态得以推广的同时,还要紧紧把握产品的文化灵魂,让人们从文化的角度接受民间艺术产品,产生心理上的愉悦感。中国民间艺术形象塑造要具有新意,就要将产品品牌的文化个性凸显出来,实施差异化营销,使消费者能够通过品牌识别产品,深化对产品的认识,并对伪劣产品具备甄别能力,从而使得民间艺术产品的良性市场环境被营造出来。

一、中国民间艺术产业品牌的建立

当前,中国是全球第二大经济体,也是全球公认的制造大国。中国制造遍及世界,并且中国制造的产品在世界范围内影响广泛。但中国制造的产品,品牌度却不高,技术含量和价值优势还不突出,体现了当前民间艺术产业的总体情况。因此,在新媒体时代,国家要实现民间艺术由"中国制造"向"中国品牌"的转变,必须依托经济发展环境,加大民间艺术形象的投入建设,增强民间艺术资源的深度挖掘和利用,重点要突出转型时期的品牌塑造和形象打造。

(一)注重民间艺术形象品牌再设计工作

商品经济环境下,中国民间艺术受到了冲击。随着人们商品意识的提升,传统的生活方式被打破,民间艺术所依赖的传统生活方式不复存在,其原生状态必然受到威胁。民间艺术的艺术形象更多体现的是单一性、传统性、古老性的特点。而为了适应当前社会审美与市场销售的需求,就必须对传统的民间艺术形象进行品牌再设计。民间艺术形象的品牌再设计,主要是把在民间艺术当中的核心内涵进行提炼和升华②。通过再设计的形式,民间艺术形象具有明显的形象标识、结构特征,容易被大众所记忆,相关文字和图案易于传播。民间艺术形象的建立需要拥有大众市场和传播工具。品牌的形成,说明这一民间艺术形象已经拥有了广泛的市场,

---

① 马俐,刘旸.对朱仙镇木版年画现状与前景的思考[J].广西轻工业,2011(9):156,205.
② 宿彩艳.民间艺术产业的品牌形象设计研究[D].济南:山东轻工业学院,2012.

并且形成了具有一定忠诚度和稳定性的消费群体。因此,对民间艺术形象品牌进行再设计,是有效定位当前市场需求的必要手段。此外,通过艺术形象的再设计,把民间艺术古老的艺术内涵和文化精粹转接到当代社会人们所能认知和接受的范围中来,有利于使民间艺术成为大众化的艺术产品,被大众所接受,并广为传播,以此形成良好的民间艺术形象品牌。因此,要使民间艺术具有时代感,就要在保留民间技艺的条件下,对民间艺术形象进行再设计,以提高其对消费者的吸引力,扩展民间艺术产品的销售市场。

(二) 提升民间艺术产品的功能性整合

民间艺术形象品牌的建立,在对传统民间艺术产品进行形象优化的同时,还必须对其具体功能进行重新整合,以形成具有一定影响力的形象品牌。在当前消费环境下,人们大多对具有更多附加值的商品较感兴趣,物美价廉是人们的传统消费思维。同样,这种消费意识在民间艺术形象品牌建立方面也发挥了积极的作用。比如天津"泥人张"民间艺术,要提升这一民间艺术形象的品牌影响力,在保持其具有的欣赏价值的同时,可以通过陶瓷烧制的手段,将其制作成非常精美而喜庆的工艺美术品。而在设计方面则可以融合福娃形象或者中国红等元素,将其以具有明显民族特征的形式展现出来,也可以根据生肖进行形象设计。在结构功能方面,该产品不仅可以是装硬币的钱罐,还可以成为家里的摆设。消费者感受到这是一件多功能的工艺品,物超所值,已经从心理层面接受这一艺术产品的诸多功能。进而该产品形成良好的市场销售前景,产生积极的市场效应,在传统工艺品中形成突出的产品特色,有助于其品牌的建立。民间艺术产品的功能型整合,还可以使其功能辐射到不同领域,甚至还可以带动周边相关产业的共同发展。

(三) 注重品牌信息的传播和发展定位

只有注重品牌信息的传播和精准的市场发展定位,才能让具有良好发展潜力的民间艺术形象实现良好的品牌效应。以陕西凤翔彩绘泥塑为例,陕西凤翔彩绘泥塑小巧可爱,色彩鲜艳,其作品形象包括了诸多非常迎合大众消费的动物造型和人物形象,已经达到上百品种。目前,在全国市场上具有良好的市场影响力和广泛的销售群体。陕西凤翔彩绘泥塑,形成了良好的艺术品牌形象,主要是因为其有明确的市场定位和详尽的传播规划。先进的营销模式,体现了陕西凤翔彩绘泥塑的商业性,拓宽了品牌信息的传播途径。产品定位的高标准、科学化,已经使这一产品走上了创新之路,成功地塑造了品牌的艺术形象,陕西凤翔彩绘泥塑为民间艺术产品提升产品的影响和建立形象品牌提供了丰富的经验。

二、中国民间艺术产业品牌的创新

中国民间艺术品牌形象的创新,必须根据当地民间传统习俗、人文内涵、审美价值、消费模式等进行有机整合。创新是在原有民间艺术形象的基础上进行重新定位和再组合,以便更好地在当前社会中发挥良好的市场效应。

(一) 依托民间艺术品牌形象的美感进行创新

中国传统民间艺术的产生,不仅体现了古代劳动人民的集体智慧,还反映了当时特定历史环境下,人们认识自然和改造自然的能力。很多民间艺术形象具有良好的艺术美感,体现出人类智慧中的独特创造力。立足当前社会,民间艺术形象品牌的创新,可从审美价值方面着手,用现代视角去重新审视,把它们中具有自然风格和人文特色的艺术形式,进行重新创意,形成一种更加集中、更具有当代艺术风格、更能代表厚重历史文化信息的艺术元素,以此体现出当代中国民族精神内涵的民间艺术品牌形象①。比如在剪纸艺术方面,传统的剪纸艺术大都只把内容限定在动物形象、人物和自然图案,这是古往今来都延续的传统风格。为了更好地适应当前社会的发展需求,可以在传统风格图案中加入当地元素进行创新,以更加吸引人,更符合当代消费者的审美意识。当前依然流行的贴窗剪纸之所以深受消费者喜爱,不仅是因为中国红的元素存在,更是因为图案整体中充满了当代生活气息。剪纸中有大头动物、人像,也有交通工具造型等设计,还有漂亮的城市景观风貌等元素,这类具有时代感的组合,强化了剪纸的艺术风格,使图案更加富有时代气息和市场前景。

(二) 吸收民间艺术形象品牌所包含的文化内涵

民间艺术形象品牌所蕴含的文化信息非常丰富,如果把其中的艺术形象内涵进行提炼和加工,并运用到当前的文化产业中来,产生的社会效益和经济效益将是巨大的。这关键在于对民间艺术形象的核心元素进行重新提炼,把古老的东西转变为当前具有现代气息的艺术品牌。比如民间艺术形象中与吉祥如意等有关的工

---

① 杜艺.浅析中国传统剪纸艺术在现代文化创意产业发展中的应用[J].陕西教育(高教版),2015(8):20-21.

艺品或者是图案,包含了许多吉祥美好的文化内涵,我们通过对民间艺术形象所包含的文化内涵进行阐释,可以使吉祥的民间艺术元素的形象,活生生地走进当代人们的生活中。此外,还可以结合当前消费环境进行全面创新,把这些原本存在于剪纸或者工艺品上的吉祥美好的信息,组合到家具的雕刻中来,通过植入传统文化的艺术元素,提升家具的文化内涵,从而可以更加彰显家具的厚重古朴风格。由此,强化了艺术品市场销售的层次,也通过对传统民间艺术形象文化内涵的阐释,提升了民间艺术形象品牌的知名度和美誉度。

例如,大连华丰家具有限公司,在国内外传统家具市场拥有良好的品牌知名度和美誉度,其前身是 1951 年庄河县木器合作社。华丰品牌的成功,更多的是因为其家具中融合了传统艺术元素。如立柜,往往会运用具有中国传统艺术特色的中国红图案,或者是具有传统吉祥谐音意义的猴鹿(侯禄)动物进行形象装饰,既美观又充满了中国传统文化气息,受到中外消费者的青睐。

(三)中国民间艺术形象品牌的创新要体现务实精神

民间艺术形象品牌的创新,不是故意创造出独特稀奇来吸引消费者,也不是无中生有、故弄玄虚来迷惑消费者,而是要体现出民间艺术原本的艺术意蕴,从还原历史的角度对民间艺术进行深刻的理解。在充分提炼出历史艺术元素的基础上,对民间艺术形象品牌进行全面的搭建和提升。比如朱仙镇木版年画,它原有的艺术特色是色彩丰富,门神大多被刻画得威武高大,造型也栩栩如生。这便是对民间艺术形象重新创意所应具有的基础条件,不能偏离这种整体性的艺术特征来进行肆意的创新。

这就要求如果把朱仙镇木版年画运用到企业产品包装方面,就必须突出这一特征,不能把门神图案元素抽象化,同时又要符合当前消费者的审美和市场需求。这就体现了民间艺术形象品牌的创新,要以民间艺术元素的全面提炼为基础。也就是创新需要立足于现有的主体,通过对民间艺术进行深入挖掘和深刻变革,以现代科技手段实施特定的创作手法和技术加工,形成具有吸引力和创造性的全新艺术形象。实施民间艺术形象品牌的"中国制造",并不仅仅只是迎合和追求经济价值,同时应该关注到民间艺术资源的传承与发展。技术创新和艺术创意,让良好的民间艺术形象品牌获得新的发展动力,在当前社会中实现完美的转身。

第三节　打造民间艺术产业增强国家文化软实力

一、提高我国国际地位及话语权

通过推动民间艺术产业发展,从而提升我国在国际的地位和话语权。众所周知,一个国家的文化软实力体现这个国家在国际地位上的重要根基。当前国际舆论格局是西强我弱,这导致中国很多正面的声音和形象无法传播出去,中国声音也无法让更多听众听到,或者是传播面还非常有限。要着力推进我国民间艺术的国际传播能力,势必要通过打造民间艺术产业平台,创新民间艺术的对外传播方式,形成一套具有中国民间艺术特色的对外话语体系,增强对外话语的感召力,赢得国外正面声音的支撑与关注,从而提高我国的国际地位以及国际话语权。

(一) 加大核心价值观的引领作用

全球化背景下,中国的改革开放取得了举世瞩目的成就,同时也面临着新的挑战。随着国际局势的不断变化,中国要维护好自己的利益,就要拥有国际话语权。因此,中国要对获得国际话语权产生主动的意识,才能够在国际事务中积极维护国家利益[①]。树立正确的核心价值观是提升国家文化软实力的根本,国家要在国际上争夺话语权,就要围绕着核心价值观,实施一套可行的文化软实力提升战略,就是要采用非强制性手段传播自己的文化价值观,使对方欣然接受的同时,充分认同中国的文化价值。在核心价值观的引领下,中国的民间艺术在国际上得到广泛赞誉。民间艺术恰恰是一个国家意识形态和价值观的显性化、实体化再现,当这些民间技艺在国际上展示时,正是一种文化的呈现。随着民间艺术对外的广泛传播,以文化为载体的核心价值观就会潜移默化地发挥教育引导的作用,并逐渐传播和渗透到与他国的文化交往中。为了提升本国对他国文化价值观渗透的抵制力量,就要充分发挥核心价值观对民间艺术对外传播的引领作用,让中国人建立起高度的民族自信,提高民族凝聚力[②]。

---

① 王宁宁.中国传统艺术形象在动画创作中的再塑造研究[D].西安:西北大学,2013.
② 王新,徐放鸣.论民族形象在民族文化中的塑造——以民间艺术安塞腰鼓为例[J].新余学院学报,2014(5):86-88.

(二) 加强意识形态的宣传工作

加强意识形态的宣传工作,需要得到国家相关媒体机构的积极协作,为民间艺术产业的发展,以及民间艺术的对外交流、宣传和传播保驾护航。国家相关部门积极做好对外宣传工作,在国外相关媒体和宣传部门间搭建好沟通的桥梁,以拉近国外友人对中国民间艺术的认知和理解。民间艺术产业凝聚着我国的传统思想和民族精神,民间艺术在世界范围内进行广泛交流,为民族文化走出国门、走进国外观众心中开辟一条航线,从而使国外观众逐步产生对中华民族文化的认同感。中华五千年文化的厚重和艺术的魅力,逐步地感染着国外观众,并得到广泛的认可,有助于提升我国民间艺术产业在国外产业界的地位。与此同时,也使其他国家有了更多的与中国文化交流与合作的机会。国外相关艺术机构通过引入中国的民间艺术,也能享受到来自东方国家的艺术魅力。这将有利于提升我国的国际影响力和国际地位。

(三) 创新宣传部门的舆论导向

民间艺术产业要获得长足的发展,某种程度上要依赖于国家文化主管部门以及新闻媒体单位的舆论导向。文化主管部门和新闻媒体单位,在对外宣传和思想引导等方面具有巨大的影响力,它们承担着国家文化产业、国家形象对外宣传和对外传播的重要使命。通过创新宣传部门的舆论导向,构建更多语种、更多渠道、更多模式的宣传平台。比如,可以通过中央电视台国际频道对外宣传,通过阿拉伯语频道、西班牙语频道、俄语频道等现有资源,对外进行广泛的宣传报道,传播好中国声音,树立好中国形象。改善我国民间艺术产业的发展现状,让更多国外文化产业行业参与进来,强化产能输出,加强与国外多区域产业的合作,在国外开展文化基地建设,进一步做大做强民间艺术产业,形成传播中国声音、树立中国好形象的良好平台,以提升我国文化在国外的影响力和感召力。

(四) 增强对外话语的感召力

通过增强对外话语的感召力来提升民间艺术产业的发展后劲。民间艺术产业要寻求发展,重点需要通过具有良好感召力,以及公信力的平台渠道来做好宣传,增强对外话语权的感召力,让人听得进、感兴趣、会支持。由此,就要求民间艺术产业的发展,在产品对外销售中形成良好的产业品牌形象,在国际上树立起较好的正面形象。同时在艺术产业的生产过程中,体现出艺术品牌所应有的独特性和价值性。因此,民间艺术产业要想获得较快的发展,就必须进行强有力的自我提升,在团队管理、技术能力、艺术产品内涵、品牌传播等方面下功夫,打造出具有国际影响力、品牌美誉度、观众普遍欢迎的艺术产品。从而,才能更好地发挥民间艺术产业的产业价值和产业功能,进一步提高我国在国际上的话语感召力。

(五)增强对外话语的影响力

目前,中国作为开放发展的国家,拥有了较强的经济实力,人们的精神文化生活水平也得到了较大的提升。中国向来注重通过各种途径来提升我国的文化软实力,比如通过与世界各国进行文化交流合作,中国的国际话语平台得以扩展;搭建与世界各个国家之间相互信任、相互合作的平台,促进文化的广泛交流;以民间艺术的传承与传播作为中国传统文化传播的载体,提高中国对外话语权的力度等。如今,中国要将自己的传统文化优势,转化为国际主流话语权,提高自身在国际上的影响力,就应当积极地发展民间艺术产业,逐步提升国家的文化软实力,使得中国话语在国际上更具有影响力。

二、推动我国民间艺术在国际上的发展

通过打造民间艺术产业,来努力提升我国民间艺术产业的国际竞争力。形成优质品牌,强化民间艺术在国家竞争中的影响力、竞争力和驱动力,以产业的形式来推动我国民间艺术在国际上的发展。

(一)发挥好新兴媒体的广泛宣传作用,提升文化产业发展空间

我国具有强大的舆论宣传阵地,除了传统的纸媒、电视台和广播电台外,目前已经发展了互联网多媒体影视、社交网站、客户端、新闻门户等多功能平台。它们具有覆盖广、投射强、定位精、受众广等特点。特别是互联网的强大宣传功能,不仅能及时对外传播中国文化,还可以实现我国与国外文化单位的互动交流和贸易合作。我国民间艺术产业总体的信息化水平较高,目前几乎每家文化企业都有专业人员通过电脑对企业发展和日常业务进行信息化管理。这能积极、有效、及时地处理产品相关信息,把握产品的生产、销售等重要环节。民间艺术产业实现信息化管理,有助于推动我国民间艺术在国际上的传播与发展。

(二)提升民间艺术产品品牌的知名度和美誉度

中国的民间艺术产品种类繁多,要加快民间艺术产业的发展,就要走品牌发展之路。民间艺术产业要实现在国际上有所发展,就必须提升整个艺术产业产品的

品牌知名度和美誉度,以质取胜。在经济全球化背景下,给予文化产业发展的既有机遇也有挑战。要走出国门,接受国外消费者的欣赏和评价,经得起国外媒体和社会大众的点评,就必须提升自身的产品实力。通过展现艺术产品所固有的传统文化内涵,来提升艺术产品在社会中的魅力和感染力,以较高的产品定位、高超的艺术境界、良好的品牌形象让众多的消费者折服。只有遵循这样的原则,才能赢得竞争,有效提升我国民间艺术在国际上的影响力。

(三)正确处理社会效益和经济效益的关系

推动民间艺术产业发展,必须要深刻认识国内外文化产业的发展形势及其所处的环境。每个国家的民间艺术,都代表了一个国家所具有的民族精神内涵,更代表了一个国家的精神面貌和民族尊严。在任何时候、任何地方,都不应以牺牲民族尊严为代价,来获取经济利益。我国民间艺术要实现在国际上的发展,就必须让全世界都认识到中华民族的文化精神不可挑战,更不可受到亵渎。任何不符合经济规则的合作模式,或者有诋毁民间艺术文化的行为,都不可接受。更要积极应对国外那些利用经济手段来对我国民间艺术进行渗透和打击的恶势力。只有以国家利益为重,民间艺术产业的走出、发展才有价值和意义,也才能赢得国外同行的赞许。只有拥有更加宽泛的合作空间,走出去的步伐也才更加有力,才能推动我国民间艺术在国际上的发展。

三、提升我国文化软实力及国际影响力

(一)文化软实力的内在提升

1. 相关的政策阐释

一个国家实力的增强,离不开文化发展这个动力。文化可以说无处不在,国家的综合国力要有所提升,就要提高民族文化在国际上的地位,进而使这个国家获得世界的认可。所以,中国强调增强文化软实力,并以此作为国家的发展战略。文化软实力是提升我国综合国力的重要指标。党的十八大以来,习近平总书记曾经多次论述了国家文化软实力的相关问题,并进一步指出,我国国家文化软实力的提升,关乎中国未来的发展,以及魅力中国梦的实现①。只有国家文化软实力得到提

---

① 张晓雯,孙艳.挖掘民间文化艺术 拓展成都旅游资源[J].四川省干部函授学院学报,2010(2):3-6.

升,中国才能在世界上获得更多的话语权。因此,加强中国文化的对外传播能力是非常重要的。中国的文化软实力要有所提升,就要将中华民族文化所具有的独特魅力展现出来。中国几千年的文明发展,铸就了我国悠久灿烂的文化。要使中华民族的文化基因与目前的社会发展环境相协调,就要重视民间艺术的传承与发展。民间艺术根植于民间的沃土之中,并且容易被人们认知和接受。将民间艺术的艺术元素融入现代社会中,才能够使其所具有的文化精神在当今得到弘扬和发展。因此,传承与发展民间艺术既是历史也是当代的学术命题。我们要弘扬和发展民间艺术,就要立足本国、面向世界传播我国的艺术精粹。我国在2011年就已经启动了中华文化走向国际文化舞台的发展战略,通过提升国家文化软实力来达到提高我国国际地位的目标。可见,我国对传统文化的认知已经基于文化建设向文化发展转型,将增强国家文化软实力提升到了国家战略层面①。

2. 以文化软实力提升国际影响力

改革开放促进中国的快速发展,使中国成为一个新兴的国家。中国要在国际上具有影响力,就要拥有话语权,运用文化软实力是非常必要的。中国要增强国家的文化软实力,就要提高对本土文化的重视程度。面对民间艺术的渐次消失,拯救民间艺术已经成为提升国家文化软实力战略中的一项重要内容②。这就意味着,我国要提升文化软实力并且在国际上获得话语权,还需要很长的路要走。

党的十八大提出,培育和践行社会主义核心价值观,就要注重文化的建设。通过提升文化软实力进而提升民族自觉性,增强民族自信心,以促进中华民族文化的大发展大繁荣。这一思想理念的实现需要通过实施文化强国战略来完成,就是要向国际社会声明,中国的战略发展道路是符合中国国情的,是符合人民利益的,且获得了广大中国人民的拥护。民间艺术是人民所创造的宝贵精神财富,并根植于人民的心目中③。开发民间艺术资源,使其成为中华民族文化的精粹,对于加大文化软实力的力量、增强中国特色社会主义的感召力,起着至关重要的作用。中国传统文化中所蕴含的核心价值具有极大的渗透力,能够增强中国与世界各国文化交流的亲和力。

---

① 许世虎,刘姗.民间艺术在动画艺术中的应用研究——以巴渝地区民间艺术为例[J].美术界,2012(8):80.
② 袁恩培,龙飞.凉山彝族地区土特商品包装设计策略研究[J].包装工程,2011(16):1-3.
③ 邱波,陈丽霞.惠农产品包装品牌形象的提升思路与对策[J].包装工程,2011(16):90-92,100.

3. 以民间艺术为代表实现跨文化交流

中国话语要具有亲和力,才能够获得文化与政治的双赢。中国要在国际上获得话语权,并不是要压制别人的话语权,而是要获得话语的平等权。中国通过与其他国家密切沟通与交流,来促进相互之间的互信,从而赢得国际的支持。随着世界各国经济的频繁合作,文化也呈现出多样性。文化没有国界,但是各个国家的意识形态都会有所不同,这决定了国家的发展模式也会存在着差异。这就需要尊重各国的文化,做到"和而不同",在尊重的基础上相互信任,在相互理解的基础上相互合作。随着文化差异的缩小,不同文明之间的冲突就会逐渐化解,实现民族和谐,进而促进世界和平①。

中国的发展是被世界瞩目的。中国倡导世界和平,多年以来为国际社会的和谐稳定做出了巨大的贡献。中国要与世界各国对话交流,才能够强化对彼此的理解,文化在其中所起到的作用是不容忽视的。中国与其他国家之间要在政治上相互尊重,就要以文化为载体,相互借鉴,加强文化合作。民间艺术是中国传统文化的代表,具有浓重的地方色彩。不同的艺术形态,都彰显着中国不同地域和不同民族的文化内涵②。在世界文化大融合的时代,中国要充分挖掘民间艺术资源,以民间艺术为中国传统文化中的主流文化,使中华民族文化,在世界文化中更为突出,从而展示中国的风采。

(二)增强国际影响力的途径

提升我国文化软实力,需要重视民族文化对国家生存与发展所起的作用;重视文化软实力和我国的国际影响力之间的关系,把提升我国文化软实力的方略作为增强国际影响力的有效途径。

1. 以夯实国家文化软实力为发展根基

民间艺术产业要获得发展,要以提高国家文化软实力为发展方向,树立文化自觉意识,把自身文化体系发展得更好、建设得更快。使其实力更加强大,以配合国家文化发展战略的推进。在国家战略布局的统一协调下,民间艺术文化产业,正朝着构建文化强国的发展目标奋勇前进。民间艺术要获得发展,需要深化市场活力,

---

① 赵胜男.黑龙江民间工艺品文化品牌建设研究[J].艺术教育,2011(7):129.
② 邱波,陈丽霞.江西民间工艺品包装品牌形象提升策略研究[J].美与时代(中),2014(10):74-76.

提升改革文化体制的魄力和勇气。通过完善管理体制、经营机制,来激活民间艺术产业的发展空间,进一步改善民间艺术文化市场的发展环境。

2. 以构建现代公共文化服务体系为根本着眼点

提升我国文化软实力及国际影响力,应以构建现代公共文化服务体系为根本着眼点。民间艺术是面对大众消费的文化,打造艺术产业链,需要以创造良好的文化发展环境为基础。民间艺术产业要实现大繁荣大发展,铸就具有国家高度的文化事业,必须要加强根基意识,以服务基层为方向,让民间艺术文化产品进农村,让更多的民间艺术产业扎根农村,形成具有良好的文化品格、高雅的欣赏格调、成熟的文化内涵的惠民产品。以此打造农村地区良好的文化氛围,进一步提升人们对民族文化的广泛认同,强化社会主义新时期大众的核心价值观念建设,有利于提升我国文化软实力。

3. 以展示中华文化独特魅力为导向

提升我国文化软实力及国际影响力,以展示中华文化独特魅力为导向。民间艺术产业的重要特点是以民族文化为其文化产品的重要组成元素。文化产品的内涵代表了一个民族文化的独特性,也是区别不同民族文化的独特标识。随着中国国际影响力的快速提升,越来越多的国家和地区,开始重视中华民族的传统文化,并试图以文化基因的模式来研究中华民族崛起背后的文化现象。中国民间艺术产业的对外交流与发展,正是国外了解中华文化的重要窗口和渠道。民间艺术是一个国家的文化精髓和核心内涵,它已经跨越了千年时空,把最绚丽的文化魅力传承了下来,体现了一个国家的人文内涵和当代文化发展的重要潜力。民间艺术产业在发展过程中对外传播中国传统艺术,弘扬传统文化精神,传播和宣传中华文化中的精髓理念和人文品格,有利于提高我国对外文化交流的水平,全面展示中华文化的历史魅力;对于树立良好的国家形象、强化中华民族文化品牌的对外传播、提升我国的文化软实力等都起到了积极的促进作用。

总之,中国要走向世界,就要让世界了解中国,让世界接纳中国。中国要有自己的声音、建立自己的民族文化形象,才能够在世界领域中提升国际话语权,受到世界的尊重①。中国要完善对外交流的体系、壮大文化发展和对外传播的格局,就

---

① 刘昂.山东民间艺术产业的品牌建设[J].中共济南市委党校学报,2011(3):24-26.

要发挥民间艺术在传承和发展过程中所起到的作用,通过开发民间艺术产业建立多层次的文化传播与交流渠道,促进中国与不同国家之间的情感交流。要实现国家之间的交流,就要将交流建立在文化层面上。因为文化关乎一个民族的信仰,关乎一个国家和民族的价值观,关乎到人民的思维方式。只有促进各国文化间的深层次了解,建立中国与世界其他国家之间的文化对话,才能够通过文化融合促进价值取向的融合,基于此而建立中国与各国之间相互信任的关系①。

四、树立民族品牌形象并加大民族品牌影响力

中国要树立良好的国际形象,就要充分利用传统文化的优势。中国要提升文化软实力,就要加快文化产业发展的速度,将民族文化的独特性彰显出来,以更为开放的思维,将民间艺术所富含的文化特色凸显出来。处于多元经济环境中,无论是国家还是地区,都要注重文化的建设,以文化为切入点,运用文化品牌战略,才能够提高地方的经济竞争力。区域范围内促进文化产业发展,使得文化软实力得以增强,当地的知名度也会随之提升,从而获得了对外宣传效应②。

(一) 积极挖掘民间艺术资源,打造民族文化品牌

中国拥有丰富的民族文化资源,这与地域文化息息相关。在中国拥有民间艺术资源的地区,往往已经延续了几百年甚至上千年的文明,这些民间艺术就是当地文明的象征。人们世世代代在某一地域生息繁衍,形成了已经固化的生活习俗,这种生活习俗逐渐积淀为民族文化。比如,在云南省东南部地区的丘北县,生活着汉族、回族、壮族、苗族、白族、彝族、瑶族等民族,居住在这里的人口已经超过了46万。不同的民族,都保留着各自传统的民间艺术形式,而这些民间艺术也表达了各个民族文化之间的差异。每到民族节日的时候,这些少数民族同胞,就会像兄弟一样聚集在一起开展各种娱乐活动,并展示各自的民族艺术③。随着丘北县的旅游资源被开发出来,各种节目都会在旅游节庆活动中展演。这种节庆活动既是赠送给前来

---

① 蒋新卫. 论国际话语权视角下的中国文化软实力建设[J]. 新疆师范大学学报(哲学社会科学版),2013(1):20-26.
② 杨帆. 物尽其用:从民间手艺到文化资源——以山东菏泽面塑手艺调查为例[J]. 内蒙古大学艺术学院学报,2014(2):41-51.
③ 陈丽媛. 浅谈如何加强民间艺术特色之乡文化产业发展[C]//文化部艺术服务中心. 中国民间文化艺术之乡建设与发展初探. 北京:中国民族摄影艺术出版社,2010.

观光的游客的一份礼物,也是吸引游客驻足的一种方式。

中国开发文化旅游项目,大多会对当地的民间艺术资源进行充分的利用。人们通过开展文化旅游的方式,就会将当地潜在的民间艺术元素挖掘出来。政府有关部门组织当地的民间艺术家,加大对民间艺术资源的挖掘力度,并多方收集开发民间艺术资源的讯息。各个地区开发旅游景区,除了自然景观之外,还需要充实人文景观,将民间艺术资源的挖掘和开发作为塑造人文景观的重要标识,使旅游更具有文化内涵,从而推动当地旅游事业的快速发展①。

(二)树立民间艺术品牌,扩大宣传力度

在市场经济环境中,品牌是产品的重要标志,它是产品质量和形象的代表,同时发挥着宣传效应。中国从文化建设到文化软实力的提升,都强调扩大文化品牌的效应,以使文化发挥出经济价值。在经济市场中,中国的民间艺术产品要提高核心竞争力,就要树立文化品牌,发挥品牌效应带动产品的产业化发展。树立品牌,可以扩大民间艺术产品在市场的影响力②。处于新媒体时代的今天,民间艺术要打破封闭环境中的传统延续,就要将民间艺术置于开放的平台上,加大宣传力度,通过网络传播提高民间艺术在社会上的知名度。宣传媒体的级别越高,宣传力度就会越大,所发挥的宣传效应也就越广,有助于推动民间艺术走出区域范围,走出中国,伴随着中国与世界各国的密切交流而被世界认同。在国际形象塑造上,中国的民间艺术作为传统文化中的重要组成部分,所展示的不仅是本民族的形象、本地区的文化特色,还是中国与世界各国文化合作的一座桥梁。特别是当中国的民间艺术得到世界的认同,民间艺术的品牌效应就会发挥出来。将中国的文化顺利地融入世界文化体系中,用中国传统文化的魅力,来加强中国对世界的吸引力③。

(三)民族品牌形象的树立,需要理念创新

树立民族品牌形象,需要进行理念创新。民族品牌形象具有一脉相承性和传统性。新老民族品牌形象的发展传播模式,均存在很大的不同,这需要人们在传承民间艺术的过程中,保持民间艺术与当前媒体和相关文化单位的交流和合作关系,

---

① 韩邦云. 山东民间艺术产业可持续发展的保障体系研究[J]. 价值工程,2014(26):213-214.
② 周华. 区域特色民间艺术资源的产业化开发探析——以浙西余东村农民画为例[J]. 美术大观,2011(12):64-65.
③ 李雨生. 浅论重庆民间艺术资源在高校动画艺术教育中的应用[J]. 电影评介,2012(14):73-75.

以此实现民间艺术产业在发展中的理念创新。与此同时,创新性还体现在民间艺术产业的管理方面。民间艺术产业能够很好地树立起民族品牌形象,主要是由于它依托民族文化思想的对外传播和文化对外开放等国家政策。民族品牌形象的树立,一方面实现了对民间艺术资源的挖掘和利用;另一方面,在思想认识层面使民族艺术获得了外界的广泛认可。由此形成了中国民族文化对外传播的窗口,对外展示中国民间艺术崭新形象和产业发展的全新局面,有利于民族品牌形象影响力的快速提升。

(四) 树立民族品牌形象,要以传播当代中国价值观念为路径

民间艺术产业的发展,要与人们当代的文化需求相适应,要体现出当代社会主义价值追求,要以人们喜闻乐见的方式体现出文化产品的内涵。良好的民族品牌形象,需要通过广大人民群众对民族文化的热情参与和积极互动来实现。我国民间艺术产业,要实现大发展、大繁荣,需要拥有良好的对外传播平台,才能达到提升我国对外交流水平与对外传播文化的目的,也才能把中国梦的内涵传播出去,把中华民族的价值体系和民族追求以及人文精神传播到世界,满足全人类的精神文化需求。提升中华民族文化的品牌影响力,进一步强化民族品牌形象的国际影响力,让中华传统文化为世界文化的繁荣与发展做出更大贡献。

(五) 注重民间艺术品牌创新,以符合文化发展大环境

民间艺术要发展、艺术品牌要创新,打好品牌战略的牌局非常重要。民间艺术要在民间环境中生存,营造良好的艺术生态环境至关重要。上升到艺术层面,就是要将民间艺术创作的技艺保留下来并延续下去。民间艺术生存环境的营造离不开政策大环境的发展,并随着政策大环境的变化而变化。中国要促进区域文化的持续稳定发展,充分彰显出民间艺术的艺术元素是必不可少的。民间艺术反映当地的艺术特色,是当地人们用智慧创造出来的精神财富,调节和丰富人们的精神生活。人们对本地区的民间艺术都存在着深厚的情感。如果对民间艺术资源进行合理开发,并使其产业化发展,它不仅可以带动区域经济可持续发展,还可以促进旅游经济的发展。中国旅游资源丰富的地区,除了拥有自然资源之外,人文资源也极富吸引力[1][2]。将民间艺术资源整合,运用民间艺术的特性,树立起鲜明的艺术品

---

[1] 许瑾,李游.关于民间艺术品牌形象推广策略的思考[J].新西部月刊,2010(6):114,116.
[2] 廖运升.浅析民间艺术中地域文化元素在标识设计中的应用[J].神州,2013(6):29.

牌，然后再做好民间艺术品牌形象的宣传工作，就可以达到民间艺术品牌创新的目的。

总之，民族品牌形象影响力的提升，是一个复杂而系统的工程。不仅需要提升和发展民间艺术产业的后劲，还需要提高产品的质量，在社会效益与经济效益的实现上下功夫。树立良好的民族品牌形象，重点是要推出具有较好发展前景、具有民族文化代表性、具有产品发展可塑性的民间艺术品，作为发展的核心基础。

第七章 结语

深刻认知国家文化战略中发展民间艺术产业的意义

随着我国经济的快速发展,国家具备了强大的经济基础,人民的物质生活获得极大满足。在此背景下,国家已经有能力把创建文化强国提升到国家战略层面。当前中国经济发展呈现出迅猛态势,并在世界范围内产生了巨大的影响力,全世界的目光都聚焦在中国。提升中国的国家文化软实力,成为我国推动自身发展的前提。当然,国际社会中也难免会有一些负面的声音,在试图大肆玷污中国的国际形象。鉴于如此复杂的环境,我国在党的十八大上明确提出实施构建文化强国的国家发展战略,为推动和提升中国国际形象、增强国际话语权制定实施方略[1]。我国传统文化博大精深,民间艺术恢宏灿烂,是中华民族传统文化宝库中的活化石。如何在实施文化强国战略中发挥好中国传统文化的引领作用,将民间艺术资源转化为民间艺术产业,以产业促发展,提升国家文化软实力显得尤为重要。

在文化大发展的时代背景下,通过构建文化强国战略,来培育我国经济新的增长点,成为经济转型升级、推动民间艺术产业发展的时代必然趋势。目前国际环境下西方强势的文化渗透,又进一步警醒我国构建社会主义文化强国战略的必要性和紧迫性。推动民间艺术产业发展创新,成为新时期文化强国战略的主体方向。此外,随着中国综合国力的提升和全球影响力的增强,站在全球的高度审视,我国传统的民间艺术产业发展还比较滞缓,严重缺乏创新和对外交流,造成我国的国际影响力与国家文化软实力不相匹配。无法以发展的思维去发展传承中的中国文化,从而使民间艺术产业发展的后劲不足,无法与外界先进的文化成果进行对话交流,影响了文化的大发展、大繁荣。把发展民间艺术产业定位为构建文化强国的重大举措,具有积极和深远的意义。

---

[1] 欧阳军喜,崔春雪.中国传统文化与社会主义核心价值观的培育[J].山东社会科学,2013(3):11-15.

一、挖掘民间艺术资源发展中国民间艺术产业

随着我国政治、经济、文化等的快速发展,民间艺术资源的挖掘与中国民间艺术产业的发展显得越来越重要。充分挖掘民间艺术资源,不但能够有效地弘扬中国的民族文化,而且能让民间艺术得到全面的发展。然而,如今很多民间艺术已经逐渐流失,这在很大程度上是由于民间艺术未能得到全面的保护。所以,为了能够让民间艺术得到全面的保护,就必须对中国民间艺术产业的发展进行全面的探讨。

中国文化源远流长,博大精深。中国民间艺术也是千奇百怪、各具特色。但是,中国的民间艺术却在逐渐发展的过程中流失,这就极大地引起了人们的反思。丰富和美化当代人的精神文化生活,越来越成为全社会的一种热切愿望。民间艺术的最大特点是将艺术融入生活之中,是一个民族个性和审美习惯的"活"的显现。保护和传承民间艺术,就要在"活"字上下功夫。因为,诸如保护手工技艺的最有效途径,莫过于要使其"活"在当代,"活"于生活,而不仅仅是"存"。所以想要民间艺术得到全面的保护,就要将其融入现代的文化生活之中,使其灵魂和特色全面地凸显出来。只有这样,民间艺术产业的发展才能逐渐地深入人心。

(一) 民间艺术的保护与中国民间艺术发展的概况

1. 民间艺术发展的形式

民间艺术是我国最为典型的艺术形态,它取材于民间,最终目的也是服务广大人民群众。民间艺术是以平民百姓为服务对象和基本观众,是属于大众艺术。民间艺术的种类十分冗杂,而且各具特色,是我国民族文化中不可或缺的瑰宝。中国传统民间艺术源远流长,千百年来繁衍不息,不断发展,至今仍然是群众文化的主体形式。因为民间艺术具有民间性、群众性、娱乐性、参与性以及宣传教化的功能,最为关键的是它容易被一般群众接受,所以大力发展民间艺术,不仅可以丰富农民的精神生活,而且对于我国现在所提倡的新农村文化建设也具有非常重要的现实意义。

2. 民间艺术的保护现状

针对民间艺术的突出贡献,我国对其进行了大量的扶持和保护工作,并且逐渐形成了全国性的保护体系。联合国教科文组织大会于2003年颁布的《保护非物质文化遗产公约》,也将我国部分地区的非物质文化遗产列入保护名单之中。这提升

了非物质文化遗产的知名度，提高了百姓们保护遗产的自觉性。但是，令人遗憾的是，并不是所有的民间艺术都可以被列入非物质文化遗产名录。我国现在仍然有很多优秀的民间艺术，尚未引起人们足够的重视。民间艺术是一个国家历史发展的精神写照，是这个民族所创造的物质文化和精神文化的具体体现。在中国的每一个地方，尤其是在西部少数民族聚居的地方，民间艺术更是起到了不可替代的作用。它已经成为促进民族和谐、改善人民生活、陶冶人们情操，以及促进经济发展的动力。社会主义市场经济的不断发展，虽然为我国带来了经济的发展机遇，但是由于国外文化不断涌入，我国的本土文化受到了强烈的冲击。

3. 民间艺术产业发展历程

很多优秀的本土文化，由于受到国内外各种不同环境的影响和冲击，而逐渐失去了发展的土壤。所以在社会剧烈变迁和全球一体化的今天，如何传承和发展好本土文化，并促使本土文化茁壮发展，是现代人需要思考的问题。据中央电视台报道，陕西省的一位皮影戏老艺人，面向全国招徒，但是却处于无人问津的尴尬境地。由于身体原因，老艺人已经被迫停演，皮影戏也面临失传。其实，不仅仅是皮影戏，很多优秀的民间艺术也面临后继无人的窘境。北京老品牌民间艺术有60多个大门类，但是现在失传和后继无人的民间艺术行当已经达到40多个。

目前，国内许多老艺人都十分担心优秀技艺会在自己这一代被断送。苏联作家高尔基曾经说过："一位民间艺术家的逝世，就相当于一座小型民间艺术博物馆的毁灭。"而我国的很多民间艺术，已经在逐渐地失传，甚至濒临灭绝的境地。在我国的发展历程中，其实各种类型的民间艺术，都是国家不同历史发展阶段的面貌体现，民间艺术已经逐渐成为传承历史的载体。例如，藏族民间说唱史诗《格萨尔》，就直接记录了历史的发展历程。毫不夸张地说，民间艺术就是一个民族的根，是一个民族的魂。但是，如此优秀的民间艺术，已经面临"断代"的危险，我们应该担负起传承民间艺术的责任，挖掘和保护好民间艺术资源。

（二）中国民间艺术发展与民间艺术品的保护中存在的问题

1. 中国民间艺术发展中的问题

中华民族具有上下五千年的历史文化，在历史的发展进程中，出现了一代又一代出色的民间手工艺人。他们的艺术作品不仅从心灵上陶冶着人们的情操,从视觉上也给人们留下了深刻的印象。随着历史长河滚滚向前奔流,这些优秀的传统民间艺术,已经成为中华民族传统文化中不可或缺的一部分,体现出了广大劳动人民的智慧与辛劳,是我国人类社会发展的重要组成部分。但是,随着经济的日益繁荣与发展,人们的生活水平发生了翻天覆地的变化,民间艺术的生存与发展也遇到了新的瓶颈,从而使得其生存与发展陷入窘迫的境地。

(1) 民间艺术受到商品经济发展的影响

近年来,随着互联网技术的发展,世界成为一个地球村。在新的形势下,我国的经济发展水平也得到了极大提高。经济的发展意味着人们的商品意识不断增强,商品经济不断发展,这就很有可能导致民间艺术的生存与发展现状不容乐观。现今在我国从事民间艺术的手工艺人与历史相比本来就不多,民间艺术的发展规模相对较小。当前随着商品经济的发展,很多人发现民间艺术的利润空间小,这就导致从事民间艺术的人越来越少。此外,传统手工艺的制作过程比较复杂,一般要求手艺人要具有吃苦耐劳的精神、足够的耐心,还要有一定的悟性,这在某种程度上,降低了传统手工艺行业对年轻人的吸引力,导致现在很多传统手工艺行业都后继无人;受到封建传统思想的影响,一些民间手艺人不想将自己的手艺外传,他们一般都是采用师传徒的形式。这些现象不仅使传统手工艺难以推广,而且在很大程度上降低了传统手工艺者的生产效率,导致很多手工艺企业生产经营惨淡,发展现状令人担忧。

(2) 民间艺术资源保护缺乏管理力度

当前,一部分学者和有识之士,都意识到民间艺术的发展现状不容乐观,并且呼吁社会及广大人民群众参与到保护民间艺术的历史使命中来。但是积极响应落实的现实情况却并不是很好。大部分人依然没有意识到保护民间艺术的重要性,甚至还有很多团体和个人为了私利,对民间艺术进行不正当的开发和利用,对民间艺术的保护和传承造成了非常严重的破坏。此外,民间艺术的生存与发展现状,并没有引起政府的足够重视。在保护民间艺术方面,政府没有颁布相对明确的法律,从而导致民间艺术的保护工作在某种程度上无章可循。甚至很多地方政府为了经济利益,对民间艺术作品进行贩卖或是滥开发;还有一些地方政府将民间艺术集团化,埋没了民间艺术的原生态风格,在很大程度上降低了民间艺术产品的质量。

(3) 民间艺术品牌营销意识淡薄

一方面，民间艺术一般散落于民间，并且以家庭作坊的形式经营，这就导致了民间艺术品的营销方式相对比较简单。另一方面，传统手工艺人的文化程度相对较低，他们不具有品牌营销意识，这就导致民间艺术产品的包装形式简单、粗陋，而且没有一系列的视觉识别系统，辨识度、识别度不高，在很大程度上限制了民间艺术的发展。为了促进民间艺术的发展，我们应该积极扩大民间艺术产品的营销渠道，增强品牌意识，建立一系列的视觉识别系统，增加其辨识度，开发更广阔的市场空间，从而形成产业化、集约化、规模化的民间艺术营销市场。

(4) 民间艺术的传承体系日渐萎缩

当前随着外来文化的涌入，越来越多的年轻人积极地吸收和学习外来文化，对中国的传统文化却知之甚少。这就使中国的民间艺术在传承过程中出现了诸多的问题。一部分年轻人出现了崇洋媚外的现象，并且对本国的民族文化缺乏自信心，在大多数时候他们更喜欢用西方文化来标榜自己，这就导致我国传统文化的发展面临着后继无人的尴尬局面。随着社会的进步与发展，中国的民间艺术应该如何发展？应当如何保护我国的民间艺术品？这是我们当前应该认真思考的问题。随着互联网技术的发展，很多的年轻人都致力于提升网络技术的服务，对民间艺术保护与传承的关注较少。因此，我国很多地区，依旧采用传统的方式进行民间艺术的传承，这就必然会使得民间艺术难以用一种新型的方式进行传承。久而久之，中国艺术产业的发展在短时期内就难以有较大程度的进步。

2. 民间艺术品的保护问题

(1) 民间艺术品质量下降

随着商品经济的发展，在生产的过程当中很多的商家开始出现偷工减料、忽视产品质量等现象。这在某种程度上严重降低了民间艺术产品的艺术性以及技术含量，并且造成艺术市场的混乱。同时，民间艺术品质量的下降，会致使民间艺术品的珍贵程度降低，很多民间艺术品都逐渐地被遗落在市场街脚之中。与此同时，我国的许多文化瑰宝，也存在着流失到国外的现象。从当前人们对民间艺术品的保护和发展趋势来看，传统手工艺的传承力度不足，使得民间艺术品难以被很好地收藏起来，即使收藏起来也是以交易为目的，这就使得民间艺术品受保护的意义与价值完全丧失。

(2) 对民间艺术品保护意识不强

民间艺术品之所以未能受到全面的保护，主要还在于人们对民间艺术品的保护意识并不强烈。很多时候民间艺术品的保护，只是一种表面的经济利益的驱动，人们并未将其落到实处。虽然政府已经出台明确的政策，对文化遗产进行保护，但是在一些小型的民间艺术品的保护上，政府并没有实行相关的保护措施。而且大部分人对民间艺术品，只是抱着观赏的态度和交易的目的。这就使得民间艺术品的保护难度加大。此外，在进行民间艺术品的保护过程中，很多人对民间艺术品的保护意识并不强，在民间艺术品的保护方面也不够积极。因此，增强人民群众民间艺术品的保护意识十分关键。

(三) 民间艺术品的保护与中国民间艺术产业发展中的策略

1. 民间艺术品的保护策略

在对民间艺术品进行保护的过程中，我们一定要采用多种方式进行保护。其中很重要的一点就是政府的扶持。例如，我国玉树藏族自治州，那里有着非常丰富的自然和人文资源，由于地处偏远，所以较少受到外来文化的冲击。据调查显示，在那里，民间还保存着传统的种种民俗，民间自发的歌舞活动也十分活跃，比较有名的锅庄舞是当地群众十分喜闻乐见的歌舞形式之一。根据舞曲的演奏形式，当地居民还做了很多的民间艺术品。

(1) 树立对民间艺术品的保护意识

要对民间艺术品进行全面的保护，首先就要树立良好的保护艺术品的意识。比如可以适当地进行相应的民间艺术品保护宣传工作，让群众了解民间艺术品，珍惜民间艺术品，从而保护民间艺术品。民间艺术品是中国本土文化的重要表现形式，承载着中华文明的历史，闪烁着中华民族的智慧光芒。例如由中国文联、中国民协发起并举办的中国民间工艺品博览会，就为民间艺术家展现才华打造了舞台，为民间工艺品走向大众搭建了桥梁。这对于挖掘民间艺术瑰宝、提高民间艺人的工艺技艺、弘扬传统文化发挥了重要的作用。因此，在进行民间艺术品的宣传和保护过程中，一定要结合实际情况对民间艺术品进行全面的挖掘和保护，使人们意识到保护民间艺术品的重要性。

(2) 丰富民间艺术品的种类

中国地大物博、人杰地灵，曾经培育了许许多多心灵手巧的民间艺人，他们用聪明才智向人们展示了许多辉煌的民间艺术,诸如剪纸、刺绣、泥塑、年画版画、皮影戏、戏曲、编制、木偶、杂技等,给人们带来了视觉上的美的冲击和享受,也给人们留下了深刻的思考与启迪。这些传统民间艺术历经风雨的洗礼,已经成为中华民族传统文化的重要组成部分。所以,在对民间艺术品进行保护的过程中,我们就要对民间艺术品的种类进行全面的发展和丰富,然后结合当今时代的发展趋势,不断完善民间艺术品的保护策略,从而达到较为理想的保护效果。

2. 中国民间艺术发展中的保护策略

(1) 保护好民间艺术原生态环境——民俗活动是关键

当前,丰富的民俗活动是民间艺术传承的根本保证,保护好了民俗活动,民间艺术就可以更好地生存下去。民俗文化是民间艺术赖以生存和发展的土壤,所以保护民间艺术最为关键的就是保护好它的原生态环境——民俗活动。但是令人惋惜的是,伴随着全球化进程的不断加快,人们的生活节奏也不断变快,娱乐方式也不断增多,这使得人们已经很难静下心来去欣赏传统的文化精粹。所以,加强民俗活动的丰富性显得十分重要。

民间艺术被忽视,民间艺术人才流失,这一切都致使民间艺术的发展举步维艰。所以,政府需要给予民间艺术足够的重视,促使群众去认识和了解民间艺术。民间艺术的土壤就在民间,想让民间艺术得到很好的发展,最主要的就是要使民间艺术赢得百姓的喜欢。让百姓们从民间艺术活动中感受到愉快、乡情亲情,感受到世代相传的民间艺术的魅力;让民间艺术融入百姓生活之中,成为百姓生活不可分割的一部分。我们可以通过各种途径和形式,积极引导和留住各地区有益于人民身心健康的、符合社会发展要求的优秀传统民俗活动。我们需要认识到,一旦民俗文化被同化或者消失,人们对民俗文化的需求就不会那么强烈了。因此,在民俗文化尚在的时候,一定要对其做好相关的保护工作,否则民俗文化的发展就会在我们这一代出现断代的情况。

(2) 国家各级政府的支持保障

要想对民间传统文化的传承提供坚强有力的保障工作,政府就要切实加强领导和统协工作,适时成立省、市、县三级保护与开发民间传统文化的领导小组,为民间艺术的传承与建设提供组织保障;要建立长效机制,加大财政投入,设立民间传统文化保护专项资金,并列入每年财政预算,主要用于民间传统文化资源的普查、征集、保护、利用、人才培养及重要项目和传承人的扶持。同时,积极开拓多种筹资渠道,引导社会资金参与对民间艺术的保护、开发和利用工作,建立国有和民间相结合的多元投入机制。

同时,政府要加紧创造保护民族文化的生存环境,在保护传统文化时,开展对传统文化生态保护区的建设;正确处理好保护与开发、保护与建设的关系,挖掘一批传统文化资源,参与到旅游和经济活动中去,走边保护边开发的可持续发展的道路;积极创新以农村文化为载体的活动,经常开展群众性文化活动以及具有深刻影响力的节庆活动,引导这些活动与民间艺术资源的开发相结合,达到既满足群众"求美、求乐"的需求,又为挖掘民间艺术资源创造良好的环境。

我们发展各地的民族文化需要因地制宜,结合当地具体实际制定出适合本地民族文化发展的策略。但是政府的作用不可忽视,民族文化的传承会随着社会的变迁、经济的发展程度而变化,所以政府层面的扶持会有力地促进民族文化的恢复、发展以及繁荣的进程。有了民俗文化这块土壤,再加上政府的扶持帮助,民族艺术一定可以摆脱以往发展的困境。毕竟民族文化是我们民族的魂和根,它可以极大地丰富百姓的精神生活,保证在物质极大丰富的今天,人们的精神生活不会出现匮乏的情况。所以,政府应当积极地引导人民群众保护民族文化。

(3) 加强市场监管力度,优化民间艺术资源的开发力度

在分析民间艺术的发展问题的时候,我们提到了民间艺术市场缺乏监管力度,没有明确的法律法规,导致民间艺术的发展无章可循。现在民间艺术市场依旧较为混乱,艺术产品的品质参差不齐,导致消费者难以辨别,这在很大程度上降低了民间艺术的影响力。此外,民间艺术市场资源利用率不高,在一定程度上降低了生产效率,制约了传统手工艺的发展。所以,为了促进民间艺术市场健康有序地发展,政府和团体以及个人都应该积极响应,加强保护民间艺术的意识。在政府层面,应该积极制定保护民间艺术的法律法规,使对民间艺术的保护工作有章可循。在民间应当成立专门的保护民间艺术的机构,加强监管力度,扩大民间艺术的营销渠道,提高产品质量以及档次。除此之外,我们还应该积极促进民间艺术与旅游的结合,这样不仅能够扩大民间艺术品的销售渠道,而且还能够积极树立起人们对民间艺术应具有的品牌意识。

(4) 加大对民间艺术的投入力度

在一定程度上政府缺少对民间艺术保护和传承的资金投入,从而导致我国民

间艺术的保护项目缺乏稳定有效的投入保障机制。因此，为了促进我国民间艺术的发展，我国应该加大对民间艺术的投入力度。对此，我们可以借鉴其他产业发展的模式，积极进行融资，扩宽融资渠道。与此同时，我们应该努力确保地方财政对民间艺术的资金投入。民间艺术除了具有一定的经济价值，还具有很大的文化价值以及社会价值，所以在促进民间艺术发展的过程中，我们也应该不断开发它的社会价值以及文化价值，积极促进文化体制的改革和创新，学会运用科学的管理手段和方法，不断优化民间艺术资源的发展渠道，努力打造出更加优秀的民间艺术传承形式。

(5) 积极促进特色产业集群的发展

我国民间艺术形式多种多样，不管哪一种形式都有自己的特色、风格以及文化底蕴，充分彰显了中华民族的发展特色。为了使我国的民间艺术能够更好地展示自己的风格，我们应该积极培育、发展具有特色的民间工艺企业，积极促进特色产业集群的发展。在这个过程中，我们可以充分挖掘民间艺术的风格以及流派，不断增加其魅力，运用科学的创新机制，积极促进我国民间特色产业集群的建设以及发展。此外，我们应当积极打造具有地方特色的民间工艺产业品牌。当今是一个互联网高度发展的时代，我们可以充分利用网络资源实现资源共享，也可以借助网络加强与外界的沟通和联系。这样我们就可以不断加大民间艺术品的推广力度，甚至可以与其他品牌进行合作创新，打造出具有民间特色的品牌项目。同时，民间艺术产业还要与互联网进行积极的配合，让文化产业以多种渠道被宣传出去，这样，其产业集群才能得到全面的发展，从而可以树立独特的民间艺术品牌，建立文化交流群体，让民间艺术的文化内容得到全面的丰富。同时，政府应加紧制定对民间艺术的保护规划。要着眼长远，立足实际，按照"保护为主，抢救第一，合理利用，继承发展"的思路，加紧制定规划来切实保护民间艺术，真正把民间艺术资源保护和建设工作，列入各级政府的议事日程中。对一些具有较高历史、文化和科学价值的典型民间艺术，我们应建立健全资料档案，使民间艺术的保护方式逐渐多样化。

(6) 坚持走市场化的发展道路

现在随着生活水平的提高，人们已经不再单纯满足于对物质的追求，而转为对精神文化生活的追求。人们对艺术品的鉴赏能力不断加强，使得艺术品市场也有了复苏的迹象。但是，传统民间艺术的经营模式主要还是家庭作坊模式，导致民间艺术产品数量少、销售渠道单一,具有一定的局限性。因此,民间艺术必须坚持"走出去"的发展模式。比如现在我国的剪纸艺术已经在世界上有了一定的知名度,相信只要我们敢于走出去,剪纸这一民间艺术会有一个更加广阔的发展前景。传统的民间艺术产业之所以难以得到全面的发展,就在于其传承的方式太过于单一化。所以,为了能够让民间艺术产业得到全面的发展,就要结合实际情况,对其艺术产品进行保护以及宣传,让文化市场发展的渠道能够被全面的拓宽。只有这样,文化市场发展道路才能真正做到"走出去""引进来"。

二、利用现代科技发展中国民间艺术产业

国家对民间艺术资源的保护力度逐渐加强,势必要扩展其产业的发展道路。自中国进入信息时代以来,"互联网+"在创新2.0下呈现出了互联网发展的全新态势。我们应借助当前信息通信技术与互联网平台,推动中国民间艺术产业的发展,把互联网技术运用于民间艺术产业,进行二者的深层次融合,构建全新的社会形态。这不仅可以促进民间艺术产业的发展,而且还能够形成民间艺术品牌,增强国家文化软实力。

(一)"互联网+"时代与民间艺术产业融合后的分类

"互联网+"时代背景下,如何促进民间艺术产业的发展?我们应使互联网与民间艺术产业充分且合理结合,既发挥出"互联网+"的网络传播功能,也发挥出民间艺术产业的当代传承价值。民间艺术产业与互联网结合后,对其进行分类主要以美术产业、动漫产业、影视产业和戏剧产业为主。民间艺术资源的挖掘和开发很难在短时间内获得经济效益,特别是民间艺术中的活态艺术。要将民间艺术纳入实体经济范畴中,就要将民间艺术融合到文化产业中,获得相关支持,以推动民间艺术产业快速发展。

1. 美术产业

美术产业的发展随着我国社会主义市场经济的发展而逐步完善,它代表了现代生产方式的不断进化与多元化发展,是社会主义新中国的新兴产业,国民经济体系中的有机组成部分。近年来,随着人们生活水平的不断提高,对于艺术的品质追求也越来越高,这也使得美术产业成为当代中国社会发展最为重要的艺术产业之一。在"互联网+"时代,美术产业逐渐由传统的手工艺美术形式发展到了以

电脑为主要载体进行美术创作的形式。由美术而衍生的产业包括艺术品网络拍卖、美术公司、网上画廊、数字美术教育等。美术行业的从业人员也达到了2 000万。新时代"互联网＋"的大环境确实有力地刺激了美术产业在中国市场的全面发展。

2. 动漫产业

中国动漫产业发展较早，从新中国成立前的早期探索期到新中国成立初期的蓬勃发展期，再从改革开放前后的缓慢发展期到现如今的再次探索尝试期，中国动漫产业的发展历程是动荡且坎坷的。20世纪八九十年代，中国动漫产业在大量引进外国动漫产品进行借鉴学习后，确实深刻认识到了自身的不足，并再次起程开始探索。今天的中国动漫产业是运用计算机、互联网技术最多的产业，无论是电脑动画CG制作还是漫画手绘，都体现出了科技对于动漫产业发展的巨大推动力和魅力。在计算机技术与"互联网＋"的时代背景下，中国动漫产业也在积极学习国外优秀作品的成功经验。例如《我为歌狂》就是一部仿照日本著名动漫《篮球飞人》的经典国产动漫作品。这种敢于尝试、勇于创新、大胆借鉴科技经验将文化科技充分融合的发展创新方式，使得中国动漫在Web3.0时代逐渐走上了快车道。

3. 影视产业

中国影视产业历史悠久，在如今的大数据时代，影视产业已经逐渐蜕变为中国最有商业价值的艺术产业之一。在"互联网＋"技术理念的辅佐下，电影市场在知识产权维护及影视作品传播方面都产生很大变化，多元优势凸显。通过互联网传播路径，影视行业获得了更多有利于影视作品拍摄的信息反馈，他们对用户需求的挖掘和用户兴趣的准确把握让制作方不再押宝，从而降低了制作中判断与取舍的难度，也降低了影视产业投资的巨大风险。在Web3.0时代，互联网也为影视产业带来了更多发展的可能，它颠覆了传统影视产业需要依赖院线传播影视艺术的单一模式，以更多的互联网独有的方式来宣传影视艺术并使制作方赢得收益，从而促进了影视产业的发展。

4. 戏剧产业

现代的舞台环境变化很大，在硬件上实现了灯光与舞美的配合。中国的传统戏剧几乎不会向西方戏剧那样注重舞台细节和精致的视觉效果，直到改革开放之后，传统戏剧才开始为观众制造视觉冲击。由于计算机的辅助系统融入戏剧表演中,戏剧舞台上出现了"视觉奇观"与"表演奇观"的结合。互联网全面兴起,虚拟数字技术开始与戏剧产业相结合,使得中国的戏剧借助于新媒介而呈现出新的发展态势。然而,中国戏剧的发展历来强调传统性,要求艺术家传承原汁原味的戏剧艺术呈现于舞台上。因此,早期的中国戏剧与数字技术的结合算不上成功。在互联网普及的时代,很多老戏剧艺术家开始了观念上的更新,他们认识到要将中国的传统戏剧传承下去,就要使其产业化发展才能够使戏剧产业获得有效的传承。因此,将戏剧与互联网融合,就是在保留戏剧的原生态技艺的基础上,舞台背景采用数字化技术,也可以在舞台上充分使用灯光技术塑造虚拟形象。不断变化的戏剧舞台使得中国的戏剧文化迎合了时代,且保留了传统。

(二)"互联网+"时代民间艺术产业发展趋势

1. "互联网+"民间艺术的移动互联网化

移动互联网的普及让更多的商家成为"自媒体",他们与客户互动频繁,观念越来越新颖,方式也越来越巧妙。中国民间艺术在"互联网+"环境下,随着科技成果的不断普及,艺术家们曾经拥有的视觉艺术优势,可以通过互联网的传播发挥到极致。濒临灭绝的一部分民间艺术,有的被搬入美术馆收藏供人观赏,有的已经在互联网上开始传播。在移动互联网的激发下,民间艺术可以展现得更加淋漓尽致。

2. "互联网+"民间艺术的虚拟现实化

网络艺术实践环境下,艺术可用 3D 虚拟数字来实现,这不仅扩大了网络艺术的边界,还丰富了网络艺术的形式。比如,美术作品的展示从二维互联网化,提升到 3D 三维化,从而走在了网络艺术的时代前沿。目前国内多个省市,已经成立了相应的专门研究机构,针对"互联网+"民间艺术的虚拟现实化进行了理论研究,并诉诸实践,使得艺术作品的展示形式更为新颖。比如,中国文联文艺资源中心所开发的中华数字美术馆,将双年展的风采及精华以 3D 虚拟数字展览的形式在互联网上与人们分享,吸引了更多的世界目光聚焦于中国。

(三)数字化传承为朱仙镇木版年画的发展开辟路径

1. 建立信息数据库

朱仙镇木版年画的发展,就目前来看还处于分散经营模式,它需要"互联网+"时代的信息技术,为它建立信息数据库,全面整合信息。这既是对产业发展的基础要求，也是朱仙镇木版年画传承和发展的实际需要。所以，应该建立一套完整的信息数据库来推动朱仙镇木版年画的发展。具体而论，信息数据库的建立，主要要做到以下几个方面：第一，信息采集模块化。这其中所指的"信息"就是朱仙镇木版年画的所有文本信息，应该涵盖木版年画所涉及的历史、人物、作品、文化遗址以及制作流程。将它们全部用数字的形式保存下来，避免了传统纸质记录的易损性和易遗失性。第二，应该采用数字资源加工模块，来体现数码照片拍摄、影像设置、三维特效等特色技术。也就是说，要通过对朱仙镇木版年画数字资源的深加工，来真实展现朱仙镇木版年画这一艺术特色，实现对它的流通与鉴赏。第三，就是管理模块。管理模块就是指信息数据库的录入、管理以及相关栏目的设置。目前人类已经拥有了这种技术，将所有的数字化信息更有条理地、系统地随时呈现在鉴赏者面前。信息数据库中还应该增设内容发布模块，将朱仙镇木版年画的信息发布与数字化发展紧密联系起来，为数据库实时更新木版年画信息。总之，在信息数据库建立之后，朱仙镇木版年画不但为民间艺术的研究者、开发者创造了良好的文化挖掘和考察空间，也为民间艺术产业的发展拓宽了平台。

2. 建设专题网站

目前，朱仙镇木版年画专题网站已经建立，整个网站包含了四大方面：第一，文本资料专栏。其中收录了有关朱仙镇木版年画的所有图片、文字资料，以供研究者、鉴赏爱好者研读。这一专栏为观众了解朱仙镇木版年画这一民间艺术提供认知途径。第二，音频、视频资料展示专栏。它包括了朱仙镇木版年画在当代和历史上的所有音频、视频资料，进一步丰富和深化了人们对于朱仙镇木版年画的认识，强化了人们对民族文化的感情。第三，体验专栏。体验专栏的设置就采用上述文中所提到的三维虚拟成像技术，这里的所有朱仙镇木版年画，都是以 3D 动画展示的。并且它还为用户提供了一个真实制作年画的场景，也就是制作者通过视频与鉴赏者及研究者形成线上线下的虚拟互动，让所有人都能通过网站来了解制作朱仙镇木版年画的全过程。与此同时，还能进行作品的线上展示和互评，定期评选出最佳个人作品。这种模式具有较强的趣味性和可观赏性，它也大大提升了人们参与观赏、制作朱仙镇木版年画的主动性，让人们对木版年画产生情感。第四，互动社区。这里设有专门的留言板，也是朱仙镇木版年画爱好者和研究者的聚集地。在这里人们可以对朱仙镇木版年画展开评论，也可以为官方留下建站意见及对作品的建议。这些意见和建议对网站建设以及朱仙镇木版年画民间艺术产业化发展都是极为有利的。主办方也希望通过这样一个开放式的网络大本营来真正拉近年画艺术与专业人士、普通民众之间的距离,使他们便捷、直观、长久地以最现代化的方式,领略到朱仙镇木版年画的独特魅力。

三、借鉴国外经验发展中国民间艺术产业

(一)吸收国外民间艺术产业先进的发展经验

1. 国外民间艺术产业先进的发展经验

英国政府早在20世纪90年代,就已经对文化产业加以关注,特别是民间艺术产业的发展已成为英国国民经济中的一个重要发展项目。英国民间艺术促进了英国文化市场的繁荣,这些都离不开英国政府长期的扶持。处于世界文化大融合时期,英国国会对英国文化的发展给予了高度的关注,认为国家文化的竞争力有助于更好地维护国家在国际社会中的形象。民间艺术源于民间,具有本土化的特色,是传统文化的代表。中国要对民间艺术予以保护和传承,就要力求让更多的人能够接触到民间艺术,认识民间文化,并对民间艺术产生深刻认知。这就需要我国借鉴英国民间艺术产业发展的成功经验,在加大政府扶持力度的同时,还要打破传统的"自上而下"的管理模式,深入民间开展调查研究,并与民间组织展开合作,扮演好服务的角色,为民间组织发展民间艺术提供平台。民间组织多为自发形成,不仅组织形态单一,且缺乏凝聚力,由于启动资金不足而大多仅仅处于小规模的生产状态。面对目前中国民间艺术产业发展的局面,我们就应当积极学习国外的成功经验。政府要走进民间组织积极与他们沟通,对民间组织给予多方面的支持,并建立与民间组织的合作关系;要充分了解民间组织在产业发展中所存在的问题,积极着手帮助解决。政府加大扶持力度,实现与民间组织之间的有效合作,才能够确保中国民间艺术得到保护,并开启民间艺术更为广阔的发展空间。

2. 国外民间艺术产业发展的优势借鉴

在国外,民间艺术产业发展具有很多的成功经验值得我们学习,主要体现在如下几点:

(1)理论研究系统成熟

国外针对民间艺术产业发展的研究,具有较为完善的体系。从20世纪20年代

开始,国外学者开始进行民间艺术产业发展的系统理论研究。这是支撑其产业发展的重要理论基础。民间艺术产业的发展,是伴随工业革命的发展而逐步成熟的。依托良好的产业环境,他们进一步强化了理论研究的实践性。

(2) 产业发展推动艺术研究实践

国外经济发展拥有上百年的历史,各类技术环境相对成熟,为国外文化理论研究提供了资源保障。因为具有良好的经济基础作为研究后盾,在具备系统的理论成果积累的条件下,国家还通过合理挖掘优质的民间艺术资源,推动民间艺术产业的发展,做到了充分整合运用发展模式的成功探索。

(3) 国情决定了民间艺术产业的发展价值

国外非常重视对民间艺术资源的保护和开发工作。国民对民间艺术的保护意识也比较强,同时他们还积极地投入对民间艺术资源的开发及应用工作中,并对民间艺术产业的建设性发展提供可行性的思路。国外通过全民参与到对国家艺术资源的支持和保护行动中来,大大地强化了民间艺术产业的发展进程。

(4) 法制环境为民间艺术产业发展提供支撑

国外针对民间艺术保护和利用的法制环境相对成熟。多年来对非物质文化遗产的保护也深入人心,几乎人人都有一定的对本国的艺术资源的保护意识,人们都非常珍视本国的艺术资源。这有利于对民间艺术产业的合理保护和全面开发。

(二) 将中国民间艺术的产业发展与国民意识形态相结合

1. 提高国民对中国民间艺术产业开发的意识

瑞典著名的经济学家托比斯·尼尔森(Tobis Nielsén)从事民间艺术产业研究多年,他通过对世界各国的民间艺术产业进行深入研究,总结出了民间艺术产业的发展理论。在他看来,民间艺术产业就是将文化纳入行业中发展,使文化行业化,以挖掘民间艺术资源为依托,将民间艺术资源实体转化为具有一定艺术特色的文化性代表。一个国家要在世界范围内提高自身对外界的吸引力,注重特色文化的发展是极为重要的。中国民间艺术是中国文化的代表,也是几千年历史传承中保留下来的艺术精髓。中国民间艺术资源丰富,产业发展潜在能力非常巨大。但是,要使中国民间艺术走产业化发展道路,仅仅依赖于对民间艺术的开发还是不够的,而是需要我们真正意识到其文化价值以及发展空间,才能够使民间艺术在产业发展中获得良好的前景。根据中国当前的社会发展环境进行分类,中国民间艺术所蕴含的文化价值包括两个方面的内容,即旅游价值和传媒价值。文化旅游是中国民间艺术产业发展的载体,而传媒则起到了一定的宣传作用,为民间艺术产业的发展扩展了空间。因为民间艺术的存在,才能够将游客吸引过来,这就是民间艺术的魅力。文化的传播依赖于传媒,而文化本身也能够发挥传媒效应。民间艺术产品的生产和销售走产业发展之路,使得越来越多的人获得了这些产品,同时产品中所蕴含的文化信息也会伴随着艺术产品的对外销售而获得传播。

中国要将民间艺术的价值充分地发挥出来,就需要将中国民间艺术产业的发展与国民意识形态联系起来,以国民教育为途径促进民间艺术的产业发展。强化国民的意识形态可以提升人文素质,创造良好的人文环境,从而促进中国民间艺术产业的发展,而民间艺术产业的发展,可以带动当地教育水平的提升①。在教育领域中,高校是人才培养的重要基地,高校通过开设与民间艺术相关的专业,或者与民间艺术产业的企业或者组织进行合作,共同培养民间艺术人才。高职院校是实用型人才的培养基地,可以为民间艺术产业的发展培养具有相关技术技能的人才,将民间艺术作为一门专业化、系统化、规范化的教育而展开。

从目前中国民间艺术传承和发展的情况来看,传承人或艺人较为分散,虽然也有部分民间艺术已经向产业化方向发展,但是由于规模小、资金不足等诸多原因,无法承担起艺术传承的责任。从文化产业的角度将民间艺术推向产业化的发展方向,就需要制定规范的运作体制,由政府部门进行统筹,将民间艺术的传承教育按照正规的教育路线发展下去,启动商业运作机制,使民间艺术资源依赖于中国民间艺术产业这个载体传承下去②。

2. 中国民间艺术产业未来发展的举措

我们应当看到,由于国情不同,我国与国外发展的历史和文化理念均存在着巨大的差异。我国在向国外学习和借鉴的时候,更需要立足本国民间艺术产业发展的环境。一切从实际出发,理论联系实际,在借鉴的基础上,把国外有用的先进成果和成功经验,吸收转化成为符合我国民间艺术产业未来发展的可借鉴经验,为中国的民间艺术产业提供更多的技术支持和发展举措。这主要体现在:

---

① 李扬. 从开封朱仙镇木版年画看绘画的社会教育功能[J]. 大舞台,2011(4):226-227.
② 贾涛. 中原戏曲文化与开封朱仙镇木版年画之盛衰[J]. 东南大学学报(哲学社会科学版),2014(1):126-130,133.

(1) 积极完善立法

我们对民间艺术产业的开发,必须以立法保护的形式加以实施。我们应当对立法予以高度的重视,并严格贯彻,落实到位,以期获得较好的成效。对民间艺术资源实现开发的前提是,有法律作为保障,形成对民间艺术产业发展的推动力量,进一步体现法制社会的优越性,使民间艺术资源的科学利用可以得到保障。相关立法应以不伤害环境为根本出发点,才能够不影响民间艺术资源的传承与发展。

(2) 加强与互联网新媒体的融合

中国民间艺术产业的开发,必须依赖于互联网新媒体时代发展的需求。通过互联网传播的优势资源,强化民间艺术品牌形象的确立与传播。这是发展中国民间艺术产业的必由之路,是实现科技型产业开发模式的重要举措。

(3) 以消费市场为导向

民间艺术产业的开发,需要我们对行业市场进行调查,以消费市场为导向,确定市场发展目标,进行民间艺术发展的创意设计,将民间艺术品牌的理念定位后,以发展目标为方向将营销策略制定出来。通过结合诸如动漫产业、旅游产业、影视产业、戏剧戏曲产业等,来实现民间艺术产业可持续发展的各项重要举措。

(4) 以品牌形象塑造为攻略

民间艺术品牌形象的确立,就是将品牌的发展理念进行明确的定位。为增强民间艺术品牌的文化内涵,就要根据消费者的需求,对民间艺术产品进行创新发展,将产品的产业链延伸,使民间艺术品牌的附加值有所提升。确立民间艺术品牌形象,然后整合与民间艺术品牌相关的各类商业信息。民间艺术品牌创立的成功与否,主要通过市场需求来验证,要求品牌的策划不仅要保留民族传统文化的内涵,重要的是还要具有前瞻性。

参 考 文 献

一、著作类

[1] 大卫·赫斯蒙德夫.文化产业[M].张菲娜,译.北京:中国人民大学出版社,2007.

[2] 丹纳.艺术哲学[M].傅雷,译.天津:天津社会科学院出版社,2007.

[3] 法雷利.品牌形象设计[M].北京:电子工业出版社,2013.

[4] 冈崎茂生.中国品牌全球化[M].赵新利,译.北京:中国传媒大学出版社,2016.

[5] 赫伯特·马尔库塞.审美之维[M].李小兵,译.桂林:广西师范大学出版社,2001.

[6] 黑格尔.美学[M].北京:商务印书馆,2012.

[7] 道格拉斯·霍尔特,道格拉斯·卡梅隆.文化战略[M].汪凯,译.北京:商务印书馆,2013.

[8] 里克·莱兹伯斯.品牌管理[M].李家强,译.北京:机械工业出版社,2004.

[9] 理查德·E.凯夫斯.创意产业经济学:艺术的商品性[M].康蓉,张兆慧,冯晨,等译.北京:商务印书馆,2017.

[10] 马克思,恩格斯.马克思恩格斯全集[M].北京:人民出版社,2013.

[11] 马克斯·霍克海默,西奥多·阿道尔诺.启蒙辩证法[M].渠敬东,曹卫东,译.上海:上海人民出版社,2006.

[12] 迈克·克朗.文化地理学[M].杨淑华,宋慧敏,译.南京:南京大学出版社,2003.

[13] 乔纳森·弗里德曼.文化认同与全球性过程[M].郭建如,译.北京:商务印书馆,2003.

[14] 塞缪尔·亨廷顿.文明的冲突[M].周琪,译.北京:新华出版社,2017.

[15] 塞缪尔·亨廷顿.文明的冲突与世界秩序的重建[M].周琪,刘绯,张立平,等译.北京:新华出版社,2018.

[16] 约翰·R.霍尔,玛丽·乔·尼兹.文化:社会学的视野[M].周晓虹,徐彬,译.北京:商务印书馆,2004.

[17] 约瑟夫·奈.软实力:权力,从硬实力到软实力[M].马娟娟,译.北京:中信出版社,2013.

[18] 约瑟夫·奈.硬权力与软权力[M].门洪华,译.北京:北京大学出版社,2005.

[19] 阿英.中国年画发展史略[M].北京:朝花美术出版社,1954.

[20] 柏定国. 2012:中国文化品牌评估报告[M].北京:世界图书出版公司,2012.

[21] 包全万,许伊莎. 中国民族民间艺术读本[M].沈阳:辽宁大学出版社,2013.

[22] 朝戈金,董晓萍,萧放. 民俗学与新时期国家文化建设[M].北京:中国社会科学出版社,2013.

[23] 陈开举. 话语权的文化学研究[M].广州:中山大学出版社,2012.

[24] 陈少峰,张立波,王建平. 中国文化企业品牌案例[M].北京:清华大学出版社,2015.

[25] 陈少峰. 文化的力量[M].北京:华文出版社,2013.

[26] 陈序经. 文化学概观[M].长沙:岳麓书社,2010.

[27] 陈义敏,刘峻骧. 中国曲艺·杂技·木偶戏·皮影戏[M].北京:文化艺术出版社,2008.

[28] 成乔明. 艺术产业管理[M].昆明:云南大学出版社,1999.

[29] 邓福星,黄兰. 中国美术[M].北京:文化艺术出版社,2008.

[30] 邓文华. 海峡两岸数字艺术产业比较研究[M].上海:学林出版社,2008.

[31] 丁桂兰. 品牌管理[M].武汉:华中科技大学出版社,2008.

[32] 丁培卫. 全球化与中国民族动漫产业[M].福州:福建人民出版社,2014.

[33] 董晓萍. 全球化与民俗保护[M].北京:高等教育出版社,2007.

[34] 杜静,王丙珍. 全球化视域中的电影文化研究[M].哈尔滨:东北林业大学出版社,2012.

[35] 段卫红,张翔,张利丽,等. 中原传统民间艺术研究[M].北京:中国轻工业出版社,2015.

[36] 范红. 国家形象研究[M].北京:清华大学出版社,2015.

[37] 范建华. 文化与文化产业发展新论[M].北京:人民出版社,2011.

[38] 范军. 文化软实力"力"从何来[M].武汉:湖北人民出版社,2011.

[39] 范梦. 艺术美学[M].北京:中国青年出版社,2011.

[40] 范周. 言之有范:指尖上的文化思考[M].北京:知识产权出版社,2015.

[41] 房宝金. 艺术信息资源发现与利用[M].上海:上海科学技术文献出版社,2016.

[42] 中国民主同盟中央委员会,中华炎黄文化研究会. 费孝通论文化与文化自觉[M].北京:群言出版社,2005.

[43] 冯骥才. 守望民间:中国民间文化遗产抢救工程[M].北京:西苑出版社,2002.

[44] 冯骥才. 中国木版年画集成·朱仙镇卷[M].北京:中华书局,2006.

[45] 顾江. 文化产业研究(第3辑):文化软实力与产业竞争力[M].南京:东南大学出版社,2009.

[46] 顾善忠. 艺术资源元数据与实例分析——甘肃省文化艺术研究资源库建设与研究[M].北京:文化艺术出版社,2011.

[47] 管育鹰. 知识产权视野中的民间文艺保护[M]. 北京:法律出版社,2006.

[48] 郭伟. 品牌价值管理:中国品牌的困境与出路[M]. 北京:中国人民大学出版社,2010.

[49] 郭昭第. 艺术哲学提要[M]. 北京:中国社会科学出版社,2014.

[50] 韩勃,江庆勇. 软实力:中国视角[M]. 北京:人民出版社,2009.

[51] 杭间,郭秋惠. 中国传统工艺[M]. 宫结实,译. 北京:五洲传播出版社,2011.

[52] 何志钧,王咏梅,范美俊,等. 文艺与文化:生产、消费、开发[M]. 北京:中国言实出版社,2009.

[53] 胡家祥. 气韵:艺术神态及其嬗变——中国传统的艺术风格学研究[M]. 北京:中国书籍出版社,2013.

[54] 胡懿勋. 艺术学教育丛书:艺术市场与管理[M]. 上海:上海科学技术文献出版社,2016.

[55] 胡左浩,陈曦,杨志林. 中国品牌国际化营销前沿研究[M]. 北京:清华大学出版社,2013.

[56] 黄鸣奋. 互联网艺术产业[M]. 上海:学林出版社,2008.

[57] 黄少英. 中国名牌成长战略[M]. 北京:经济科学出版社,2007.

[58] 黄永林. 从资源到产业的文化创意:中国文化产业发展现状评述[M]. 武汉:华中师范大学出版社,2012

[59] 黄永林. 文化传承与文化创新探析:黄永林自选集[M]. 武汉:华中师范大学出版社,2013.

[60] 季中扬. 民间艺术的审美经验研究[M]. 北京:中国社会科学出版社,2016.

[61] 姜澄清.《易经》与中国艺术精神[M]. 贵阳:贵州大学出版社,2013.

[62] 焦妹. 中国国家形象传播研究[M]. 北京:企业管理出版社,2015.

[63] 金天麟. 群众文化民俗学研究[M]. 哈尔滨:黑龙江人民出版社,2004.

[64] 靳之林. 中国民间美术[M]. 北京:五洲传播出版社,2004.

[65] 邝世诚. 中国品牌战略:闯与创[M]. 北京:清华大学出版社,2014.

[66] 李朝阳. 中国动画的民族性研究:基于传统文化表达的视角[M]. 北京:中国传媒大学出版社,2011.

[67] 李富强. 让文化成为资本:中国西部民族文化资本化运营研究[M]. 北京:民族出版社,2004.

[68] 李静森. 中国民间木版年画[M]. 北京:朝花美术出版社,1957.

[69] 李康化. 文化市场营销学[M]. 太原:书海出版社,2006.

[70] 文化部民族民间文艺发展中心. 中国民族民间艺术资源总目——戏曲卷[M]. 北京:学

苑出版社,2009.

[71] 李涛.动画符号与国家形象[M].杭州:浙江大学出版社,2012.

[72] 李希光,顾小琛.舆论引导力与文化软实力[M].长沙:湖南大学出版社,2013.

[73] 李小娟.文化的反思与重建:跨世纪的文化哲学思考[M].哈尔滨:黑龙江人民出版社,2002.

[74] 李砚祖.工艺美术概论[M].北京:中国轻工业出版社,2011.

[75] 李艳.美与物:论艺术产业中的审美与经济[M].北京:北京大学出版社,2012.

[76] 李长春.文化强国之路:文化体制改革的探索与实践[M].北京:人民出版社,2013.

[77] 李智.中国国家形象:全球传播时代建构主义的解读[M].北京:新华出版社,2011.

[78] 李准.全球化浪潮中的民族文化[M].北京:中国文联出版社,2006.

[79] 梁昊光,兰晓.文化资源数字化[M].北京:人民出版社,2014.

[80] 凌玉建.论艺术生产的产业化转向[M].北京:中国社会科学出版社,2012.

[81] 刘昂.民间艺术的产业开发研究[M].北京:首都经济贸易大学出版社,2012.

[82] 刘斐.河南乡土文化资源产业化研究[M].郑州:河南人民出版社,2016.

[83] 刘国华.品牌形象论:构建独一无二的品牌价值[M].北京:人民邮电出版社,2015.

[84] 刘浩东.2016中国电影产业研究报告[M].北京:中国电影出版社,2016.

[85] 刘继南,何辉.中国形象:中国国家形象的国际传播现状与对策[M].北京:中国传媒大学出版社,2006.

[86] 刘璘琳.互联网背景下企业开放式创新与品牌管理[M].北京:中国经济出版社,2016.

[87] 刘瑞旗,李平.国家品牌与国家文化软实力研究[M].北京:经济管理出版社,2014.

[88] 刘守华.非物质文化遗产保护与民间文学[M].武汉:华中师范大学出版社,2014.

[89] 骆郁廷.文化软实力:战略结构与路径[M].北京:中国社会科学出版社,2012.

[90] 吕庆华.文化资源的产业开发[M].北京:经济日报出版社,2006.

[91] 吕艺生.艺术管理学[M].上海:上海音乐出版社,2004.

[92] 孟元老.东京梦华录注[M].邓之诚,注.北京:中华书局,1982.

[93] 牛淑萍.高等院校文化产业基础教材:文化资源学[M].福州:福建人民出版社,2012.

[94] 中宣部文化体制改革和发展办公室,文化部对外文化联络局.国际文化发展报告[M].北京:商务印书馆,2005.

[95] 欧阳友权.文化品牌蓝皮书:中国文化品牌发展报告(2016)[M].北京:社会科学文献出版社,2016.

[96] 彭纲,文艺,徐华颖,等.民间美术[M].北京:学苑出版社,2013.

[97] 彭新良.文化外交与中国的软实力:一种全球化的视角[M].北京:外语教学与研究出版社,2008.

[98] 任鹤林.开封朱仙镇木版年画[M].开封:河南大学出版社,2005.

[99] 沈泓.朱仙镇年画之旅[M].北京:中国画报出版社,2006.

[100] 沈壮海,佟斐.吸引力 影响力 文化软实力:中国特色社会主义文化建设[M].武汉:武汉大学出版社,2014.

[101] 沈壮海.软文化 真实力:为什么要提高国家文化软实力[M].北京:人民出版社,2008.

[102] 沈壮海.文化如何成为软实力[M].天津:天津教育出版社,2016.

[103] 沈壮海.文化软实力及其价值之轴[M].北京:中华书局,2013.

[104] 沈壮海.兴国之魂:社会主义核心价值体系释讲[M].武汉:湖北教育出版社,2014.

[105] 宋瑞祥.朱仙镇年画史话[M].郑州:海燕出版社,2012.

[106] 宋瑞祥.朱仙镇年画七日谈[M].郑州:中州古籍出版社,2006.

[107] 孙湘明.城市品牌形象系统研究[M].北京:人民出版社,2012.

[108] 唐代兴.文化软实力战略研究[M].北京:人民出版社,2008.

[109] 唐家路.民间艺术的文化生态论[M].北京:清华大学出版社,2006.

[110] 唐晋.高端讲坛·大国软实力[M].北京:华文出版社,2009.

[111] 陶思炎.民俗艺术学[M].南京:南京出版社,2013.

[112] 田川流.中国当代艺术管理思想研究[M].北京:中国文联出版社,2016.

[113] 童世骏.文化软实力[M].重庆:重庆出版社,2008.

[114] 汪广松.非物质文化遗产的创意价值[M].北京:中国社会科学出版社,2015.

[115] 王红君,徐浩然,张锐.中国品牌科学发展报告(1998—2012)[M].北京:中国经济出版社,2013.

[116] 王宁宇.关中民间器具与农民生活[M].北京:学苑出版社,2010.

[117] 王平.中国民间美术通论[M].北京:中国科学技术大学出版社,2007.

[118] 王省民.现代传播视野下的戏曲传播与产业化研究[M].南昌:江西高校出版社,2014.

[119] 王树村,王海霞.年画[M].北京:文化艺术出版社,2012.

[120] 王廷信.谈艺论教[M].南京:东南大学出版社,2017.

[121] 王廷信.艺术学的理论与方法[M].南京:东南大学出版社,2011.

[122] 王廷信.中国艺术海外认知研究[M].北京:中国文联出版社,2016.

[123] 王万举.文化产业创意学[M].北京:文化艺术出版社,2008.

[124] 王文章.非物质文化遗产概论[M].北京:文化艺术出版社,2016.

[125] 王祥云. 中西方传统文化比较[M]. 郑州：河南人民出版社，2006.

[126] 王小明. 朱仙镇年画[M]. 天津：天津大学出版社，2011.

[127] 王一川. 中国文化软实力发展战略综论[M]. 北京：商务印书馆，2015.

[128] 文春英. 城市品牌与城市文化：对话中国九大名城[M]. 北京：中国传媒大学出版社，2014.

[129] 文化部外联局. 国外视觉艺术资源基础信息[M]. 北京：文化部外联局，2011.

[130] 乌丙安. 民俗学原理[M]. 长春：长春出版社，2014.

[131] 吴小莲. 马克思主义视域下的艺术产业化研究[M]. 武汉：武汉大学出版社，2015.

[132] 吴瑛. 孔子学院与中国文化的国际传播[M]. 杭州：浙江大学出版社，2013.

[133] 向勇，赵佳琛. 文化立国，我国文化发展新战略[M]. 北京：北京联合出版公司，2012.

[134] 肖丰，陈晓娟，李会，等. 民间美术与文化创意产业[M]. 武汉：华中师范大学出版社，2012.

[135] 谢彬如. 民族民间文化艺术资源保护的理论与实践：以贵州为例的研究[M]. 贵阳：贵州民族出版社，2010.

[136] 谢伦灿. 艺术产业运营学[M]. 北京：人民出版社，2007.

[137] 谢晓娟. 文化多样性与当代中国软实力建设[M]. 北京：人民出版社，2015.

[138] 熊曦. 区域产业品牌形成机理及其培育策略研究[M]. 北京：经济科学出版社，2015.

[139] 胥琳佳. 品牌形象的国际化传播：基于受众的态度和行为的视角[M]. 北京：人民日报出版社，2016.

[140] 许雪莲. 民族民间文化艺术影视资源的管理与研究[M]. 北京：学苑出版社，2016.

[141] 阎学通，孙学峰. 中国崛起及其战略[M]. 北京：北京大学出版社，2005.

[142] 杨先艺. 中国艺术简史[M]. 北京：北京大学出版社，2010.

[143] 姚敬堂. 朱仙镇木版年画故事集[M]. 开封：河南省开封朱仙镇木版年画研究会印制，2001.

[144] 姚青华. 中原民间美术资源研究[M]. 北京：经济管理出版社，2014.

[145] 姚伟钧. 文化资源学[M]. 北京：清华大学出版社，2015.

[146] 叶朗. 现代美学体系[M]. 北京：北京大学出版社，2004.

[147] 叶朗. 中国美学史大纲[M]. 上海：上海人民出版社，1985.

[148] 叶朗，朱良志. 中国文化读本[M]. 北京：外语教学与研究出版社，2010.

[149] 叶明海. 品牌创新与品牌营销[M]. 石家庄：河北人民出版社，2001.

[150] 易存国. 中国艺术论：从非物质文化遗产的视角[M]. 南京：江苏人民出版社，2012.

[151] 余明阳,戴世富. 品牌文化[M]. 武汉:武汉大学出版社,2008.

[152] 俞可平,黄平,谢曙光,等. 中国模式与"北京共识":超越"华盛顿共识"[M]. 北京:社会科学文献出版社,2006.

[153] 喻仲文. 造物艺术与意识形态[M]. 武汉:武汉大学出版社,2013.

[154] 袁鼎生. 审美的生态向性[M]. 桂林:广西师范大学出版社,2012.

[155] 云德. 全球化语境中的文化选择[M]. 北京:人民文学出版社,2008.

[156] 张波. 艺术创意产业的理论研究[M]. 北京:中国建筑工业出版社,2015.

[157] 张成义,申晟. 民族化:中国动漫产业发展的必由之路[M]. 北京:人民出版社,2013.

[158] 张岱年. 文化与哲学[M]. 北京:中国人民大学出版社,2006.

[159] 张道一. 民间木版年画[M]. 南京:江苏美术出版社,2011.

[160] 张冬梅. 艺术产业化的历程反思与理论诠释[M]. 北京:中国社会科学出版社,1999.

[161] 张国祚. 中国文化软实力研究论纲[M]. 北京:社会科学文献出版社,2015.

[162] 张宏. 中国出版走出去的话语权和传播力构建[M]. 苏州:苏州大学出版社,2015.

[163] 张继忠. 朱仙镇木版年画[M]. 珍藏本. 郑州:大象出版社,2005.

[164] 张昆. 跨文化传播与国家形象建构[M]. 武汉:武汉大学出版社,2015.

[165] 张岂之. 中国传统文化[M]. 北京:高等教育出版社,2010.

[166] 张胜冰. 文化产业与城市发展:文化产业对城市的作用及中国的发展模式[M]. 北京:北京大学出版社,2012.

[167] 张燚,刘进平,张锐,等. 大众传媒与转变本土品牌偏见研究[M]. 北京:中国经济出版社,2016.

[168] 张紫晨,李秀春. 中国工艺美术的传说[M]. 郑州:海燕出版社,1994.

[169] 仉坤,张立. 民间美术之旅[M]. 北京:中国纺织出版社,2015.

[170] 赵剑英. 世纪之交的中国文化[M]. 桂林:广西人民出版社,1994.

[171] 赵农. 民间艺术概论[M]. 西安:陕西人民美术出版社,2011.

[172] 赵晏彪. 中国创造[M]. 北京:作家出版社,2016.

[173] 郑佳. 基于品牌群落演化的产业集群可持续发展理论模型与实证研究:集群品牌培育视角[M]. 杭州:浙江大学出版社,2013.

[174] 郑晓云. 文化认同与文化变迁[M]. 北京:中国社会科学出版社,1992.

[175] 中国民俗学会. 传统手工艺的保护与传承[M]. 北京:学苑出版社,2015.

[176] 中央美院艺术市场研究中心. 2014中国艺术品市场年度报告[M]. 北京:人民美术出版社,2015.

[177] 仲呈祥.文化创意产业研究新视野[M].北京:中国文联出版社,2017.

[178] 周星.民俗学的历史、理论与方法[M].北京:商务印书馆,2006.

[179] 朱健强.品牌形象识别与传播[M].厦门:厦门大学出版社,2010.

[180] 朱述超.全媒体时代民间艺术的传播与产业化研究[M].长春:吉林文史出版社,2014.

[181] 朱希祥.文化产业发展与文化市场管理[M].上海:华东师范大学出版社,2003.

[182] 左汉中.民间木版年画图形[M].长沙:湖南美术出版社,2000.

二、学位论文

[1] 毕剑.戏曲旅游的开发研究[D].赣州:赣南师范学院,2007.

[2] 宾玉洁.非物质文化遗产开发视角下庙会旅游吸引力研究——以长沙火宫殿火神庙会为例[D].长沙:湖南师范大学,2013.

[3] 曾忧.大数据语境下影视艺术的产业化模式研究[D].湘潭:湖南科技大学,2016.

[4] 陈良梅.在民间艺术中探寻现代环境艺术的传承与再开发[D].南京:南京林业大学,2008.

[5] 陈世阳.国家形象战略研究[D].北京:中共中央党校,2010.

[6] 陈雪梅.山东省高密民间艺术保护研究[D].北京:中国农业科学院,2012.

[7] 陈养明.文化创意产业发展的国外经验与借鉴——基于政府作用的视角[D].昆明:云南财经大学,2013.

[8] 陈志娟.开封木版年画的过去、现在及其开发构想[D].北京:首都师范大学,2006.

[9] 迟莹.中国文化产业国际拓展研究[D].长春:东北师范大学,2014.

[10] 崔鸿飞.从民间艺术到文化遗产——秀山花灯的人类学考察[D].北京:中央民族大学,2011.

[11] 代倩.民间木版年画的传承、开发与保护[D].西安:西安美术学院,2009.

[12] 丁立义.基于共生理论的创意产业园区模式创新研究[D].武汉:武汉理工大学,2013.

[13] 杜丽叶.产业化背景下蔚县剪纸的品牌传播策略研究[D].保定:河北大学,2014.

[14] 高翔.消费者品牌依恋对品牌忠诚的影响研究[D].泉州:华侨大学,2012.

[15] 葛美英.开封朱仙镇木版年画历史变迁与民俗文化——以民间艺人郭太运为研究个案[D].开封:河南大学,2010.

[16] 郭峰.当代中国艺术市场及其互联网经营模式研究[D].南京:南京艺术学院,2008.

[17] 郭红彦.朱仙镇木版年画的传统传承模式及其当代思考[D].开封:河南大学,2005.

[18] 郭琦.中华文化走出去战略研究[D].大连:大连理工大学,2015.

[19] 韩焦.20世纪90年代以来中国工艺美术行业研究文献综述[D].济南:山东工艺美术学

院,2014.

[20] 韩丽彦. 论提高我国文化软实力[D]. 北京:中共中央党校,2013.

[21] 何阿珠. 艺术产业背景下的艺术定位问题[D]. 厦门:厦门大学,2008.

[22] 胡鹏. 透视民俗文化中的朱仙镇木版年画[D]. 淮北:淮北师范大学,2011.

[23] 花磊. 开封朱仙镇木版年画引入初中美术校本课程的开发与实践研究[D]. 新乡:河南师范大学,2016.

[24] 华正伟. 我国创意产业集群与区域经济发展研究[D]. 长春:东北师范大学,2012.

[25] 黄妍妍. 中国民间年画的包装设计研究[D]. 株洲:湖南工业大学,2012.

[26] 江卫华. 振兴景德镇日用陶瓷品牌策略研究[D]. 成都:电子科技大学,2008.

[27] 蒋懿樟. 湘西民族文化生态旅游品牌建设研究[D]. 吉首:吉首大学,2012.

[28] 金胜勇. 艺术信息资源共享研究[D]. 保定:河北大学,2004.

[29] 黎琦宁. 沙坪湘绣的品牌形象打造及营销策略研究[D]. 衡阳:南华大学,2014.

[30] 李杰. 开封朱仙镇木版年画叙事的现代诠释及其当下境况[D]. 重庆:西南大学,2012.

[31] 李精明. 艺术管理学基本问题研究[D]. 长沙:中南大学,2012.

[32] 李峻峰. 地域文化视野下的潍坊传统民间艺术研究[D]. 无锡:江南大学,2009

[33] 李翔宇. 新媒体语境下的动漫品牌建设[D]. 济南:山东大学,2013.

[34] 李晓燕. 我国"北上广"地区文化产业管理模式比较研究[D]. 上海:上海师范大学,2013.

[35] 刘昂. 山东省民间艺术产业开发研究[D]. 济南:山东大学,2010.

[36] 刘娟. 民间艺术的明珠:开封朱仙镇木版年画[D]. 福州:福建师范大学,2014.

[37] 刘美英. 民间艺术的形态构成[D]. 济南:山东工艺美术学院,2013.

[38] 刘民娟. 中国木版年画艺术在民族动画创作中的应用研究[D]. 西安:陕西科技大学,2012.

[39] 娄芸鹤. 文化政策视野下的"民族元素再创造"及其相关性研究[D]. 北京:中国艺术研究院,2011.

[40] 楼艺婵. 权力视野下的云南民族文化商品品牌建构个案研究[D]. 昆明:云南大学,2015.

[41] 卢火青. 影视文化产业与国家形象构建[D]. 北京:北京外国语大学,2015.

[42] 马真真. 朱仙镇年画的研究与保护状况[D]. 兰州:西北师范大学,2014.

[43] 毛浩. 河北民间艺术品行销现状及网络传播策略研究[D]. 保定:河北大学,2010.

[44] 毛祥任. 文化产业园区品牌社会化媒体传播研究[D]. 长沙:湖南大学,2015.

[45] 蒙象飞. 中国国家形象建构中文化符号的运用与传播[D]. 上海:上海外国语大学,2014.

[46] 彭传新. 品牌叙事理论研究:品牌故事的建构和传播[D]. 武汉:武汉大学,2011.

[47] 祁海珍. 土族传统文化保护与发展研究——以青海省互助土族自治县为例[D]. 兰州:西北民族大学,2014.

[48] 饶其康. 和平崛起与中国传统文化[D]. 天津:天津师范大学,2006.

[49] 任璐. 基于新媒体环境的朱仙镇木版年画艺术推广策略研究[D]. 西安:陕西科技大学,2017.

[50] 沈琬. 中国国家形象之建构:一种品牌国家形象的研究[D]. 上海:复旦大学,2013.

[51] 宋佳. 文化遗产保护学科、专业与教育体系研究[D]. 南京:南京工业大学,2012.

[52] 宋蕾. 我国国家文化影响力提升路径研究[D]. 西安:西安建筑科技大学,2015.

[53] 孙利丹. 析朱仙镇民间木版年画的色彩[D]. 北京:首都师范大学,2009.

[54] 孙绍君. 百年中国品牌视觉形象设计研究[D]. 苏州:苏州大学,2013.

[55] 孙祥飞. 中国形象的跨文化传播路径研究[D]. 上海:复旦大学,2014.

[56] 田婷. 老城保护中的遗产管理规划研究[D]. 南京:南京工业大学,2013.

[57] 佟明燕. 马克思主义意识形态话语权的理论阐释及其实现路径[D]. 贵阳:贵州师范大学,2014.

[58] 汪静. 文化生产力发展及其对策研究[D]. 兰州:西北民族大学,2014.

[59] 汪微微. 新媒体环境下主流意识形态话语权实现途径研究[D]. 武汉:湖北工业大学,2015.

[60] 王滨. 文化自觉语境下的开封朱仙镇木版年画传承与保护研究——基于开封朱仙镇木版年画发展现状的考察[D]. 温州:温州大学,2013.

[61] 王昊. 历史文化遗产的旅游开发与城市经营研究[D]. 泉州:华侨大学,2012.

[62] 王化刚. 民间的重启——民间艺术对实验动画创作启示性刍议[D]. 重庆:四川美术学院,2017.

[63] 王宁宁. 中国传统艺术形象在动画创作中的再塑造研究[D]. 西安:西北大学,2013.

[64] 王瑞. 关于当代中国大众艺术产业化经营的若干思考[D]. 保定:河北大学,2006.

[65] 王玮. 安徽凤阳凤画的数字化保护与开发研究[D]. 无锡:江南大学,2014.

[66] 王小明. 民间美术的模式化特征——以中国民间木版门画艺术样式为例[D]. 天津:天津大学,2013.

[67] 王毅. 国家形象和品牌形象对于产品评价的影响研究[D]. 天津:南开大学,2010.

[68] 王毅.民间艺术元素的数字化应用[D].太原:太原理工大学,2014.

[69] 王志平.江西非物质文化遗产保护利用与产业发展研究[D].南昌:南昌大学,2013.

[70] 王周海.文化与设计对接的价值——朱仙镇木版年画对设计的影响[D].武汉:湖北美术学院,2015.

[71] 吴乃群.试论中国动画"民族化"的传承与发展[D].哈尔滨:哈尔滨理工大学,2012.

[72] 吴贤军.中国和平发展背景下的国际话语权构建研究[D].福州:福建师范大学,2015.

[73] 吴杨玥.中国影视产业国际竞争力提升研究[D].青岛:中国海洋大学,2015.

[74] 谢林溪.试论我国戏曲的现状与发展设想——基于文化产业的视角[D].南昌:江西财经大学,2014.

[75] 熊正贤.乌江流域民族文化资源开发与文化产业发展研究[D].成都:西南民族大学,2013.

[76] 宿彩艳.民间艺术产业的品牌形象设计研究[D].济南:山东轻工业学院,2012.

[77] 徐丽敏.朱仙镇木版年画出版传播研究[D].开封:河南大学,2011.

[78] 徐琳.桃花坞品牌形象重塑研究[D].上海:上海师范大学,2014.

[79] 徐鑫.民俗文化的艺术价值及其影响——论潍坊风筝的品牌效应[D].济南:山东大学,2011.

[80] 许珈慧.新媒体艺术的市场化研究[D].沈阳:鲁迅美术学院,2013.

[81] 玄颖双.文化遗产视野中的民间美术研究[D].金华:浙江师范大学,2009.

[82] 杨婷娜.云南民间工艺美术的造型技法及其审美内涵研究[D].重庆:重庆大学,2011.

[83] 杨振和.朱仙镇木版年画装饰艺术形态研究[D].苏州:苏州大学,2007.

[84] 姚爱强.创意产业视野下的杨家埠木版年画研究[D].武汉:武汉理工大学,2009.

[85] 尹立娜.我国艺术授权产业与产业提升策略[D].济南:山东大学,2014.

[86] 尹志欣.陕北民歌艺术产业化发展路径研究[D].西安:西安工业大学,2015.

[87] 俞洁萍.地方传统艺术融入高中美术教学模式初探[D].杭州:杭州师范大学,2012.

[88] 苑羽佳.我国文化创意产业发展的国外经验借鉴[D].长春:吉林财经大学,2016.

[89] 翟东伟.朱仙镇木版年画品牌再定位策略研究[D].兰州:兰州大学,2008.

[90] 翟光红.我国民族品牌国际化问题研究[D].合肥:安徽农业大学,2006.

[91] 张晨静.论品牌维度下的武强年画视觉语言再设计[D].杭州:浙江工商大学,2014.

[92] 张鸽娟.陕南新农村建设的文化传承研究[D].西安:西安建筑科技大学,2011.

[93] 张海涛.漓江画派文化品牌塑造研究[D].南宁:广西大学,2013.

[94] 张红波.民俗学视域下的朱仙镇木版年画研究[D].重庆:重庆大学,2011.

[95] 张宏.全球视野下的中国出版走出去:话语权和传播力构建[D].上海:上海外国语大学,2014.

[96] 张进军.中国国家形象构建中的话语体系研究[D].泉州:华侨大学,2017.

[97] 张明霞.传播学视角下中国国家形象的塑造[D].沈阳:辽宁大学,2008.

[98] 张朔.中国当下民间艺术品的产业发展机制与路径研究[D].上海:上海大学,2015.

[99] 张筱雯.全球化视野下国家形象的传播研究[D].重庆:重庆大学,2008.

[100] 张艳杰.新媒体视角下淮阳泥泥狗品牌构建研究[D].沈阳:沈阳航空航天大学,2015.

[101] 赵蓓.新媒体时代的受众需求与媒介利益[D].济南:山东大学,2006.

[102] 赵东.数字化生存下的历史文化资源保护与开发研究——以陕西为中心[D].济南:山东大学,2014.

[103] 赵发章.重庆市"一圈""两翼"优质文化资源互动机制研究[D].重庆:重庆大学,2013.

[104] 赵寰.中国企业品牌国际化传播研究[D].武汉:武汉大学,2013.

[105] 赵香.跨文化传播背景下中国元素在国际品牌广告中的运用[D].武汉:武汉纺织大学,2011.

[106] 周海金.中国文化产业国有资产管理体制改革研究[D].长春:吉林大学,2015.

[107] 周璐铭.中国对外文化战略研究(2000—2015)[D].北京:中共中央党校,2015.

[108] 周露阳.老字号的文化属性如何影响其延伸评价?[D].杭州:浙江工商大学,2011.

[109] 周祺芬.探析湘绣品牌形象文化设计[D].青岛:青岛理工大学,2012.

[110] 周挺.云南省民族民间工艺品产业化问题研究[D].昆明:昆明理工大学,2008.

[111] 朱乃华."丝绸之路"文化符号产业化路径探索[D].北京:中国艺术研究院,2015.

[112] 朱彦慧.杨家埠民间艺术大观园管理模式研究[D].西安:西安石油大学,2014.

[113] 左晓超.朱仙镇年画艺术特色及民俗文化功能[D].西安:西安美术学院,2009.

三、中文类论文

[1] 艾锦超,马振龙.浅析朱仙镇木版年画的艺术价值[J].艺术与设计(理论),2014(9):151-153.

[2] 白瑞斯,王霄冰.德国文化遗产保护的政策、理念与法规[J].文化遗产,2013(3):15-22,57,157.

[3] 毕雪微.论江苏民间工艺美术文化产业化转型与创新发展研究[J].美术大观,2016(12):100-102.

[4] 蔡瑞勇.对开封朱仙镇木版年画传承、发展的探讨[J].美术教育研究,2013(3):51-53.

[5] 蔡武,王瑾,许宝友.热话题与冷思考——关于国际视域下文化软实力建设的对话[J].当代世界与社会主义,2011(6):4-9.

[6] 陈峰.民间艺术在新媒体时代下的传播与发展[J].大众文艺,2014(16):48-49.

[7] 陈立萍.区域性民间艺术资源产业化开发模式探析[J].浙江万里学院学报,2016(6):70-74.

[8] 陈丽.大力弘扬中华文化,提高国家文化软实力[J].法制与社会,2010(18):225-226.

[9] 陈日红.锲而不舍,融俗于雅——坚持数十年将民族民间艺术融入现代设计教学体系[J].湖北美术学院学报,2012(2):72-73.

[10] 陈少峰.提升文化国际竞争力的立体化视角[J].人民论坛,2011(24):164-165.

[11] 陈少峰.文化强国的战略思考[J].桂海论丛,2013(2):1-8.

[12] 陈为春.孔子学院文化传播与"第三文化"探讨——以中国传统文化在美国的传播为例[J].中华文化论坛,2015(4):30-33.

[13] 陈文娟,吴越滨.朱仙镇木版年画与现代品牌生活的邂逅[J].大众文艺,2015(3):158-159.

[14] 陈晅嵘.乡村民间美术的困境与再生[J].大舞台,2013(4):108-110.

[15] 陈迎辉,魏启蒙,袁宇楠,等.从民间艺术到文化产业——"安代舞"产业化过程研究[J].大连民族学院学报,2012(6):540-542,630.

[16] 陈玉刚.试论全球化背景下中国软实力的构建[J].国际观察,2007(2):36-42,59.

[17] 成乔明.艺术管理五层级管理模式的研究[J].长春理工大学学报(社会科学版),2012(9):130-132.

[18] 成爽.文化产业视角下民间艺术产业的科学开发分析[J].科技资讯,2016(21):164-165.

[19] 代改珍,万建中.朱仙镇木版年画题材田野研究[J].河南大学学报(自然科学版),2014(5):566-574.

[20] 邓莉.文化软实力及其中国向度[J].山西师大学报(社会科学版),2012(1):23-27.

[21] 邓抒扬.民俗艺术在现代文化环境下的生存与发展[J].金陵科技学院学报(社会科学版),2011(2):47-49.

[22] 董华.浅论民间艺术的产业化发展[J].新西部(理论版),2012(7):50-51.

[23] 窦坤,刘新科.中国传统文化的当代价值及其传承[J].西北农林科技大学学报(社会科学版),2010(3):115-119.

[24] 杜凤霞.产业化背景下年画的出版与传播策略分析[J].出版广角,2017(13):49-51.

[25] 杜艺. 浅析中国传统剪纸艺术在现代文化创意产业发展中的应用[J]. 陕西教育(高教版),2015(8):20-21.

[26] 段水雯. 论文化全球化背景下国家文化软实力的提高[J]. 内蒙古农业大学学报(社会科学版),2008(2):127-128.

[27] 多金荣. 国内外文化产业发展概述[J]. 现代商业,2012(12):120-121.

[28] 樊文君. 在民族品牌构建中本土化包装的时代影响力[J]. 中国包装工业,2014(22):90.

[29] 范红. 国家形象的多维塑造与传播策略[J]. 清华大学学报(哲学社会科学版),2013(2):141-152,161.

[30] 范红. 国家形象的多维塑造与立体传播(上)[J]. 采写编,2012(5):7-12.

[31] 范红. 国家形象的多维塑造与立体传播(下)[J]. 采写编,2012(6):6-9.

[32] 房晓. 戏曲文化的传承与产业化发展——中国戏曲中心投资开发战略规划纪实[J]. 投资北京,2013(8):38-40.

[33] 冯敏. 试论中原民间艺术的当代价值[J]. 中州学刊,2005(5):249-250.

[34] 傅强. 传承民间绘画艺术开拓艺术设计道路[J]. 长沙铁道学院学报(社会科学版),2014(3):83-84.

[35] 邰冬萍. "政治惊扰"与"市场窄化":开封朱仙镇木版年画现代性转型下的传承和发展[J]. 黄河科技大学学报,2011(3):19-22.

[36] 龚垚奔. 民族民间工艺美术市场发展探析[J]. 旅游纵览(下半月),2014(7):345.

[37] 顾江. 塑造文化品牌 提升文化产业发展[J]. 文化产业研究,2012(1):6-7.

[38] 郭海霞. 论我国非物质文化遗产法律保护的困境与对策[J]. 特区经济,2010(6):239-240.

[39] 郭继文. 国内文化软实力理论的话语创新[J]. 济南大学学报(社会科学版),2013(5):23-26.

[40] 郭继文. 经济全球化进程中的软实力与传统文化的发扬——析"和谐世界"[J]. 菏泽学院学报,2007(4):19-22.

[41] 郭树勇. 新国际主义与中国软实力外交[J]. 国际观察,2007(2):43-52.

[42] 郭卫华. 儒家道德哲学对提高"文化软实力"的启示与回应[J]. 青海社会科学,2008(1):136-138.

[43] 郭英剑. 何谓"中国",与"谁"在叙述?[J]. 博览群书,2015(8):82-84.

[44] 郭英剑. 全球化进程中的中国民族文化[J]. 民族艺术,2002(2):16-20.

[45] 韩邦云. 山东民间艺术产业可持续发展的保障体系研究[J]. 价值工程,2014(26):

213-214.

[46] 韩晓静.朱仙镇木版年画文化产业化发展的思考[J].漯河职业技术学院学报,2008(1):83-85.

[47] 何春霞,杨成文.浅谈开封朱仙镇木版年画的艺术特色和图像内涵[J].新西部(下半月),2009(4):151.

[48] 何芳.全球语境下的文化软实力[J].学术探索,2008(1):72-75.

[49] 何威,孔国庆.创意经济时代民间艺术的保存与发展研究[J].齐鲁学刊,2014(4):94-97.

[50] 洪涛."口述史"——朱仙镇木版年画保护和研究的重要手段[J].美术界,2015(3):48-49.

[51] 洪晓楠,王爱玲.文化软实力中的文化创新向度[J].哲学研究,2011(12):109-114.

[52] 侯伟.基于平面设计视角的朱仙镇木板年画[J].包装学报,2010(4):51-54.

[53] 胡春丽.传统民间艺术的旅游开发现状及策略——以朱仙镇木版年画为例[J].湖北经济学院学报(人文社会科学版),2014(12):41-42,51.

[54] 胡萍萍.从宁波柴桥"狮象窜"谈民间艺术传承与品牌形象塑造[J].浙江工商职业技术学院学报,2015(2):48-51.

[55] 胡天君.区域民间艺术文化产业可持续发展模式浅探[J].东岳论丛,2011(10):118-120.

[56] 胡晓瑛.滑县与朱仙镇木版年画比较研究及生产性保护[J].艺术百家,2012(3):221-223.

[57] 黄妍妍.谈中国民间年画的包装设计——以朱仙镇木版年画为例[J].包装世界,2011(4):20-21.

[58] 黄永林,谈国新.中国非物质文化遗产数字化保护与开发研究[J].华中师范大学学报(人文社会科学版),2012(2):49-55.

[59] 黄永林.论民间文化资源与发展文化产业的主要关系[J].华中师范大学学报(人文社会科学版),2008(2):76-80.

[60] 黄永林.数字化背景下非物质文化遗产的保护与利用[J].文化遗产,2015(1):1-10,157.

[61] 霍桂恒.文化软实力的哲学反思[J].学术研究,2011(3):13-18.

[62] 贾鸿雁.澳大利亚文化旅游发展及其启示[J].商业研究,2013(1):195-199.

[63] 贾磊磊.流行文化是提升国家文化软实力的战略力量[J].西北大学学报(哲学社会科学

版),2010(5):82-87.

[64] 贾涛.中原戏曲文化与开封朱仙镇木版年画之盛衰[J].东南大学学报(哲学社会科学版),2014(1):126-130,133.

[65] 江凌.中国文化软实力建设的十个问题——基于中美文化软实力比较的视角[J].福建论坛(人文社会科学版),2012(6):105-112.

[66] 蒋新卫.论国际话语权视角下的中国文化软实力建设[J].新疆师范大学学报(哲学社会科学版),2013(1):20-26.

[67] 金旭东.新媒体语境下非物质文化遗产的传承与保护[J].重庆社会科学,2015(3):99-104.

[68] 金元浦.文化生产力与文化产业[J].求是,2002(20):38-41.

[69] 李百玲.美国建构国家文化软实力的路径分析[J].当代世界与社会主义,2011(6):10-14.

[70] 李晨阳.民间美术的色彩观与其作用——以朱仙镇木版年画为例[J].开封教育学院学报,2010(4):29-30.

[71] 李芳芳.朱仙镇木版年画的生存现状与保护对策研究[J].河南教育学院学报(哲学社会科学版),2014(6):20-22.

[72] 李凤亮.文化产业提升文化软实力的战略路径[J].南京社会科学,2011(12):1-6.

[73] 李杰.民间艺术在当今文化发展中的作用[J].群众文化,2001(4):34-35.

[74] 李杰.软实力建设与中国的和平发展[J].国际问题研究,2007(1):19-24.

[75] 李君如.增强国家文化软实力的六点思考[J].新闻战线,2012(1):4-5.

[76] 李开盛,宁彧.中国文化软实力如何实现从"内生"到"外溢"[J].学习月刊,2012(1):24-25.

[77] 李雷.中国民间木版年画的风格特征[J].淮北煤炭师范学院学报(哲学社会科学版),2003(4):150-153.

[78] 李少傅.塑造民族品牌形象的文化策略[J].前沿,2010(3):89-91.

[79] 李少傅.提升民族品牌形象的竞争力[J].内蒙古师范大学学报(哲学社会科学版),2008(4):142-144.

[80] 李双林.论开封朱仙镇木版年画的装饰特点[J].美术教育研究,2012(1):34-35.

[81] 李晓红.三门峡地区民间艺术资源发展对策研究[J].大舞台,2013(5):242-243.

[82] 李晓杰.论幼儿民间艺术教育的重要性[J].沈阳师范大学学报(社会科学版),2013(4):169-171.

[83] 李扬.从开封朱仙镇木版年画看绘画的社会教育功能[J].大舞台,2011(4):226-227.

[84] 李雨生.浅论重庆民间艺术资源在高校动画艺术教育中的应用[J].电影评介,2012(14):73-75.

[85] 连凯凯.河南民间艺术产业化发展策略[J].北方音乐,2015(16):199-200.

[86] 梁秀霞.我国美术产业发展现状研究[J].中国市场,2008(1):27-28.

[87] 廖运升.浅析民间艺术中地域文化元素在标识设计中的应用[J].神州,2013(6):29.

[88] 林丹,洪晓楠.中国文化软实力综合评价体系研究[J].大连理工大学学报(社会科学版),2010(4):65-69.

[89] 林汉铮.重塑传统民族品牌符号的当代价值与中国崛起[J].学术评论,2016(3):113-119.

[90] 林炜.民间文化艺术产业竞争力评价指标体系的构建[J].统计与决策,2013(15):36-38.

[91] 刘昂.山东民间艺术产业的创意研发[J].枣庄学院学报,2011(4):47-50.

[92] 刘昂.山东民间艺术产业的品牌建设[J].中共济南市委党校学报,2011(3):24-26.

[93] 刘昂.谈谈民间艺术人力资源保护与培育[J].大舞台,2011(9):193-194.

[94] 刘超,王帅旗,贺玉婷,等.潍坊风筝产业链研究[J].才智,2013(21):249.

[95] 刘德宾.传承与创变:河南民间美术保护及产业开发略论——以朱仙镇年画和淮阳泥泥狗为例[J].美术界,2014(7):78.

[96] 刘纪英,吕青.基于共生理论的传统民间艺术文化产业发展路径探析[J].四川戏剧,2015(12):19-22.

[97] 刘莉萍.儒学伦理传统与中国文化软实力建设[J].湖南大学学报(社会科学版),2010(1):26-29.

[98] 刘梦梅.河南民间艺术资源产业化路径研究——以淮阳泥泥狗创意产业的开发为例[J].郑州轻工业学院学报(社会科学版),2013(3):85-90.

[99] 刘晴.戏曲产业文化品牌战略研究[J].现代商业,2012(30):68-69.

[100] 刘淑娟.朱仙镇木版年画与滑县木版年画艺术特色辨析[J].装饰,2010(8):92-94.

[101] 刘万华.河南传统文化资源的现代性转型——以开封朱仙镇木版年画为例[J].石家庄经济学院学报,2014(4):121-125.

[102] 刘杨.论全球化语境下文化传播与中国国家形象塑造[J].长江师范学院学报,2012(2):98-100.

[103] 刘晔.戏曲文化产业的发展策略[J].四川戏剧,2012(2):82-84.

[104] 刘永涛.论开发利用民间文化资源的手段创新[J].时代文学(下半月),2008(5):100-101.

[105] 刘玉堂,刘保昌.文化强国建设的理论体系和实践路径[J].政策,2013(2):40-42.

[106] 刘源.民族传统文化元素在动画创作中的应用[J].大舞台,2014(2):78-79.

[107] 娄扎根.民间文化资源开发利用中存在的主要问题及对策[J].新乡师范高等专科学校学报,2006(5):81-83.

[108] 陆南.传统吉祥图案图形初探——以开封朱仙镇木版年画为样本[J].新闻界,2012(6):42-45.

[109] 陆卫明,曹飞燕.中国优秀传统文化在文化强国战略中的地位[J].求实,2013(9):71-75.

[110] 骆郁廷.我国文化软实力的发展战略[J].马克思主义研究,2009(5):79-87,160.

[111] 骆郁廷.综合国力竞争中的软实力建设[J].武汉大学学报(哲学社会科学版),2010(6):805-811.

[112] 吕品田.在生产中保护和发展——谈传统手工技艺的"生产性方式保护"[J].美术观察,2009(7):5-7.

[113] 马丽云,李榆,赵轶,等.木版年画与胶印年画的抗衡——朱仙镇木版年画创新发展现状的个案调查[J].文化遗产,2010(1):125-133.

[114] 马俐,刘旸.对朱仙镇木版年画现状与前景的思考[J].广西轻工业,2011(9):156,205.

[115] 门洪华.中国软实力评估报告(上)[J].国际观察,2007(2):15-26.

[116] 门洪华.中国软实力评估报告(下)[J].国际观察,2007(3):37-46,28.

[117] 倪素襄.论优秀传统文化建设的途径[J].贵州师范大学学报(社会科学版),2014(1):29-33.

[118] 聂川."文化力"感言[J].教育实践与研究(A),2012(7):1.

[119] 宁德业,尚久.当前我国文化软实力发展面临的挑战及其应对[J].江西社会科学,2010(4):190-194.

[120] 欧阳军喜,崔春雪.中国传统文化与社会主义核心价值观的培育[J].山东社会科学,2013(3):11-15.

[121] 欧宗启.论文化生态的变迁与民间文艺存在和发展的新趋向[J].贵州民族研究,2011(1):34-39.

[122] 彭冬梅,潘鲁生,孙守迁.数字化保护——非物质文化遗产保护的新手段[J].美术研

究,2006(1):47-51.

[123] 彭欣.中国传统民间艺术在新媒体艺术创作中的运用研究[J].文教资料,2014(24):46-47.

[124] 祁军伟.传统资源的开发与利用——朱仙镇木版年画的传承与发展[J].宿州教育学院学报,2010(6):170-172.

[125] 乔仁铭.浅谈中国民间艺术元素在动画创作中的表现方法[J].神州,2012(14):204.

[126] 邱波,陈丽霞.江西民间工艺品包装品牌形象提升策略研究[J].美与时代(中),2014(10):74-76.

[127] 邱明丰.提高中国文化软实力与重建中国文论话语[J].时代文学(上),2010(5):221-222.

[128] 邱云生.民间工艺美术品产业发展及对策探讨[J].经济体制改革,2010(4):178-181.

[129] 曲树坤.民间艺术与文化产业[J].中国集体经济,2012(24):144-145.

[130] 曲韵佳,寇大巍.民间艺术产业的品牌形象设计研究[J].现代装饰(理论),2016(12):151.

[131] 戎宁.挖掘民间艺术元素 打造动漫艺术品牌[J].中国集体经济,2011(9):166.

[132] 桑林.朱仙镇木版年画在当代视觉传达设计中的艺术价值探析[J].芒种,2012(6):237-238.

[133] 沈壮海.文化软实力的中国话语、中国境遇与中国道路(系列论文)[J].理论月刊,2014(3):2.

[134] 石德生.中国动漫产业发展模式与路径创新探析[J].现代经济探讨,2014(9):40-43,48.

[135] 史会丽.民间艺术中的吉祥文化探索[J].新教育时代电子杂志(教师版),2014(20):250.

[136] 苏长和.中国的软权力——以国际制度与中国的关系为例[J].国际观察,2007(2):27-35.

[137] 孙超,崔影.朱仙镇木版年画的文化价值与应用研究[J].艺术与设计(理论),2014(8):136-138.

[138] 孙石磊,高润喜."互联网+"与承德民间艺术产业化发展与开发[J].河北民族师范学院学报,2016(1):31-37.

[139] 谭必勇,张莹.中外非物质文化遗产数字化保护研究[J].图书与情报,2011(4):7-11.

[140] 唐慕妮.广西民间艺术产业化发展的初探[J].大众文艺,2014(1):47,266.

[141] 陶喜红,李春燕.中华民族形象对外传播的文化路径转型[J].当代传播,2014(6):95-96.

[142] 滕晋.民间艺术产业化主体的构成、功能及特征[J].理论学刊,2015(7):63-68.

[143] 万陆洋.朱仙镇木版年画艺术资源的开发与再利用研究[J].学园(教育科研),2013(5):98-99.

[144] 王德玲.论艺术管理的创新及其管理模式研究[J].中国外资,2012(24):154,156.

[145] 王方语.谈朱仙镇木版年画的传承与发展[J].河南社会科学,2007(6):22-23.

[146] 王海辉.民族元素在影视动画创作中的运用[J].艺术科技,2014(3):103.

[147] 王会欣,马志峰,赵岩红.新媒体对民间艺术产业价值链的影响分析[J].新闻战线,2014(11):133-134.

[148] 王会莹.商品化趋势下的民间艺术现存状态研究[J].西北民族大学学报(哲学社会科学版),2007(6):54-61.

[149] 王家春.中华文化与国家形象塑造[J].陕西社会主义学院学报,2012(3):3-14.

[150] 王杰.中国传统文化研究中的几个问题[J].理论参考,2007(11):39-41.

[151] 王璟.民族艺术的产业化发展研究[J].中国民族博览,2017(9):55-56.

[152] 王娟.中国民间艺术与素质教育相结合刍议[J].学校党建与思想教育,2012(23):32-33.

[153] 王立武.非物质文化遗产跨国保护的法律对策[J].管子学刊,2009(1):114-119.

[154] 王天玺.什么是文化力[J].当代贵州,2012(17):63.

[155] 王廷信.《谈艺论教——王廷信评论集》自序[J].艺术学界,2018(1).

[156] 王廷信.民族传统艺术困境的影像呈现[J].中国文艺评论,2016(7):8-11.

[157] 王廷信.中国艺术海外传播的国家战略与理论研究[J].民族艺术,2017(2):20-27.

[158] 王彤彤.浅谈开封朱仙镇木版年画[J].艺术品鉴,2014(12):102.

[159] 王伟.民俗艺术产业化的路径研究[J].学术论坛,2010(8):161-164.

[160] 王啸.国际话语权与中国国际形象的塑造[J].国际关系学院学报,2010(6):58-65.

[161] 王新,徐放鸣.论民族形象在民族文化中的塑造——以民间艺术安塞腰鼓为例[J].新余学院学报,2014(5):86-88.

[162] 王兴业.民族民间艺术资源产业开发对策探讨[J].民族艺术研究,2012(4):134-140.

[163] 王学俊.试论朱仙镇木版年画的传承与创新发展[J].美与时代(中),2013(4):66-67.

[164] 王亚玲.挖掘传统民间艺术潜力 推动县乡非公经济发展——宜君民间剪纸、农民画艺术品市场调查浅析[J].农村财政与财务,2011(2):19-20.

[165] 王艳霞.河南民间艺术对中原经济区创意文化产业发展作用探析[J].美术大观,2015(4):87.

[166] 韦峰,徐维波.基于特色文化保护与传承的历史文化名镇更新设计——以开封朱仙镇为例[J].现代城市研究,2014(6):37-45.

[167] 吴倩,宋维山.艺术与市场整合:河北民间艺术产业化的发展路径[J].河北学刊,2009(1):227-229.

[168] 吴倩倩.在小学美术课堂教学中进行民间艺术熏陶的策略[J].新课程(小学),2014(5):140-141.

[169] 吴晓赞.论影视动画创作中的民族文化元素[J].民营科技,2013(6):250.

[170] 吴秀明,方爱武.论全球化语境下"中国形象"的塑造与传播[J].浙江大学学报(人文社会科学版),2010(10):50-61.

[171] 吴贞英.浅谈新时期乡村文艺骨干队伍建设[J].科技致富向导,2012(24):309.

[172] 夏侠.当代市场环境下传统民间工艺的存在与发展[J].湖南环境生物职业技术学院学报,2013(4):49-51.

[173] 夏颖.中国影视产业的集聚效应及发展模式[J].传媒,2011(3):38-40.

[174] 夏兆冬.新媒体时代下民间艺术保护与传播的新思路[J].美与时代(上),2015(2):32-33.

[175] 向勇.工艺美术品的价值转换与商业模式策略探究[J].艺术设计研究,2014(3):78-81.

[176] 向勇.文化产业融合战略 一源多用与全产业价值链[J].新美术,2014(4):20-26.

[177] 肖红廷.基于朱仙镇木版年画创意衍生品的开发与实践[J].经济研究导刊,2013(1):266-267.

[178] 谢娴,彭静.旅游语境下临高民俗文化资源品牌建构探究[J].广东技术师范学院学报,2014(4):41-46,79.

[179] 许瑾,李游.关于民间艺术品品牌形象推广策略的思考[J].新西部,2010(6):114-116.

[180] 许世虎,刘姗.民间艺术在动画艺术中的应用研究——以巴渝地区民间艺术为例[J].美术界,2012(8):80.

[181] 闫庆来.略论民间艺术文化资源的保护体系[J].河南师范大学学报(哲学社会科学版),2012(3):101-103.

[182] 杨帆.物尽其用:从民间手艺到文化资源——以山东菏泽面塑手艺调查为例[J].内蒙

古大学艺术学院学报,2014(2):41-51.

[183] 杨林.存在论视域下的民间工艺当代发展道路探究[J].美与时代(上),2012(3):26-28.

[184] 杨选辉.基于SWOT分析的江西省网络文化产业发展路径研究[J].科技广场,2014(8):117-121.

[185] 杨振和.探析传统木版年画形式美感的影响因素——以朱仙镇年画为例[J].装饰,2013(12):129-130.

[186] 伊宝.门神文化的流变与载体样式研究[J].美术大观,2014(3):55.

[187] 于群.推动文化科学发展,提升国家文化软实力[J].艺术评论,2012(6):61-62.

[188] 余国政,彭中心.中国传统文化在大学生文化素质教育中的地位与作用[J].黄石理工学院学报,2005(2):28-31.

[189] 袁恩培,龙飞.凉山彝族地区土特商品包装设计策略研究[J].包装工程,2011(16):1-3.

[190] 张凡.中原民间艺术资源的保护与开发[J].赤峰学院学报(自然科学版),2013(22):96-97.

[191] 张国祚.社会主义核心价值体系是中国文化软实力的基石[J].前线,2014(2):58-59,62.

[192] 张国祚.提升我国文化软实力的战略思考[J].红旗文稿,2011(8):1,9-13.

[193] 张浩.凤翔民间工艺美术的数字化品牌设计与推广[J].包装工程,2016(10):1-4.

[194] 张静.民间美术类非物质文化遗产的旅游价值及开发——以朱仙镇木版年画为例[J].中国集体经济,2012(6):129-130.

[195] 张静.浅析民族品牌保护策略[J].现代经济信息,2012(17):9-10.

[196] 张利丽.我国民间艺术用色对色彩构成教学的启迪——以朱仙镇木版年画色彩应用为例[J].美术大观,2012(10):163.

[197] 张天定,徐丽敏.朱仙镇木版年画的文化传播研究[J].福建师大福清分校学报,2011(3):83-86,95.

[198] 张晓明.我国当前文化软实力建设的几个问题[J].艺术评论,2012(6):67-68.

[199] 张晓雯,孙艳.挖掘民间文化艺术 拓展成都旅游资源[J].四川省干部函授学院学报,2010(2):3-6.

[200] 张娅妮,张琳仙.创意经济背景下民间艺术产业化类型及价值分析[J].经济问题,2015(7):85-87.

[201] 张娅妮. 我国民间艺术产业开发模式浅析[J]. 经济问题,2014(12):88-90.

[202] 张叶露. 简论高校美术课程建构中民间美术的传承及作用[J]. 艺术科技,2015(4): 30-31.

[203] 张志洲. 话语质量:提升国际话语权的关键[J]. 红旗文稿,2010(14):22-24.

[204] 张中波,徐晓婷. 论产业化语境中民间艺术资源的层次开发模式[J]. 齐鲁艺苑,2014 (5):4-9.

[205] 张中波. 论民间艺术产业化的类型及价值[J]. 非物质文化遗产研究集刊,2014(1): 77-91.

[206] 张中波. 论民间艺术产业化的系统要素[J]. 河南大学学报(社会科学版),2015 (2):125-132.

[207] 赵东海,梁伟. 中国传统文化精髓述略[J]. 内蒙古大学学报(哲学社会科学版),2011 (1):61-66.

[208] 赵倩楠. 朱仙镇木版年画的现状及其保护研究[J]. 法制博览(中旬刊),2013(6): 318,305.

[209] 赵胜男. 黑龙江民间工艺品文化品牌建设研究[J]. 艺术教育,2011(7):129.

[210] 郑永扣. 社会主义核心价值观之于中国精神的三重意义[J]. 社会主义核心价值观研究,2015(1):74-79.

[211] 郑永年,张弛. 国际政治中的软力量以及对中国软力量的观察[J]. 世界经济与政治, 2007(7):6-12,3.

[212] 钟福民,杨玉琪. 民俗艺术视角下的中国民间工艺传说刍议[J]. 赣南师范学院学报, 2012(1):46-49.

[213] 周华. 区域特色民间艺术资源的产业化开发探析——以浙西余东村农民画为例[J]. 美术大观,2011(12):64-65.

四、英文文献资料

[1] Adorno, Theodor W, Bernstein J M. The Culture Industry: Selected Essays on Mass Culture[M]. London;New York:Routledge,2001.

[2] Alan Swingewood. Cultural Theory and the problem of Modernity[M]. New York:St. Martin's Press,1998.

[3] Bariey D. Communication Technology[M]. Vancouver:University of British Columbia Press,2005.

[4] Barth, Frederick. Ethnic Groups and Boundaries: The Social Organization of Culture

Difference[M]. London:Little Brown,1969.

[5] David Throsby. Economics and Cultural[M]. Cambridge:Cambridge University Press,2000.

[6] Deborah Cook. The Culture Industry Revisited[M]. Lanham:Rowman & Littlefield Publishers,1996.

[7] Durao, Fabio Akcelrud. Culture Industry Today[M]. Cambridge:Cambridge Scholars Publishing,2010.

[8] Harry Hillman Chartrand. Towards an American Arts Industry[M]. New Brunswick:Rutgers University Press,2000.

[9] Marty Noble. Dover Masterworks:Color Your Own American Folk Art Paintings[M]. New York:Dover Publications,2014.

[10] Jeremy Howard. Art Nouveau:International and National Styles in Europe[M]. Manchester:Manchester University Press,1996.

[11] Lash S, Lury C. Global Culture Industry:The Mediation of Things[M]. Cambridge:Polity Press,2007.

[12] Laurie Schneider Adams. Looking At Art Value Package [M]. New York:Pearson,2007.

[13] Marty Noble. Creative Haven Mexican Folk Art Coloring Book[M]. New York:Dover Publications,2014.

[14] Scott Lash. Global Culture Industry:The Mediation of Things [M]. Cambridge:Polity Press,2007.

[15] Steinert, Heinz. Culture Industry[M]. Cambridge:Polity Press,2003.

[16] Witkin R W. Adorn on Popular Culture [M]. London:New York:Routledge,2003.

五、党和国家政府文件、报刊及会议

[1] 包永江,周显俊.朱仙镇年画创新发展研究[C]//中国科学技术协会.节能环保 和谐发展——2007中国科协年会论文集(二).北京:中国科学技术协会声像中心,2007.

[2] 陈丽媛.浅谈如何加强民间艺术特色之乡文化产业发展[C]//文化部艺术服务中心.中国民间文化艺术之乡建设与发展初探.北京:中国民族摄影艺术出版社,2010.

[3] 党的十七届六中全会审议通过《中共中央关于深化文化体制改革推动社会主义文化大发展大繁荣若干重大问题的决定》,2011-10-15.

[4] 冯骥才.传统民间美术的时代转型[N].光明日报,2008-02-14.

［5］冯海洲.贯彻十九大精神 繁荣优秀传统文化[N].博尔塔拉报(汉),2018-10-30.

［6］《国家非物质文化遗产法》,2011年6月颁布实施.

［7］国务院办公厅《关于加强我国非物质文化遗产保护工作的意见》,2005.

［8］韩敏婕.如何用影像手段保护和保存民间美术[N].甘肃经济日报,2016-03-04.

［9］何红一.中国民间艺术走进美国当代社会——亲历与思考[C]//中国艺术人类学学会.技艺传承与当代社会发展——艺术人类学视角.北京:学苑出版社,2010.

［10］河南:落实十八大精神,建中原文化强省[N].新华网,2012-12-03.

［11］河南朱仙镇年画,红火喜庆扑面来[N].人民日报,2015-02-25.

［12］胡惠林.文化"走出去"的战略转型[N].人民日报,2010-09-21.

［13］胡惠林.文化强国的关键[N].光明日报,2012-11-22.

［14］胡锦涛.顺应时代要求深化文化体制改革,推动社会主义文化大发展大繁荣[N].人民日报,2010-7-24.

［15］黄昌勇.我们的传统文化面临崭新的传承发展机遇[N].文汇报,2017-02-09.

［16］黄永林.根植区域文化 培育产业特色[N].光明日报,2013-03-21.

［17］黄永林.生产是最好的保护[N].光明日报,2011-10-7.

［18］黄永林.文化自觉是文化大发展的重要基础[N].湖北日报,2011-10-27.

［19］贾磊磊.国家文化软实力的主要构成[N].光明日报,2007-10-7.

［20］建言改革 献策发展:为民族复兴凝魂聚气[N].人民日报,2014-03-05.

［21］李长春.关于《中共中央关于深化文化体制改革推动社会主义文化大发展大繁荣若干重大问题的决定》的说明[N].人民日报,2011-10-27.

［22］李宁.整合营销成今年艺术品市场新亮点[N].大众日报,2013-10-10.

［23］李修建.具体社会文化语境下的艺术研究[N].中国社会科学报,2016-02-04.

［24］刘加民."最土的"艺术最有效的送达[N].中国艺术报,2017-06-09.

［25］刘雪玉.关于"非遗"保护与传承的思考[N].吉林日报,2015-12-12.

［26］刘晔原,郑璇玉.影视剧民族元素的运用和文化形象的思考[N].中国艺术报,2012-04-13.

［27］马文石.关于民族民间艺术发展的思考[C]//山东省群众文化学会.2004年山东省群众文化学会"全省优秀论文评选"一等奖获奖论文集.济南:《群众艺术》编辑部,2004.

［28］倪俊.集合社会资源打造艺术扶持平台迫在眉睫 民间力量不可小觑[N].湖北美术学院学报,2015-12-20.

［29］钱欢青."开显"民间艺术之美[N].中国社会科学报,2017-01-16.

[30] 沈壮海,张发林.中国文化软实力提升之路[N].中国教育报,2008-02-05.

[31] 宋卉.倡导十九大精神,坚定文化自信,建设文化强国[N].发展导报,2018-01-12.

[32] 孙发成.《民俗艺术学》的学科自觉[N].中国社会科学报,2015-06-03.

[33] 王廷信.文化认知与艺术对外传播[N].中国艺术报,2018-01-29.

[34] 刑晨声.民间艺术是一种接地气的文化营养[N].中国文化报,2017-03-16.

[35] 徐建平,杨庆华,张玉兴.大力发展文化产业 推动县域经济发展[C]//文化部艺术服务中心.中国民间文化艺术之乡建设与发展初探.北京:中国民族摄影艺术出版社,2010.

[36] 徐秀丽.加强文物保护利用和文化遗产保护传承[N].中国文物报,2018-06-08.

[37] 杨立川.通过民间艺术传播社会主义核心价值观[N].光明日报,2016-06-11.

[38] 杨利慧.钟敬文先生的民间艺术观[C]//中国民间文艺家协会.民间文化的忠诚守望者——钟敬文先生诞辰110周年纪念文集.北京:中国文史出版社,2013.

[39] 朱墨.民间文化艺术发展需抓住亮点[N].中国文化报,2015-08-15.

附　　　录

朱仙镇木版年画赏析

图1　拍摄于朱仙镇曹家老店

图2　拍摄于朱仙镇曹家老店

图3　拍摄于朱仙镇天成老店

图 4　拍摄于朱仙镇曹家老店

图 5　拍摄于朱仙镇曹家老店

图 6　拍摄于朱仙镇曹家老店

图 7　拍摄于朱仙镇曹家老店

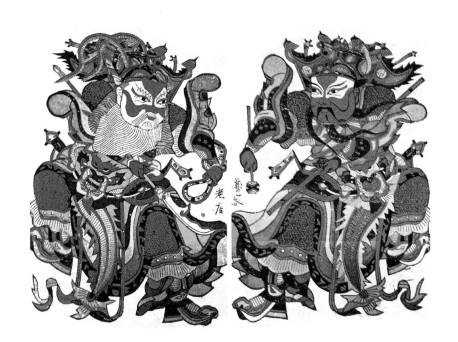

图 8　拍摄于朱仙镇曹家老店

图 9　拍摄于朱仙镇曹家老店

图 10　拍摄于朱仙镇天成老店

图 11　拍摄于朱仙镇曹家老店

图 12　拍摄于朱仙镇天成老店

图 13　拍摄于朱仙镇天成老店

图 14　拍摄于朱仙镇天成老店

图 15　拍摄于朱仙镇天成老店

图 16　拍摄于朱仙镇天成老店

图 17　拍摄于朱仙镇曹家老店

图 18　拍摄于朱仙镇曹家老店